멘토의 시선

나의 경험이 청춘의 길이 되길

좋은수 지음

맑은샘

지금,
멘토가 필요한 순간

약 25년 전 경험인데 집안에서 어린 동생이 당시 고3으로서 수능시험을 끝냈다. 그리고 어느 대학교, 어느 학과에 지원할지 고민하는 중이었고, 여학생인데 공과대학 지원을 강력히 희망하고 있었다. 인생을 먼저 살아보고 사회를 경험한 선배로서 동생의 인생 상담을 해주고 싶었다. 취직을 생각해서 사범대학 진학을 추천했으나 본인은 사범대 진학에 전혀 생각이 없었다. 우여곡절 끝에 간호대학을 2차로 추천했고 거기에 합격했다. 몇 달 지나서 다른 일로 만났을 때 공과대학에 지원하지 않았던 선택에 어떻게 생각하는지 물었고 "안 가길 잘했지"라는 답변을 들었다. '살았다.' 사실 속으로 몹시 걱정했다. "잘못된 조언으로 내 인생 망쳤다"라는 말 한마디에 완전히 쓰러질 뻔했다가 제대로 '멘토' 역할을 한 소중한 경험이다.

많이 아쉬운 점은 왜 나에게는 적절한 순간에 적절한 멘토가 없었을까 하는 점이다. 그 이후 가끔 사회에, 주변에, 선배든지 직장 상사, 책, 신문, 사이버 공간에서 좋은 조언을 주는 멘토가 항상 필요하다고 생각했다. 결국 시기적절한 때에 필요한 조언과 혜안을 알려주는 멘토 역할을 해보고 싶은 마음에 출간을 준비하게 됐다.

본 책의 내용은 필자의 인생 경험에서 느낀 점들, 책/신문/방송/인터넷에서 알게 된 지식을 바탕으로 지극히 개인적인 의견을 서술한다. 누구나 각자의 주장이 있고, 독자 여러분과 다른 사고방식으로 접근하는 내용도 많겠지만 단지 필자의 생각일 뿐 그 이상도 그 이하도 아니다. 책 내용 중에서 일부분이라도 독자 여러분의 인생에 도움이 된다면 더 이상 바랄 것이 없다.

학생들이나 사회 초년생들에게 인생의 길잡이가 되는 부분도 있겠고, 학생 자녀들 둔 부모들의 가정교육 자료로써 필요한 내용도 있겠다. 반대로, 이미 가치관이 확고한 분들에게 특별한 의미 부여가 안 되기도 하겠지만, 도움 되는 부분들이 분명히 있을 거란 희망을 품고 성실히 저술해 나가겠다.

인용한 부분들은 출처를 밝히겠으나 상당히 장기간 인생 전반에 걸쳐 듣고 읽은 일반적인 내용들이라서 출처 확인 불가한 내용들이 있다. 사이버 공간을 통해 조사를 해도 출처를 찾지 못하거나 오래전 읽은 신문 사설은 출처 확인이 불가함을 양해하여 주시면 좋겠다.

수필(에세이) 형식으로 써 내려가므로 그냥 개인적 생각이지만 그래도 남이 보기에 편협하지 않고 객관적이며 상식적인 수준을 유지하고 있다는 평가를 받도록, 아집과 고집에 빠지지 않도록 노력하겠다. 혹시라도 의견이 다른 분들을 '틀렸다.'는 식으로 표현하지 않도록 주의하겠다. 다름은 다름일 뿐 틀린 게 아니다. 우리가 흔히 쓰는 표현인 "이거하고 저거하고 틀리네"는 틀린 말이다. 단지 다를 뿐이다.

필자 자신을 가리킬 때는 가능한 '필자'를 1인칭 주어로 사용하고, 저술하는 이 책을 가리킬 때는 '본 책'이란 표현을 사용하겠다. 반복적인 검토와 교정으로 오류, 오타를 줄이고 영어 철자, 한자 및 이보다 더 어려운 한글 맞춤법, 띄어쓰기에 틀림이 없도록 노력하겠다.

학생, 사회 초년생, 그리고 자녀교육에 열심인 부모들에게 도움이 되길 바라며 좋은 사회, 좋은 국가 건설을 위한 여론 형성에 일조^{一助}하고 싶은 간절함으로 집필을 시작한다.

목차

1
행복은 멀리 있지 않다

●　　　　　　　　　　　**세상의 모든 사람이 행복하길 기원하며**

'멘토Mentor', 이 얼마나 멋진 단어인가! 사전적 의미로는 '경험과 지식
을 바탕으로 다른 사람을 지도하고 조언해 주는 사람'이 되겠고, 우리
말로는 '좋은 조언자' 정도가 적절해 보인다. 영어 단어 중에서 개인적
으로 제일 좋아하는 단어다.

　우리는 부모님, 선생님, 조직 사회의 선배, 직장 상사, 여러 사람들
의 지도와 책, 신문, 잡지, 방송, 인터넷 등을 통해 직간접으로 평생
배우면서 살아간다. 그 중에서 내 인생에 큰 영향을 끼친 사람이나 매
체가 나의 훌륭한 멘토가 되겠고, 어떤 멘토를 만나느냐에 따라 내 인
생은 극과 극으로 방향이 달라지기도 한다.

　프롤로그에서 밝혔듯이 본 집필의 동기 중에서 하나는 필자가 과거
어떤 지인의 인생에 큰 영향을 끼쳤고, 지금 현실에서 그 지인의 행복
에 도움 되는 멘토 역할을 했다는 추억이 뿌듯하다. 그 외에도 직장 생
활을 하면서 여러 스승을 만났고 또한 여러 제자를 길렀다. 누구에겐

가 피해를 줬거나 상처 주는 말을 한 기억을 후회하며, 적절한 조언이나 도움을 줬던 경험에 흐뭇하고, 향후 더 많은 도움을 주는 필요한 멘토 역할을 하고 싶다.

독자 여러분은 인생 100세 시대를 어떻게 대비하고 계시는지 궁금하다. 질문을 하나 던진다. 인생에서 가장 슬픈 일이 무엇이라고 생각하시는가? 각양각색의 답변이 있겠지만 필자는 이렇게 생각한다.

첫째, 노후 빈곤

둘째, 노후 질병

젊은 시절 1만 원짜리 티셔츠, 2만 원짜리 청바지, 3만 원짜리 운동화 신어도 상큼하다. 하지만 노후에 이런 차림은 빈곤의 표시다. 노후에 친구 만나서 몇만 원 정도의 지출이 부담스럽지 않아야 하고, 손주 폰 사줄 정도가 돼야 위신이 선다. 아플 때 병원비/약값이 있어야 하고, 냉장고, 세탁기 등 가정용품 고장 나면 바로 교체할 정도의 예금은 항상 필요하다.

소소한 일상에 만족하며 최저시급 받아도 좋으니 스트레스 크지 않은 가벼운 직업을 가지고 날마다 인터넷 사용, 소셜 미디어[SNS] 활동, 친목 모임, 가끔 맛집 여행 다니는 정도의 인생을 살겠다면 반대하지 않는다. 최저시급이라도 마음 맞는 두 사람이 만나 합치면 서민 아파트 생활하며 관리비 내고 작은 승용차 보유하고 가끔 야외로 놀러 나갈 정도는 된다.

하지만 사회적인 어떤 풍파가 몰려오면 저소득층 서민들이 먼저 피해 보는 경우가 많다. 젊은 시절은 뭐라도 하며 돈 벌겠지만, 나이 들수록 직업에 제약이 생긴다. 길어진 노후를 대비하며 저축하기에 최저시급은 부족하다. 자녀가 공부에 관심 있으면 부모가 자녀 교육을 위해서 어느 정도 지원해 줘야 하는데, 경제적 여유가 없으면 슬프다.

노후 빈곤/질병을 예방하기 위해서 우리는 날마다 건강관리, 재산관리를 한다. 길어진 평균수명이 축복이 되도록 젊을 때부터 철저한 계획을 세우자. 그러므로 여러분 인생에 도움 되는 멘토를 직접 혹은 간접으로 만나서 하루라도 빨리 인생 계획을 세우시라. 한 번의 실수로 1년은 쉽게 날아가며 젊은 시절의 1년은 노후에 10년으로도 회복/보상받지 못한다. '스스로 해야 한다'거나 혹은 '알아서 하게 내버려둬라'는 표현은 맞지 않다. 처음부터 잘하는 사람도 없고, 실수하고 나서 다시 하기보다는 좋은 멘토의 가르침을 받고 시작하면 시행착오를 줄인다.

본 책이 지독한 삶을 강요하고 답답하며 숨 막힌 인생을 소개하는 듯 재미없이 전개될까 처음부터 조심스럽고, 어떻게 하면 부드럽고 재미있게 전개할까 고민스럽다. 다만, 답답하고 숨 막히는 내용이라고 느끼는 독자라면 현재 본인 삶이 헐렁하고 나태한지 뒤돌아볼 필요가 있다. 높은 자리 올라간, 부자 된, 자기 분야에서 인정받는 사람들은 다 지독하다. 나라가 후진국일수록 할 일도 별로 없고 대충 사는 사람들이 많지만, 선진국이 될수록 일은 많아지고 완성도가 높아야 하고 악착같이 산다.

학교에서 공부만 열심히 하면 뭐 하나! 안전사고 없고, 거짓말에 속지 않고, 직업/취업 선택 잘하고, 안정적인 수입이 있고, 자녀 잘 키우고, 효도하고, 취미생활하고, 마음 맞는 사람들과 어울리는 생활, 이 모든 일들을 전부 한꺼번에 하자. 포기하고 땅 넓은 외국 가서 농사짓고 살든지, 산속에 움막 짓고 무소유의 삶을 살든지, 아니면 현실에서 경쟁하며 최선을 다하든지 선택의 자유는 있다. 이왕이면 멋지게 도전해 보자. 좋은 멘토 만나서 인생 설계하고, 나중에 멋진 멘토가 되어 후배를 양성해 보자.

●   아주 지독하면서 밝고 행복하게

독자 여러분의 인생 목표는 무엇인가? 성공, 부자, 사랑, 인정, 출세, 풍요로운 삶, 마음껏 사치하기, 취미생활 즐기는 인생, 명예, 권력, 자아실현 등 아주 다양하겠지만 결국 '행복'이란 한 단어로 귀결되겠다. 어떻게 보면 인생 별거 없다. 살아가는 모습이 다양할 뿐, 누구나 하루를 즐겁게 살면 행복이다. 돈, 권력, 명예가 있어도 쪼들리고 스트레스에 쌓여 불행하게 살아가는 사람들이 의외로 많다. 평생 잘나가는 듯 보였으나 큰 병에 걸리고 한 방에 쓰러지고 건강, 혹은 재산이, 혹은 인생이 한순간 날아가 버리는 사람들을 어렵지 않게 본다.

　필자가 미국 한 공항의 검색대를 통과했을 때였다. 공항 직원이 질문해 왔다. "혹시 가방 안에 음식물이 들어있느냐, 떡볶이, 순대 같은 음식물이 있느냐?" 하면서 물었다. 물론 이렇게 묻지 않고 영어로 물었다. 단, '떡볶이, 순대'는 우리말을 사용했다. 순간 2~3초 정도 헷갈렸다. 미국인이 영어 질문에 우리말 단어를 섞어서 농담할 줄은 전혀 예상치 못했기에 살짝 당황했다가 곧 "내 가방 안에 음식물은 전혀 없어 인마" 하고 아니 '인마'는 빼고 영어로 대답했다. 그 공항 직원이 간단한 체크 질문을 농담 식으로 한 때문에 그 직원도 필자도 서로 유쾌하게 웃으며 지나쳤다. 또 다른 직원은 "한국에서 왔니, 북한이니, 핵무기 가지고 있니?" 하면서 농담했다. "내 몸에 무기가 있긴 한데, 핵무기는 없어." 이러면서 서로 웃었다.

그렇게 통과 후 사람 많은 복도를 걸어갈 때였다. 맞은편에서 걸어오던 흑인 직원이 – 유니폼을 보아서는 환경미화 담당이 틀림없다. – 필자를 보고 잠시 제자리에 서서 양손을 위로 번쩍 들어 올렸다. 따라 하라는 제스처였다. 마치 자기가 검색대에서 몸수색하는 공항 직원인 것처럼. 필자는 웃으며 같이 양손을 위로 번쩍 들어 올렸다. 다음은 그 직원이 허리를 숙이며 양손을 바닥에 닿을 듯이 내렸다. 필자도 따라 양손을 바닥으로 내리며 허리를 굽혔다. 누가 봐도 공항 환경미화 직원인데 일반 통행 복도에서 외국인(필자) 상대로 장난쳤고, 그에 맞장구쳐 주면서 함께 웃었다. 그 옆을 같은 유니폼의 동료 흑인 직원 아주머니가 웃으며 "하하, 제임스"(너 또 외국인 상대로 장난치고 있니?) 하며 지나갔다.

모든 나라 공항 직원들은 날마다 단순 반복 업무로 인해 따분할 거고 그래서 다들 무표정하다. 그 당시 미국공항에서 농담과 장난하는 직원들을 만났고, 그렇게 유머 감각으로 하루를 웃으며 살아가는 그들을 보며 생각했다. 인생 별거 없다. 이렇게 행복하게 살면 된다. 대부분의 직업이 단순 반복 업무를 한다. 학교 선생님도 같은 내용을 여러 반에서 반복하고 매년 반복한다. 치열한 경쟁을 뚫고 시험에 합격한 공무원도 주민센터에서 반복 업무를 한다. 인생도 직업도 별거 없고 본인의 마음가짐이 중요하다.

미국에서 만났던 또 다른 사람을 소개하겠다. 3일 정도 2인 1조로 쉬지 않고 장거리 대륙 횡단 24시간 운전하며 배송하는 기사 2명이 생

각난다. 제조공장에서 부품을 기다리며 언제쯤 도착 가능한지 수차
례 폰 통화를 했다. 휴대폰 없던 시절에 도대체 어떻게 살았는지! 여하
튼 트럭 기사는 "오늘 밤 12시 넘어야 도착할 듯한데 내일 아침에 들어
가도 되느냐?"라고 했다. "새벽이라도 기다리고 있을 테니 꼭 와달라"
라고 요청하면서 두세 시간마다 트럭 위치 확인하는 통화를 했다. 살
짝 이상한 점은 장거리 대형 트럭 운전자들은 대체로 흑인이고 말투가
전형적인 특유의 말투인데, 필자와 여러 차례 통화한 운전자는 정확한
발음의 백인 말투였다. 새벽 3시경 도착한 그는 40대의 백인 남성이었
고 그의 동료는 30대의 아주 아름다운 백인 여성이었다. 세상에 이런
일이? 몇 분 뒤에 의문은 곧 풀렸다. 늦었지만 와줘서 감사하다고 말
하니 남자가 "Sign language, thank you: 수화手語로 감사하다는 이렇
게 표현하는 거야" 하면서 손바닥을 입에 갖다 댔다. 아하! 사인 랭귀
지가 수화라는 뜻이구나, 이 아름다운 여성이 장애가 있구나, 즉석에
서 배운 대로 수화로 여성 기사에게 감사함을 표했다. 그녀도 수화로
대답했다. 트레일러에서 화물을 다 내리면 아마 대부분의 사람은 그
냥 공장 안으로 들어가 버린다. 필자는 새벽 4시 정도나 된 그 시간에
돌아가는 길가에 서서 엄청 높은 트랙터 위를 올려다보며 손을 흔들고
작별 인사를 했고 양손 '엄지척'했다. 필자 앞을 지나치며 조수석에 앉
은 그 여성이 아래를 내려다보며 아주 활짝 웃으면서 엄지척했다. 장애
가 있으면 대체로 표정이 어두울 텐데, 전혀 겉으로 표나지 않고 그 밝
은 얼굴이 몇 년 지난 지금도 눈에 선하다.

2023년 UN 조사 결과 우리나라는 행복지수 57위라고 한다. 상세
내용은 모르지만, 우리 행복지수가 결코 높지 않을 거란 추측은 한다.

심한 경쟁 압박감으로 인한 상대적 박탈감이 가장 큰 원인일 거다. 아무리 그래도 브라질, 멕시코, 엘살바도르 같은 나라들보다 순위가 낮다는 사실은 좀 충격이다. 인생 별거 없고, 마음가짐이다.

오늘 하루 마음가짐으로 행복하기만 하면 뭔가 허전하고, 밝은 내일에 대한 기대가 필요하므로 독하게 살자. 언제, 어디서, 누구에게, 무슨 말을 해야 하는지 상황 판단 잘하는 사람, 뭘 시작하면 반드시 마무리하고 깔끔한 처리와 지속적 관리로 믿음이 가는 사람이 되자. 이게 별로 어려운 일이 아니다. 행복한 사람, 잘나가는 사람, 자기 분야에서 높은 곳에 올라간 사람, 모두 독하게 인생 사는 사람들이다. 아주 지독하면서 밝고 행복하게.

외롭다는 사람들이 의외로 많다. 외로울 틈이 없는 사람들 입장에서 보면 이해하기 어렵다. 동물과 다르게 사람은 태어나는 순간에 제일 먼저 운다. 그러나 살아가면서 웃는 법을 배운다. 외로우면 당연한 거다. 지극히 정상이므로 외로움도 즐겨라. 외로움을 행복의 재료로 삼는 경지에 오르지 못한 사람들은 이해 못 하겠지만. 그래서 모임에 나가고 사람을 사귀고 혼자 있는 시간이 싫겠지만, 일단 경지에 오르면 혼자 있으나 함께 있으나 별다름이 없다. 이것도 즐겁고 저것도 즐겁다. 야구 좋아하면 축구를 싫어해야 정상인가? 외로우면 남들과 어울려도 외롭고, 남이 해결해 주지도 않는다.

덧붙일 말은 자기 자신을 용서하시라. 과거 잘못한 일들 떠올리면 가슴 아프고 우울하다. 지나간 일에 집착 말고 화끈하게 내려놓고 내일을 건설하자. 이거야말로 행복을 위한 아주 중요한 조건이란 생각이

든다.

●   **유머는 행복 바이러스**

유머는 인생에 중요한 요소다. 유머가 풍부한 사람을 가까이하시라. 온갖 부귀영화가 다 무슨 소용인가 날마다 인상 쓰고 화내고 산다면. 돈, 명예, 권력을 가지고도 불행하게 살다가 아쉽게 먼저 떠나는 분들이 있다. 한마디로 어리석고 안타깝다. 가진 게 없어도 날마다 웃고 살면 더 이상 뭘 바라겠는가!

가수는 히트곡 하나로 수십 년을 무대에 오르지만, 개그맨은 다르다. 항상 새로운 소재를 발굴하고 외운 각본을 사용하거나, 순발력으로 웃겨야 한다. 우리 주변에 낙천적이고 밝은 사람들이 많지는 않다. 이런 밝지 않은 사람들 웃기려면 대단한 재주가 필요하다. 여러 사람들 모인 자리에서 사회司會 보거나 웃기려는 데 어려운 상황이 있다. 사람들이 엉덩이 앞으로 빼고 뒤로 의자 속에 파묻힌 자세로 앉아 있을 때, 여기에다 팔짱 끼고 있을 때 아주 어렵다. 더군다나 모인 사람들이 나이 들고 높은 지위에 있고 하면 더 어려워진다. 이럴 때 사회 보는 요령을 교육받은 적이 있다.

유머 소재 선정도 어렵다. 그 소재가 특정 직업군職業群 홍보는 내용이라면 앉아계신 분 중에 해당 사항 있거나 그분 가족과 해당 사항 있는 경우 불쾌하다. 상대에 대한 직접적인 놀림이나 비꼼을 주로 하는 미숙한 농담도 있다. 금기시禁忌視되는 내용, 19금, 욕설 관련 내용으로 참석자들의 불편과 반발이 생길 수 있다. 그래서 개그맨은 똑똑해야 하며 친구 모임에 농담 담당은 개그맨보다 더 똑똑해야 한다. 사석에서는 개그맨처럼 걱정 없이 막말도 못 하고 분위기 띄우려고 한 농담에 사이 틀어지면 그날 모임에 안 나갔느니 못하다. 개그맨 막말은 웃고 넘겨도 친구 막말은 용서가 어렵다. 그럼에도 불구하고 우리는 꾸준한 연습으로 위험을 최소화하며 분위기 즐겁게 만들자.

필자는 TV를 안 본다. 약 20년 전에 1주일 개그프로 하나만 본 적이 있었다. 개그맨들이 인정받는 세상이 즐거운 세상이다. 웃으면 즐거워지고 즐거우면 웃는다. 서울 거주자들이 누리는 한 가지 이점은 스탠드업 코미디 하는 곳이 몇 군데 있다. 인터넷 발달로 인해 가정에서도 공짜로 이런 코미디를 즐긴다. 한번은 뇌성마비 장애가 있는 개그맨이 공연을 하는데, 가슴이 찡했고 웃겼다. 장애를 가졌음에도 밝게 농담하는 모습이 엄청 귀여웠다. 세상을 인상 쓰며 살 필요는 없다. 무대 공연 돈 주고 보자. 가치가 있으면 돈을 지불해야 발전한다. 음악 공연, 연극 공연만 고상하지는 않다. 개그맨들의 공연도 인정받을 가치가 있다. 우리 사회에, 내 인생에 웃음 주는 감사한 분들이다.

영화 〈어둠 속에 벨이 울릴 때〉 1971

클린트 이스트우드 1971년 작인 공포 스릴러 영화 〈어둠 속에 벨이 울릴 때〉는 스토커 사생팬에게 시달리는 DJ가 소재였다. 주인공 DJ가 집에 없을 때 파출부 흑인 아주머니는 침입한 스토커가 휘두른 흉기에 다쳤고 집안은 엉망이 되었다. 신고받은 경찰, 앰블런스가 왔고 주인공 클린트 이스트우드도 대문 앞에 도착했다. 흉기에 습격당한 파출부가 이동 침대에 누워 앰블런스에 실려 들어가기 전 도착한 클린트를 올려 다보며 한 대사가 아직 생각난다.

"저 난장판을 다 치우려면 돈을 더 받아야 되겠어요."

캬! 생사의 기로에서 엄청난 피해를 보았으나, 물론 영화이긴 했지만, 그런 상황에서도 유머를 한다니, 감동 먹었다. 여유 있고 머리 좋은 사람이 유머를 구사하고 유머를 창작한다. 남을 웃기는 대단한 재주는 항상 부럽다.

하느님은 나에게 저런 유머를 이해하는 능력만 주시고 저런 유머를 창작하는 능력은 안 주셨다. 하느님 미워!

로널드 레이건 대통령은 1981년 힝클리의 총알 한 방을 맞고 대수술 전후에 많은 농담을 하며 주변 사람들을 안심시키려 했다. 2개월 후 베를린에서 연설하는 도중에 풍선 터지는 소리가 났다. 누가 들어도 총성과 같았는데 그때 순간적으로 한 대통령의 농담은 "Miss me". 빗나갔군, 날 놓쳤지롱 등으로 해석하면 되겠는데 놀랍다. 불과 2개월 전에 생사의 기로에 섰던 분이 정말 보통 아니시다.

2
안전이 있어야 행복도 있다

'행복'은 누구나 추구하지만 그 과정에서 '안전'보다 더 중요한 항목이 있을까, 무엇과도 바꾸지 못할 기본 중의 기본이 '안전'이다. 매슬로우 욕구 5단계에 따르면 생리적 기본욕구가 1단계, 안전이 2단계이다. 필자 생각에 안전이 1단계로서 생리적 기본욕구보다 선행한다. 아무리 배고파도 호랑이 잡아먹겠다고 호랑이굴에 들어가지 않는다.

필자는 자녀들이 초등학생일 때 수차례 반복적으로 가르쳤다.

"세상에서 가장 중요한 것은 안전이야."

"10가지 중에서 9가지 잘해도 1가지 안전을 못 챙기면 아무 소용 없어."

"횡단보도 빨간 신호일 때 건너가도 야단치지 않을게. 다만 차가 오는지 안 오는지 반드시 확인 먼저 해야 해."

필자는 말로만 뭐라고 교육하든지, 말로만 아는 체한다든지 이런 체질은 아니다. 한번은 아파트 거실에 가족이 모였을 때 실제적인 안전

교육을 실시했다.

"자, 지금 우리 부엌 가스레인지에 불이 났어. 어떻게 해야 하는지 빨리 말해 봐."

"위험하면 우선 도망가야 해."

밖으로 나가더라도 아파트 현관문 아래 스토퍼^{stopper}를 걸어서 문 열림 상태로 해놓고 나가라고 말은 못 했다. 소방대원이 들어오기 쉽게 열려있어야 하는데 소방법상 스토퍼 설치하면 안 된다고 들었고, 편의를 위해서 개인적으로 장착한다고 들었다. 무슨 사유로 스토퍼 설치가 안 되는지, 화재가 나더라도 그 집 하나만 전소^{全燒}되고 복도로 화염이나 유독가스가 나오지 못하게 하려는 의도인지 알지 못한다. 그리고 가족을 위한 소방 교육은 계속되었다.

"만약 화재가 났지만, 최초 발견자가 조치하는 편이 가장 빠르기 때문에 많이 위험하지 않다고 생각된다면 불을 꺼야 하는데 우리 소화기 어디 있어?"

자녀들이 대피소에 있는 소화기를 가져오게 했다. 지금 사는 집은 소화기를 현관에 두었다. 현관이 훨씬 눈에 잘 띄고 접근성이 좋다. 여하튼 가져온 소화기 어떻게 사용하는지 물어봤고 또 사용법을 가르쳤다. 학교에서 형식적으로 실시하는 소방 교육보다 훨씬 효과적이었을 거로 생각한다. 여러분도 가족 소방훈련 해보시라. 당장, 즉시, 냉큼, 어서, 빨리.

2001년 뉴욕 세계무역센터 쌍둥이 건물 911테러에서 참상 규모에 비해서 피해자를 줄였던 이유는 건물 안전 관리 책임자가 월 1회 꾸준히 안전 훈련을 실시한 때문이란 기사를 읽었다. 건물 총책임자의 반대에도 불구하고 규정대로 깐깐한 훈련을 실시했다.

한번은 아파트 단지 안에서 저녁 8시경에 서행하며 좌회전하는 순간 앞에 뭔가 있는 듯하여 급브레이크를 밟았다. 검은 머리, 검은 옷, 검은 백팩을 멘 보행자가 T자 도로 횡단보도를 건너고 있었고 그 뒤를 칠 뻔했으나 약 40cm 뒤에서 급정거했다. 보행자는 전혀 모른 채 그냥 건너갔다. 사람은 못 봤지만, 감각적으로 브레이킹했다. 몇 초간 그 자리에 멍하니 정차해 있었다. 운전자가 당연히 나를 보겠지, 하고 믿지 마시라. 저녁에 다니는 자녀들 검은색 옷/백팩은 위험하다. 차에 부딪히면 많이 아프다.

한때 지속적으로 유치원/학원 승합차에 어린이들이 끔찍한 사고를 당한 기사를 봤다. 항상 답답했다. 도대체 왜 안전교육을 안 했는가, 아마도 교육기관은 안전교육 시켰다고 항변할 거다. 형식적인 교육은 소용없다.

첫째, 운전기사를 교육하고 믿음이 갈 때까지 주 1회, 혹은 월 1회씩 감시/평가해야 한다. 혹은 무기한 감시/평가하면서 안전 수칙 미준수하면 엄중한 조치를 취해야 한다.

둘째, 어린이들이 싫증 날 때까지 가르쳐야 한다. 차량 앞에서 5m 이상 떨어져서 차가 완전히 정지 상태임을 확인한 후에 앞으로 지나가야 하고 차량 뒤로는 절대 지나가면 안 되고 등등. 또한 각종 차 사고 동영상을 사고 직전까지만 보여주면서 위험 상황을 끊임없이 가르쳐야 한다.

필자는 어린 시절 잘못된 동요를 배웠다.

"파란불 켜졌다. 어서어서 건너자."

요즘도 가르치는지 궁금하다.

첫째, 신호등에 파란불은 없다. 녹색불은 있다.

둘째, 신호등만 보고 건너면 안 된다. 차가 오는지 안 오는지를 봐야 한다. 그래서 필자는 자녀들에게 빨간 불일 때 건너도 좋다는 식으로 교육했다.

약 30년 전에 바로 앞에서 발생한 엄청난 횡단보도 사고를 목격했다. 대형 공장들이 즐비한 공단의 아침 출근길이었다. 대부분 8시까지 출근이므로 7시 40분 이전에 차량 이용자들은 회사 주차장에 도착해야 한다. 7시 50분 정도면 도보/자전거/오토바이 출/퇴근자들만 보인다. 문제의 그날 7시 50분경 주간조 출근 및 야간조 퇴근할 시간에 회사 앞 횡단보도 양쪽에 사람들이 가득 찼다. 도로에 차는 없었고, 멀리서 딱 1대 달려오는 걸 봤다. 녹색 등으로 바뀌는 순간 양쪽에서 각 20~30명씩 횡단보도를 건넜다. 필자는 5m 정도 떨어진 지점에서 목격했는데 멈출 생각 없이 달려오는 차와 합계 50명 정도의 많은 보행자들을 번갈아 보면서 "어, 어" 하는 소리가 절로 나왔다. 아마 근처 다른 공장에 출근하는 직원이 지각하지 않기 위해 과속 중이었다. 초보 운전이거나, 혹은 새벽까지 음주하다 지각할까 정신없었던 운전자가 속도를 줄이지 않았다. 횡단보도 한가운데의 여러 사람들을 치고 나서 브레이크 밟고 20m 이상 더 전진한 이후에 멈춰 섰다. 감속하지 않았으므로 여러 사람 사망했을 거다.

당시 상황과 부딪히는 소리, 보행자 머리와 부딪혀서 생긴 자동차 전면 유리 파손, 아직 잊을 수 없다. 보행자들이 녹색 신호등을 안 보고 차량을 봤다면, 감속하지 않고 달려오는 그 차량을 봤다면 사고를 면했을 거다.

요즘도 필자는 횡단보도에서 녹색등보다는 먼저 차량을 보고, 다음에 옆 사람들을 본다. 70% 정도의 사람들은 신호등만 보고 1초 이내 첫걸음을 내디딘다. 항상 가르치고 싶다. 말은 못 하지만 옆에서 보기만 해도 간 떨어진다. 그래서 필자는 집 밖으로 나갈 때 간/쓸개 다 떼놓고 나간다. 그러다가 요즘은 다시 넣고 다닌다. 사고 나서 병원에서 긴급 수술하는데 의사가 이런 말 하면 곤란하다.

"쓸개 빠진 넘이다."

● **안전운전**

젊은 시절 과속하고 다녔다. 약 2개월 동안 나를 추월하는 차량을 못 본 적도 있다. 빨리 가도 되는데 저 차들은 왜 저렇게 천천히 갈까 싶기도 했다. 아찔한 순간들을 겪은 탓도 있지만 "과속은 만용이죠"라는 말을 듣고는 생각을 고쳤다. 차량에 따라 다르긴 하지만 일정 속도 이상이 되면 위급한 상황에서 대처가 안 된다. 무게중심이 낮고 타이어 광폭인 차라면 조금 유리하겠지만 성질 급하면 저승 구경 먼저 한다. 습관이 운명을 만든다. 사고 내거나, 도로에서 운전자끼리 싸우거나 하는 사람들은 대체로 평소 습관에 문제 있는 경우가 많다. 필자도 조금씩 운전 습관을 고치고 법규를 준수하며 안전을 최우선으로 생각하게 되었다. 운전 중에 내뱉는 아름답지 못한 말들도 많이 순화시키고 고운 말을 쓴다.

"저런 보험 할증 붙을 넘" "저 인간, 화장실이 많이 급하구면" "작은 재떨이 놔두고 큰 재떨이 사용하네(아스팔트에 꽁초 버리는 사람)" 마음속으로도 이런 고운 말 쓰는 버릇이 들어야 갑자기 내뱉는 말에도 실수가 없다.

캐나다 고속도로에서 운전하다가 과속 경고 표지판을 봤다. 시속 150㎞ 이상은 벌금 1만 불이었다. 캐나다달러 환율 계산하면 약 천만 원이다. 도로 위 낙하물, 빗길, 앞차의 갑작스러운 차로 변경 등 여러 상황으로 인해 고속에서 대형 사고 발생하면 나와 상대방, 그리고 양쪽 가족 모두에게 큰 슬픔이다. 아주 합리적인 벌금제도란 생각이 든다.

●   음주 운전

이 또한 습관이다. 첫 음주 운전에 걸린 사람은 거의 없다. 습관화되다 보니 결국 걸린다. 운전자와 함께 음주했고 동승자인 경우 공동정범이다. 차 운전해서 술자리 나온 사람이 있으면 필히 대리운전 부른다는 확약을 먼저 받고 귀가할 때 필히 확인하시라. 아니면 한 사람, 혹은 죄 없는 여러 사람과 그 가족까지 평생 불행해지고 여러분도 평생 죄의식을 가진다.

일본은 음주 운전 처벌 강화로 발생률을 아주 낮췄다고 한다. 지인 중에 음주 운전을 했다는 말이 들리면 평생 멍멍이 취급하고 온 동네 소문내고 왕따시키고, 초대 안 했는데 어떻게 알고 술자리 나오면 한 마디만 하겠다.

"멍멍이 왔다. 우리 전부 나가자."

기억하기도 싫지만, 우리 국민 가슴에 아픈 해난사고가 있었다. 인원 집계 잘못해서 전원 탈출했다고 발표한 미숙함보다 "배 안이 안전합니다. 실내에 머무르세요" 하고 방송한 승무원들이 먼저 구명보트를 타고 탈출한 점, 속옷 바람에 근무도 안 하고 혼자 객실에서 놀고 있었던 선장이 분노를 자아냈다. 불법 개조, 차량타이어를 체인으로 묶지 않고 운행 등 대형 재난은 한 가지 사유로 일어나지 않는다. 여러 요인이 겹쳐 발생한 인재人災였다. 3개월 정도 지난 후 동일 항로를 운항하는 다른 선박에 타서 몰래카메라로 점검하는 TV 프로그램을 봤다. 그 슬픈 사고가 난 지 얼마 지나지도 않았는데 역시 안전 규정 안 지키고 전혀 개선되지 않았다. 추가적인 사고가 없도록 뒤늦게라도 개선해야 하는데, 온통 해난사고로 화내는 사람들만 가득하고 개선에 관심도 없어 무지하게 가슴 아팠다.

소 잃고 나서 외양간이라도 고쳐라. 분노만 하고 개선하지 않는 자들도 밉다.

90일간 자작한 범선

필자는 20대 때 50cc급 오토바이를 타고 다녔다. 시내 나갈 때 승용차로 가면 목적지까지 30분 걸려도, 오토바이는 속도가 느리지만 15분도 안 걸렸다. 승용차는 도로 막히고 주차장 찾고 목적지에서 먼 주차장에 세우고 하지만 오토바이는 목적지 정문 앞에 세우니까 훨씬 빠르고 편했다.

어느 겨울 오토바이로 약 45km/h 속도로 주행 중이었다. 아스팔트에 1~2m 정도 얼음이 얼어 있었고 발견이 늦었고, 갑작스러운 감속은 더 위험하므로 감속 없이 그 위를 지나가다 넘어지며 등을 바닥에 대고 슬라이딩했다. 부상은 없었지만, 만약 뒤따라오는 차량이 있었다면 아찔했다.

30대 때 한 번은 택시, 두 번은 승용차에서 독특한 사고를 당했다. 택시가 멈춰 섰고 앞좌석 합승 손님이 내렸고 문을 닫자마자 다른 택시가 우리를 들이받았다. 뒷좌석에 앉았던 필자는 연락처도 안 적고 그냥 떠났는데 며칠간 목이 아팠다. 두 번은 개인 자가용 운전 중에 적색신호 받아서 정지한 상태였다. 뒤 승용차가 그냥 들이받았다. 세 번의 공통점은 뒤 차가 브레이크도 안 밟고 정지 상태 차를 들이받았고 낮 시간대였다는 사실. 음주할 시간이 아니었다. 만약 차량 정차가 아니라 오토바이 정차였다면 지금 집필하고 있지 못했을 거다. 남자들 치고 오토바이에 대한 로망이 없는 사람 어디 있겠냐마는 오토바이는 정말 조심하자.

남자는 자동차/오토바이 배기음을 들으면 엔도르핀인지, 도파민인지 뇌에서 호르몬이 분비되고 여자는 쇼핑할 때 동일한 호르몬이 분비

된다고 한다.

필자는 뭘 하더라도 수시로 분비되는데 이는 필히 뇌 수술이 필요한 선천성 불치병이 틀림없다.

● **안전 보험**

안전 관련 보험은 꼭 가입하시라. 필자는 자차/자손/대인/대물 등 차량 관련 보험에 가입할 때 항상 최고치로 올린다. 대물 배상은 10억 원이 한도인 듯한데 이런 한도를 최대치로 올린다고 보험료 별로 차이 나지 않는다. 1년간 무사고라면 아까워서 어쩌나 생각하지 말고, 무사고 감사 표시로 기부했다 생각하면 된다. 그래도 아깝다면 운전 안 하시길 추천한다. 우리나라 대중교통 편하고 요금도 비교적 저렴하다.

자동차/오토바이/자전거에 전후방 영상기록 장치를 달자. 자전거에도 필수다. 많은 사고 동영상을 보면 블랙박스의 중요성을 절실히 느낀다.

필자는 복잡한 서울 시내 개인적으로는 물론 출장 갈 일이 있을 때도 대중교통 많이 이용했다. 승용차가 빠르긴 하지만 휘발유, 통행료, 주차요금을 따지면, 경제적이면서 잠도 자고 정보 검색도 하고 독서도 가능하며 안전사고 가능성이 낮아지는 대중교통의 이점이 많다.

● **부실 공사**

지진, 지진해일, 태풍, 폭우 등 자연재해에 후진국일수록 대형 사고가 터지는 이유는 당연히 안전불감증, 안전 규정 미비, 및 불량 건축물 때문이다. 한번은 외국 재난 현장의 무너지고 일부 뼈대만 남은 건축물을 보니 기둥 사이즈 규정이 가로세로 20㎝ 정도라고 한다면 가로 20, 세로 10으로 지었다는 사실이 들통났다. 건축, 감리, 감독관청 전부 총체적 부실이다. 그럼 우리나라는 어떤가? 비교적 최근에 건설 중인 유명 아파트가 공사 현장 일부분이 무너졌고 철근 빼먹은 사실이 드러났다. 더 황당한 일은 이런 빼먹기가 관습적으로 행해졌다는 사실. 분노한다. 어떤 건축 감리사는 "감리가 박봉에 업무가 과중하다"라는 인터뷰로 더 분노하게 했다.

여러분 중에서 혹시 안전 관련 업무에 종사하시는 분들, 앞으로 종사하실 분들께 말씀드린다. 안전 관련 업무가 과중하면 밤새는 한이 있더라도 점검하고, 박봉이면 사직하시라. 부실 공사는 연쇄 살인범보다 더 무섭다.

싱가포르는 건축 현장에서 한 로트^{Lot}의 콘크리트를 쏟아부으면 시편 제작용 틀에 일부를 붓고, 다 굳고 난 이후 시편을 강성 테스트해서 규정된 강성을 만족하지 못하면 그 로트 콘크리트 사용한 벽면 전체를 다 허물고 다시 시공해야 한단다. 건축 관련 안전 법규는 자동차 법규보다 훨씬 더 엄격해야 한다. 건축 카르텔 수사 등 요란했던 사건이 시간 지나면 뭔가 흐지부지되고 후속 뉴스가 안 들리니 계속 불안하다.

2018년경에 허리케인에서 살아남은 미국 플로리다주의 한 주택이 감동적이었다. 주위의 수많은 주택과 건물이 부서졌다. 이 건물의 주인은 허리케인 자주 발생하는 지역이라서 튼튼하게 지었단다. 필자는 이런 튼튼한 주택을 10년 뒤에 짓고 싶어 가끔 건축 구상을 하는 즐거움에 빠진다.

2025년 1월 발생한 캘리포니아 산불로 안타까운 상황이 발생했다. 지붕에 방화재 쓰고 파도에 견디도록 암반 15m 깊이 기반도 구축한 건물은 살아남았다.

우리나라에 몇백 년 된 목조건물, 사찰도 있고 외국에 백 년 이상 된 콘크리트 건축물들도 많다. 21세기 오늘날 부실 건축으로 무너지다니 이 무슨 코미디인가. 전국 오래된 학교 건물, 교량, 터널, 주요 건축물들 정기 안전 점검은 하는지, 지진에도 아파트 안 무너지는지, 그냥 불안하기만 하다. 아파트, 주택 등 모든 건축물 정문에 '본 건물 지진 진도 등급: 7.0' 등의 정부보증/건축사보증 명패를 달면 좋겠다. 이왕이면 '본 건물 층간 소음 수준 10점 만점에 6.7점' 같은 실측 결과와 함께 명패 달아주시길 희망한다. 이런 구조물 안전과 소음 연관된 법규가 있고, 인증 수치를 정문 문패같이 게시하면 매매가격에 큰 영향을 끼치겠다.

안전하고 층간 소음 없는 우리나라 좋은 나라.

●   **자료 백업**

필자는 노트북 컴퓨터에 저장된 자료들을 정기적으로 외장 저장 장치에 복사를 했다. 분실/고장 등 언제 어떤 사고가 발생할지 모르니 자료 백업back-up은 항상 습관화해야 한다. 그리고 중요 자료는 없더라도 사진과 연락처가 저장된 스마트폰도 정기적 백업이 필요하다. 한번은 1

년 정도 스마트폰 사진 백업을 안 했는데, 상태가 좋았던 대략 2년 조금 넘게 사용한 폰이 갑자기 맛이 갔다. 고객센터 가져갔는데 살려내지 못했다. 20만 원 이상의 수리비가 문제는 아니고 하필 그 당시 집중적으로 유럽, 북미 출장을 많이 갔었고, 하필 출장지 부근에 관광지가 많아서 사진 많이 찍었다. 하, 이런 요런 저런, 내 소중했던 추억과 함께 안녕.

컴퓨터 작업은 최소 30분마다 저장하자. 어떤 분이 하루 종일 작업한 문서가 저장하지 않은 상태에서 컴퓨터 에러 나면서 다 날아갔다고 했다. 사실이라면 동네 소문은 내지 말자. 날아오는 창을 피해야 한다, 창피해.

● **신뢰와 불신**

기본적으로 남을 믿지 마라. 유치원 아이 감기약 정해진 시각에 한 눈금만큼 복용시켜 달라고 쪽지에 적어 보냈는데 플라스틱병에 남은 용량 전부 다 먹여서 아이가 약에 취해 하루 종일 잠만 잔 적이 있다. 엄청나게 분했다. 이런 경우 미리 전화해서 확인해야지 쪽지만 보내면 안 된다.

록펠러 아버지가 그랬던가 어린 아들(록펠러)이 약간 높은 곳에 있었는데 "아들아 뛰어내려라." 그 말에 어린애가 뛰어내렸는데 밑에서 받아주지 않고 비켜 버렸다. 그러고선 "아들아, 오늘부터 너는 나를 비롯한 누구의 말도 믿지 마라." 불신지옥 만들라는 얘기가 아니고 확인하고 또 확인하라는 교훈이겠지. 동의한다. 필자는 나 자신도 안 믿는다. 앞으로 공부 열심히 하겠다, 내일부터 새벽에 일어나 조깅하겠다, 난 정말 멋져 등등 다 거짓말이거나 믿기 어렵다. 모든 종류의 안전 관련해서는 남을 믿지 말고 직접 확인하는 습관을 지니시라. 여하튼 이런 교훈 주려고, 아들 다리 부러지는 안전사고 나면 어쩔 뻔했냐 이 독종 엑스 엑스야!

한번은 리폼 가게에 바지 밑단 수선을 맡겼다. 찾아와서 입어 봤고 좀 예민하다 보니 허리춤에 이상함을 발견했다. 이름표 달아놓기 위한 옷핀이 그대로 꽂혀 있었다. 이름표는 떼어 냈는데 옷핀만 남아 있었기에 하마터면 그냥 바지 입고 다니다가 옆구리 찔릴 뻔했다. 남을 믿지 말고 확인하시라.

미모의 여사장님, 네가 먼저 옆구리 콕콕 찔렀냐!

●   **완벽주의자와 안전**

필자는 운명론을 믿는다. 다음 장에서 운명 관련하여 다루겠지만 사람의 안전도 운명이 좌우한다고 본다. 다만 100%는 아닌 듯하다. 평소 모든 일을 꼼꼼하게 준비하고 세밀하게 점검하는 완벽주의는 안전사고가 덜 난다. 그런 완벽 추구 자체가 타고난 운명인지는 모르겠으나 누구나 그렇게 살아야 한다. 허술한 사람과 엮이고 싶은 사람은 아무도 없다.

음주를 좋아하지만, 술집에서 딱 정해진 양만 마시고 일어서는 사람은 취중 실수도 없고 비틀거리다 전봇대에 부딪힐 일도 없다. 자기관리 잘하면 믿음도 가고 사고 확률은 현저히 낮아진다. 아마도 완벽주의자들은 좋은 운을 타고났거나 아니면 좋은 운을 스스로 만들어 나간다. 인생 경험상 뭔가 성실하지 않거나 부족하고 불안한 사람들이 주로 사고 친다.

필자는 필명을 '좋은수'로 정했다. 좋은 습관과 꾸준한 자기 관리로 좋은 운을 만들어 가겠단 의지를 담았다.

●   **시오노 나나미와 안전**

허영만 님의 《꼴》에서 봤다. 《로마인 이야기》로 유명한 일본 작가 시오노 나나미는 로마에 거주하면서 장편 작품을 저술했다. 작품 완성까지 어떤 사고가 나면 안 되므로 여행도 자제하셨단다. 아무나 유명인 되는 거 아니다. 외출이나 여행도 자제할 만큼 지독함은 대단하다.

필자는 본 책을 완성할 때까지 술집에서 음주하지 않도록 노력하겠다. 취해서 안전사고 나면 절대 안 된다. 사실 경제적인 이유가 더 크지만.

3

운명을 받아들이거나 개척하거나

● **운칠기삼**

인생은 운7기3, 이 말에 동의한다. 아니 운8기2 정도라고 본다. 후진국으로 갈수록 혹은 과거 조선/고려 시대로 가면 운9기1 정도 되겠다.

약 30년 전에 아마 유명한 《타임》 잡지였다. 그 잡지에서 미국 독자들을 대상으로 '인생의 성공을 좌우하는 척도로써 아이큐가 어느 정도 중요한가?'라는 설문조사를 했는데 독자들 답변의 평균치가 20%였다. 그럼, 나머지 80%는 '계급'이라고 했다. 이 말에 격하게 공감한다.

계급이 무엇인가? 어느 시대, 어느 나라, 어느 사회, 어느 계층의 부모 밑에서 태어났는가에 따라 운명적으로 결정된다. 대부분 자기 운명을 자식에게 물려줬고 죽는 날까지 그 운명을 바꾸지 못했다, 후진국일수록 과거일수록. 노예제도와 신분제도가 사라진 대부분의 현대 문명사회에서는 개인의 노력에 따라 운명적인 계급을 바꾸기도 한다. 지배계층이나 양반집 자제들 입장에서 억울하겠지만 평민/노비 출신은 좋은 세상 만났다.

서양에서 조폭 남자와 거리의 여자가 결혼한 경우 그 자손들이 어떻게 되었는지 가계도를 추적한 사례가 있다. 후손 중에 남자들의 70%, 여자들의 80%가 부모 혹은 조상祖上과 같은 인생을 살았다고 한다. 필자 생각에도 어려운 환경에서 태어난 사람일수록 운명을 바꾸지 못하며, 남자들보다는 여자들이 살짝 더 운명의 영향, 즉 부모의 영향이 크지 않을까 싶다.

사회생활 20~30년 하고 학생 시절 친구들을 만나보면 어릴 때 활발했던 친구는 지금도 활발하고, 조용했던 친구는 지금도 조용하다. 가정환경 어려웠던 친구는 지금도 어렵고, 부잣집 자녀였던 친구는 지금도 재산 많아 보인다. 대체로 그렇단 얘기다. 영화나 TV 드라마를 보면 건달처럼 생긴 배우가 건달 역을 맡고 부자처럼 생긴 배우가 재벌 역을 맡는다. 물론 화장, 복장, 대사, 연기로 그 역할을 만들어 가고 연기변신 하지만. 태어나는 순간 결정된 외모, 체력, 지능지수, 성격, 성별 등은 못 바꾼다. 노력과 의지로 인생의 일정 부분 바꾸고 어느 방향으로 나가느냐의 판단에 따라 처한 환경의 영향으로 일정 부분 바뀌는 듯하다. 운명론자 입장에서 보면 노력하는 성향, 진출한 방향이 좋은 환경으로 갔다면 그것도 사실은 전부 태어난 순간 결정된 운명이라고 하겠다. 용한 도사님들도 과거는 맞추지만 미래는 제대로 맞추지 못하는 걸 보면, 운명이란 기본 바탕만 정해져 있고 개인 의지에 따라 일정 부분 개척 가능하다는 생각이 든다.

그렇다면 재차 강조하는데 좋은 멘토를 만나야 한다. 삐삐나 시티폰이 마음에 들어서 그 제조회사에 투자했다가 손해 보기도 하고, 스마트폰 제조회사 사장의 발표가 마음에 들어 그 제조회사에 투자했가 크게 벌기도 한다. 세상에 많은 멘토가 있는데 여러분이 어떤 멘토를 선택할지 보는 눈을 키워야 한다. 출생의 순간 결정된 외모, 성별 같은 운명에 매달리지 마시라. 그래도 조선시대, 아프리카, 중남미에서 태어나지 않았고, 오늘의 대한민국에 태어났기에 운명 변경의 폭이 크다는 사실은 복 받은 인생이다. 안 되는 일에 얽매이지 마시고 의지로 개척 가능한 일에 집중하시라. 남 탓하지 말고, 나의 게으름을 탓하시라.

운7이라고 하지만 모든 사람에게 적용되는 공식이 아니다. 기3을 갖추고 기다려야 운7이 찾아온다. 남들 보기에 운이 쉽게 찾아오는 그런 복 받은 인생이 있지만 그런 경우는 드물다. 만약 정말 쉽게 운이 찾아온 사람이라면 곧 쉽게 운이 나가 버린다. 아니면 내가 모르는 어떤 엄청난 숨은 노력이 있었기에 운을 잡은 경우다. 복이 없어 엄청난 노력을 했으나 운이 찾아오지 않는다면 느긋하게 기다리자. 당장 안 풀리더라도 언젠가 노력에 비례한 결과는 온다. 인생에서 누구나 몇 번의 운이 찾아온다.

본 책이 얼마나 인기 있을지 용한 도사님 찾아뵙고 한번 문의를.

● **노력**

주위를 봐도 굉장한 노력파, 아주 성실한 사람, 심성이 올곧은 사람, 신뢰 가는 사람들은 다소 크기의 차이는 있지만 결국 성공하고 행복하게 살더라. 남들이 다 보고 있다. 학생 시절 상당히 친했던 사이라도 씀씀이가 헤프거나 돈 관계가 불확실했던 친구였다면 사회에서 만나 동업이나 내 회사에 채용하거나 내 가족사업체에 추천해 주지 않는다. 놀 때는 잘 노는 친구가 좋더라도 성공/행복/이익을 공유하고 싶지는 않다. 비록 과거에 싸운 사이라도 성실하고 신뢰할 만한 사람이란 걸 알고 있다면 그런 사람과 경제적 관계를 맺는다. 남들만 보고 있는 게 아니다. 나도 나 자신을 보고 있다. 내가 뭘 할 수 있는지, 저 일이 가능할지 불가능할지는 내가 제일 잘 안다. 최선을 다하고 결과는 운명에 맡겨라. 지금 안 되더라도 나중에 된다. 당장 안 된다고 실망하거나 포기할 필요 없다.

아무리 머리 좋아도 노력하는 넘 못 이기고, 아무리 노력해도 운 좋은 넘 못 이긴다는 말이 재미있다. 시간 지나서 뒤돌아봤을 때 전혀 후회 없을 만큼 일단은 노력하자. 중요한 시험에 떨어지더라도 아깝게 떨어져야 한다. 그래야 다음 시험에 합격 가능성이 있다. 할 거면 화끈하게 하자. 90점 이상 합격인 시험에 응시했으면 85점은 나와야 한다. 물론 첫 시험에 합격하면 최상이지만. 시험 경향이나 파악하자면서 50~70점이 나왔다면 응시료, 교통비, 시간 낭비했다. 준비하지 않은 자에게 운은 없다. 객관식이라 운 좋으면 고득점도 가능할 거란 얕은 생각은 버리자. 준비하지 않은 자는 시험 경향 파악해 봤자 소용없다. 어차피 다음 시험에 또 떨어진다.

인생이 생각보다 길고 할 일은 많다. 물론 노력해도 안 되는 일도 많고 운명 앞에서 좌절하고 술잔 기울이며 눈물지을 때도 있다. 반복하지만 주어진 운명에 집착하지 말고, 자신의 좋은 운을 만들어 보자. 기회는 온다.

사람의 수명壽命도 운명으로 정해진 듯하다. 물론 지극히 개인적인 의견이다. 주위에 무서울 정도로 건강하신 분이지만 자주 음주하시다가 생각 외로 빨리 돌아가신 분들을 봤다. 그분들은 운명에 정해진 시간에 돌아가시려고 음주하셨는지, 운명만큼 사시지 못하고 개인적으로 단명하는 운을 만드셨는지 모르지만. 만약 정해진 수명이 있다면 그때까지 건강하게 살거나, 혹은 아프게 사는 인생의 질은 개인 노력에 달리지 않을까! 그렇다 치고 젊은 시절부터 날마다 건강 관리하자. 꾸준히 평생 관리한 사람은 노후에 건강하다. 건강하면 뭐든지 할 수 있다. 돈벌이, 취미생활, 봉사 등등, 자기 운을 만들어 나간다.

한때 암보험이 많았으나 자취를 감추기 시작했다. 의학 발달로 조금씩 암이 정복되리라 기대했던 보험사들의 전망과 달리 암은 노인성 질병이다. 의학 발달로 평균수명이 늘어나니 노후 암 발생이 많아지는 모양이다. 건강관리, 스트레스 관리 잘해서 운명에 주어진 수명까지 안 아프고 살자. 자신을 위해 가족을 위해 후손을 위해.

필자는 정해진 수명까지 마지막 시간까지 즐겁게 음주 가능한 몸을 만들려고 오늘도 건강 관리한다.

4

투자/돈, 아는 만큼 성공

아주 오래전 인터넷에서 본 글이다. '주식 투자 고수는 500만 원으로 1년 정도의 짧은 기간 동안 순식간에 5억 원으로 100배 불리고, 또 500만 원부터 다시 시작한다'라는 내용이었다. 이 짧은 글에서 굉장한 안타까움이 샘솟았다. '100배 불릴 재주가 있다면 5억 원으로 500억 만들면 되는데 왜 다시 500만 원부터 시작할까?'라고 댓글 달고 싶었지만 과연 읽어볼지, 효과는 있을지, 어린 친구가 장난쳤는지도 모른다. 어리석은 자, 미성년자도 넘쳐나는 사이버 공간에서 하나하나 가르치려 드는 자세도 별로 바람직하지 않겠다. 여하튼 금융 교육 부족이 문제라고 판단한다. 전문 지식이 필요하면 각 분야 전문가의 글을 참고하면 되고, 전체적인 기본 교육, 살아가며 누구나 참고하면 좋을 내용을 간추려 소개한다.

'투자'와 '투기'의 차이는 뭔가? '투자'는 합법적인 방법, '투기'는 불법적인 방법을 동원한 투자라고 정의하겠다. 사전적 의미의 '투기'는 '기회를 틈타 큰 이익을 보려고 함, 또는 그 일'이다. 그러나 '투자'도 기본적으로 큰 이익을 보려는 목적이니, 합법/불법으로 구분하면 더 명확하지 않을까 싶다.

사람 모인 장소에서 불법/편법적인 방법으로 재미 본 얘기를 자랑하는 사람이 있고 주위 사람들은 부러운 듯이 듣는 경우가 종종 있는데 그러지 말자. 한때 '땅 사서 재미 본 사람은 3%뿐' 이런 기사 제목을 보았다. 투자든지 투기든지 항상 결과가 좋을 수는 없다. 실패 경험은 가능한 숨기고 성공 경험만 자랑하면 남들이 다 고수처럼 보인다. 하지만 10년 보유했던 아파트가 50% 올랐는데 취득세, 보유세, 양도소득세, 중개수수료, 확장공사 및 인테리어 비용 등을 제외하고 실제 20% 수익을 올렸다면 금융권 정기예금 복리이자보다 낮은 수익률이다. 물론 투자용 아파트가 아니고 거주용이었다면 얘기는 달라진다.

투자용 아파트를 구매하면서 대출받고 전세금 끼고 실제 자기자본은 20% 정도 투자했는데 아파트 가격 대비 20% 수익을 올렸다면 자기자본 대비 100%의 놀라운 수익률을 올렸다. 부동산 상승기에 이런 성공 신화들이 많지만, 부동산 가격은 상승/하락의 반복 패턴과 함께 소위 '방학' 기간이 있다. 상승 말기나 하락 초입에 들어 '상투' 잡은 사람들은 긴 겨울방학을 버틸 힘이 있을까! 남들 성공담을 많이 듣게 되면 부화뇌동하기 쉽지만, 또한 그때는 겨울방학 직전일 가능성도 있다. 자랑하는 사람 중에서 상승 초기에 매입한 경우도 있겠지만 대부분은 오랜 인고의 시간을 거쳐 결국 좋은 시절 맛봤다고 생각하자.

부러우면 지는 거다. 2022년경부터 찾아온 부동산 침체로 '영끌'한 많은 분이 고통받고 있어 마음이 편치 않은데 이 또한 약 5년간 폭등기 거친 후 - 물론 모든 지역이 폭등하지는 않았지만 - 찾아온 침체기/하락기이므로 적지 않은 전문가/일반인들도 충분히 예상한 시나리오다. 인구는 줄어든다는 경고가 계속되고, 미분양, 빈집들이 여기저기 보이고 은행 금리가 계속 상승하면서 아주 충분히 예견된 시나리오로 진행되고 있다. '부동산 불패' 신화의 패러다임이 바뀔 때도 되었다. 부동산 가격이 상승하든 하락하든 대부분의 서민 혹은 부자라도 부동산은 재산에서 가장 큰 비중을 차지하니 영원히 관심 가지고 공부해야 할 대상이다.

"옛날이 좋았다." 적지 않은 젊은이들, 심지어 40대의 중년층도 이런 말을 심심찮게 한다. 그 말에는 옛날 사람들, 즉 지금의 노년층은 젊은 시절에 가만있어도 경제 상승기, 개발도상국 시절에 일자리도 많고 부동산 가격도 급등하고 여러모로 많은 이익을 보면서 쉽게 부를 축적했지만, 요즘은 힘들다는 논리가 들어있다. 1987~1991년 사이 서울 집값 4~7배 상승했고 이때 중동 외화벌이 간다고 집 팔고 외국 나갔던 사람이 귀국해서 전셋집 구하기도 어려운 안타까운 사연도 있었다.

하지만 장기간을 놓고 보자. 옛날보다는 요즘이 훨씬 좋다. 만약 옛날이 좋았다면 지금 60대는 다들 부자, 70대는 다들 갑부, 80대는 재벌들인가? 옛날이 좋았다는 말 속에 내가 안 부자인 이유는 내 탓이 아니고 세상 탓이란 논리가 숨어 있지 않은지 되새겨볼 일이다. 2017~2022년 기간 동안 부동산값 폭등 지역들이 있는데 세상 탓하는 지금 청장년층들에 질문한다. 여러분의 어린 자녀들이 약 20년 뒤 여러분(부모)에게 "아빠·엄마, 과거 부동산 폭등했다면서, 그때 우리는 얼마나 벌었어, 아빠·엄마는 왜 갑부 안 되었어, 옛날이 좋았잖아" 하면 뭐라고 대답하시겠나?

남 탓, 세상 탓은 하지 말자. 젊을 땐 노인 비하, 늙어선 요즘 젊은 것들 탓하지 말자. 결코 내 인생에 도움 되지 않는다. 지금의 노년층 대부분은 젊은 시절 즐기지 못하고 수입 대부분을 저축하고 자식 교육에 바쳤다. 주 6일, 주 7일 일하며 오늘의 대한민국을 건설한 역군들이다. 주 5일 일하며 저축률은 낮고 개인적 즐거움을 위한 소비가 우선이며 불평만 많이 하는 사람은 되지 말자.

한 번은 대우가 좋기로 유명한 큰 회사에 저녁 8시 이후 방문한 적이 있다. 사람 찾는다고 돌아다녔는데 현장에서 일하는 분들은 계약직들이고, 정직원 3명은 근무시간인데 방안에 불 꺼놓고 누워서 TV 보고 있었다. 그런 직원들은 하루 종일 회의실에 앉아서 불평불만하고 있다. 그 회사 제품은 평생 안 사겠다는 마음이 들었고 오래 지났어도 그 결심에 변함이 없다. 대체로 열심히 인생 사는 분들은 불평이 적고 세상 탓 별로 안 한다.

'티끌 모아 태산' 과거 격언에 동의하지 않는다. 시대가 변해도 많이 변했다. 티끌은 모아도 티끌이다. 필자 또한 인터넷 최저가 검색을 자주 한다. 조금 더 저렴하게 사려고 대형마트나 재래시장까지 찾아간다. 만약 소파에 앉아서 TV 볼 시간에 저렴한 구매를 위해 시간 썼다면 의미가 있지만 30분 이상 최저가 검색을 하지 말자. 가까운 편의점에서 1~2천 원 더 썼다고 손해 아니다. 최저시급 약 만 원으로 계산하여 최저가 검색 시간에 5천~1만 원 소비한 셈이라면 남는 게 없는 장사다.

이런 시간에 투자 관련 공부하자. 부동산, 생활법률, 생활 경제 등 알아야 할 내용이 엄청 많다. 땅에 떨어진 백 원짜리 동전 줍기 위해 허리 숙이지 말고, 멀리 떨어진 만 원짜리 지폐를 보자. 투자 공부한 티끌은 훗날 태산이 되거나 적어도 추락은 막는다.

넉넉하지 않은 부모/스승, 평범한 중산층의 기자, 여유가 없는 작가, 주변의 소시민 중에 이렇게 말하는 경우가 있다. 가난이 불편할 뿐, 돈이 인생의 전부는 아니다. 부자는 탈세, 불법을 저지른다. 정권과 결탁해서 재벌이 되었다. 이런 발언은 흘려듣자. 정당한 방법으로 성공하고 멋진 모습으로 사는 부자들을 존경하자.

●   **안목을 키워라**

말은 쉬운데 상당한 시간 공부하고 실전경험을 쌓아도 내일이 어떻게 될지 전망이 어렵다.

2006년 구글이 16억 5천만 달러(현재 환율로 2조 원 이상)에 소규모 스타트 업 유튜브를 인수했을 때 필자는 이해하지 못했다. 당시 개인 캠코더로 가정에서 애완동물, 어린 자녀들 촬영한 동영상 업로드^{upload} 시키는 정도의 유튜브에 관심이 없었기 때문이다.

하지만 구글은 전 세계 누구든지 스튜디오 없이도 콘텐츠를 만들 수 있고 업로드시킨다는 아이디어를 높이 평가했다. 구독자의 클릭에 따라 수익성을 가져다주는 시스템으로 개발하니 돈 있는 곳에 능력자들이 몰려서 흥미로운 콘텐츠가 무한정 생산되었다. 요즘은 검색엔진 아닌 유튜브에서 검색하는 사람들도 많다. 역시 사업하는 사람들 보는 눈은 다르다. 그리고 돈 버는 구조를 확실하게 발달시켰다.

보는 눈을 키워라. 그리고 부러워하지는 말자. 모든 사업이 전부 성공하지는 않는다. 조용히 사라진 대기업, 스타트업start-up, 실패한 아이템은 더 많다. 안목이 높다고 부자 되지는 않는다. 아이디어 좋은 컨설턴트(자문위원)가 자기 아이디어를 지원하는 투자가의 도움으로 사업 개시한다고 성공하지 않는다. 사업실행 과정에서 발생하는 무수한 문제들을 해결해야 하고 아이디어 수정해 나가면서 제대로 사업체 키워야 하는 현실은 또 다른 영역이다.

가상화폐가 초기에 떠오를 때 필자는 회의적이었다. 화폐 발행의 주체는 정부이며 통화량 관리, 외환 정책, 과세 등 모든 조절과 통제를 위해 정부 아닌 조직/개인의 화폐 발행은 용납되지 않는다. 해킹, 전산 오류 등 문제 발생에 취약하지만 그래도 가상화폐가 필요하다는 확신이 선다면 정부가 발행하면 된다. 이러한 사유로 가상화폐에 투자하는 사람들을 말렸다. 결과는 가상화폐 폭등으로 큰돈 번 사람들이 생겼는데 반복하지만 '부러우면 지는 거다.' 아직 가상화폐의 미래는 모르며 세상의 많은 기회 가운데 일부는 알토란으로 판명되지만, 대부분의 실패한 기회들, 초기 단계 달콤한 전망에 탑승하지 않아서 큰 손실을 안 봤다면 이 또한 즐겁지 아니한가! 미국 비트코인 ETF 종목 승인 때문에 폭등한 가상화폐는 당장 1/10 수준으로 폭락할지, 내일이 어떻게 될지 전망은 불가하다. 실체도 없는 이런 불확실한 부문은 큰손 전문가의 영역으로 넘기고 개인들은 강 건너 불구경만 하자. 부화뇌동하면 후회의 가능성이 커진다.

　필자가 날마다 지나다니는 길에 '먹자골목'이 있었다. 세 갈래 동네 골목길에 적어도 50곳 이상의 음식점, 술집이 모여 있는데 수시로 폐업하고 개업하고 그러니 간판/인테리어 회사만 돈 버는 듯이 보여 안타까웠다. 그 길은 유동 인구도 적고, 업소에 손님들 많아서 장사 잘되는 가게는 아주 적었다. 대도시 번화한 상가는 지나가면서 겉모습만 봤을 때 한번 들어가 보고 싶은 충동이 생기는 그런 술집들이 많은데 일반 아파트 단지 앞의 동네 상가라서 그런지 그냥 특색 없는, 시선을 끌지 않는 음식점, 술집들이 대부분이었다.

　계속 신규 개업하는 업소들을 유심히 봤는데 한번은 닭발 전문점이 생겼다. 닭발은 결코 주인공이 될 수 없다. 닭고기 전문점에서 서비스 안주로 내어준다면, 안주 다 떨어지고 추가 주문할 지갑 여력이 안될 때 마지막에 손이 갈 그런 품목이 어떻게 주인공이 되나! 개업 후 몇 개월 동안 손님이 거의 없는 듯 보였다.

　그리고 만두전문점이 생겼다. 필자는 만두를 굉장히 좋아한다. 집에서 만둣국, 만두라면 때로는 돼지고기/김치/양파/당근/계란 볶음밥을 하면서 만두 2개 정도 넣기도 한다. 하지만 맛 좋은 가정용 냉동만두가 있고 중국요리 전문 식당의 만두가 있는데 "점심은 만두전문점으로 갈까?" "저녁은 만두전골에 소주 한잔할까?" 이런 사람을 한 번도 본 적이 없다. 역시 만두도 주인공이 될 수 없다.

　좋은 대학에 입학하기 위해서 3~6년 혹은 12년 이상을 혹독하게 공부한다. 좋은 직장에 취직하기 위해 또 4~6년 살짝 과장해서 목숨 걸고 공부한다. 등록금/학원비/책값/인강/독서실/유학에 투자한다. 좋은 식당이나 주점을 개업하기 위해 어떤 투자를 하셨나? 인테리어와 보증금? 그냥 먹고 살아야 한다고 개업하지 마시라. 자영업으로 성공한 분들의 책, 방송도 보시고, 희망하는 업종, 희망하는 메뉴의 전국 유명 맛집 여러 군데 가셔서 성공 비법이 뭘지 연구해 보고 그 집에 취직해서 몇 년의, 아니면 몇 달의 훈련을 받고 그런 후에 도전하시면 좋겠다.

개업/폐업 한두 번 반복하면서 겪는 엄청난 고통과 경제적 손실을 경험은 못 했지만 걱정스럽다. 특히 부모님 경제적 지원으로 특별한 노하우 없이 쉽게 창업하는 커피전문점, 핸드폰 판매점 등은 더욱더 걱정이다. 어떤 지역에 짬뽕 전문점을 개업하고 싶다면 그 지역을 샅샅이 뒤져서 짬뽕 전문점을 찾고 없다면 최대한 가까운 지역의 유명 짬뽕 전문점을 찾아가서 시식해 보시라. 그 전문점보다 더 맛있게 만들 자신이 있는가?

어떤 책에서 보았다. 취직하려면 그 회사의 오너를 봐라. 그분을 이길 자신이 있다면 취직하지 마라. 그 분에게 배울 점이 없다. 반대로, 자영업을 하려면 그 분야에서 성공한 분을 봐라. 그분에게 이길 자신이 있다면 개업하라. 그런 자신이 없다면 개업해도 성공하기 어렵다. 특출 난 재주가 없는 분은 일반 봉급 생활자를 추천한다. 개인 자본 투자 없이 매월 일정 봉급을 받고 성실히 살아가는 것도 행복이다. 단, 만약의 경우를 대비하며 자기 가치를 계속 높여 나가자.

중장기 겨울방학에 들어간 현재 부동산 상황에서도 부동산 공부를 게을리하지는 말자. 평생 공부해야 할 가장 큰 자산이다. 수익도 중요하지만, 손실 최소화가 더 중요하다. 부동산뿐만 아니라 무슨 투자이든지 한번 손실 보면 5년, 10년 뒤에 좋은 기회가 왔을 때 잡지 못한다. 그래서 10년, 20년 동안 힘 빠질 경우도 있다.

오래 전 지인의 집들이에 갔다. 그 동네는 5층 빌라촌이었는데 나중에 알게 된 정보에 의하면 3층 건물에 반지하, 옥상층 포함한 건축법을 살짝 피하기 위한 형태의 5층이라고 했다. 그 후 3, 4년 정도 지나서 그 비슷한 동네에 큰 수해가 있었고 반지하는 물에 잠겼다. 우연히 본 뉴스에서 피해 주민의 인터뷰가 기억난다.

"내 평생에 다시는 반지하에는 안 삽니다."

가전제품, 가구, 옷, 이불, 책, 그 엄청난 피해는 지금 생각해도 가슴 아프다. 그 당시 전세 시세는 반지하 2,500만 원, 1층 3,000만 원, 2층 3,500만 원 수준이었던 거 같다. 경제적 형편이 여유가 없어 500만 원이라도 아끼려고 했겠지만, 만약 누군가 반지하에 전세/월세 들어갈 생각을 한다면 "조금 멀리 떨어진 동네, 조금 더 구축舊築(오래된 건물)일지라도 반지하는 피하라"라고 조언하겠다.

구축인데 도배/장판 새로 깔끔하게 한 집은 자세히 살피자. 누수, 곰팡이 등 결함을 가리기 위한 경우가 있다. 구축이면 도배/장판이 아주 낡은 집이 오히려 정직하고 정확한 판단에 도움 된다. 실내 청결함은 판단의 중요 기준으로 삼지 말고 미래가치, 환금성을 따져 보자.

빌라왕이 집값 올렸다! 여러분 생각은 어떤가? 필자는 전혀 반대라고 본다. 빌라 천 채 이상 보유한 빌라왕도 있다고 하니 그 재주가 궁금하다. 주거할 집이 부족한 시절에는 다주택자에 세금으로 제재를 가하는 제도가 이해된다. 하지만 지금은 상황이 아주 다르다. 빈집, 미분양이 많다.

직장/직업 관계상 가장이 혼자 떠난다든지, 중고등, 대학생 자녀를 위해 3~6년 정도 거주할 집이 필요한 경우 등 사정이 다양하다. 현 거주지는 매도가 어려운 상황, 장기보유 시세차익을 위해 현 보유 집을 매도하기 싫은 상황, 이사 가야 하는 지역의 시세차익이 어렵다고 판단한 경우, 자가 소유할 만큼의 돈이 없어 전세/월세 살아야 하는 경우 등 수많은 조건에서 거주 집이 필요하면 어떻게 하는가? 빌라왕 덕분에 매수하지 않고도 단기/중기 거주하고 쉽게 이사하는 자유가 생긴다.

빌라왕은 사람들에게 다양한 형태의 주거지 선택권을 줬다. 만약 임대사업자가 없다면 모든 사람이 집을 매입해야 한다. 주 거주지가 있더라도 필요에 따라 아주 단기 거주 목적이라도 집을 매입해야 비안 맞고 잠을 잔다. 모든 사람이 집을 매입해야 하면 오히려 주택/아파트 가격이 더 상승하지 않을까? 경우도 다르고 생각도 다르지만, 빌라왕 혹은 임대사업가를 적대시하는 언론이나 그런 사회는 절대 건강하지 않다. 막말로 임대사업가가 미우면 임차는 하지 말고 무조건 매입하고, 재벌이 미우면 대기업 취직 안 하면 된다. 서민 선동한다고 임대사업가를 비난하는 사람들은 집 없는 후진국 오지 체험하고 와서 다시 생각해 보시라.

살짝 다른 얘긴데 어떤 기자가 쓴 기사에 '인문계 출신을 많이 채용해야 한다.' 이런 내용을 읽은 적이 있다. 왜? 채용은 사업자, 회사에서 결정할 문제다. 인문계가 필요한 업무, 직종에는 그런 출신을 뽑는다. 출판계, 언론계, 재무회계 분야 등등. 그런 곳에 가서 이공계 출신 많이 뽑으라 하고 농성하면 말 듣겠는가! 누구나 자기 의견 피력할 수 있고 언론의 자유가 보장된 우리나라 좋은 나라이며 본 책 또한 필자 개인 의견을 적고 있지만, 한쪽으로 기울지 않고 상식적이고 공정하며 많은 사람에게 공감 가는 의견이면 좋겠다.

집 한 채 가지고 있는데 집값 오르면 좋아하지 말자. 손해다. 부동산 가격은 그냥 물가상승률 수준에서만 움직이고, 예상 가능한 수준에서만 상승하면 일반 서민들이 미래에 대해 준비하기에 좋을 텐데 아쉽게도 등락을 반복한다. 아파트 기준으로 평당 천만 원이라고 하자. 25평 2억 5천만 원, 34평 3억 4천만 원이다. 현재 25평 거주하는 사람은 9천만 원 모아서 6년 뒤 올라타기 할 계획을 세운다. 그런데 3년 동안 50% 가격 상승하면 6년이 아니라 9년 뒤 이사 목표로 계획을 변경해야 한다.

공시지가 상승으로 보유세 인상도 즐겁지 않다. 매도하지 않으면 차익이 발생하지 않으니, 보유세는 구입가 기준으로 고정하면 좋겠다. 20~30년 장기 거주했는데 주변 부동산 가격 올랐다고 계속 보유세를 올려버리면 실직자 시절 혹은 노후 시절에 세금 무서워 정든 동네를 떠나는 게 아니라 쫓겨나는 형태가 되니 서글퍼진다.

젊은 층 중에서 "남향이 무슨 필요 있나 어차피 낮에 다 나가고 집에서 햇볕 쬘 일도 없는데"라는 사람이 가끔 보인다. 그래도 가능한 남향에다가 앞에 가리는 건물이 없어서 햇볕 잘 들고 전망이 확보되는 집을 구하자. 물론 그런 집은 가격대가 더 부담되긴 하지만 거주하는 동안 여름 시원하고 겨울 따뜻하고 만의 문제가 아니다. 집 안에 곰팡이 덜 피고, 풍수적으로 자녀들에게도 좋고, 매도를 위해 매물로 내놨을 때 먼저 팔린다. 집이란 가치상승, 안전성, 생활 편리성, 학군뿐만 아니라 환금성이 정말 중요하다. 직장/직업/학교, 갈아타기, 분양받은 곳으로 이사 가기 위한 현 거주지 매도 등의 상황에 부닥쳤을 때 장기간 매도가 안 되면 엄청난 고통이다. 내 눈에 좋은 집보단 남들이 좋아할 집을 고르자.

20대의 신입사원이 취직된 직장 근처의 오피스텔 9천만 원에 전세 들어갔다. 자기 돈 소액, 부모님 지원, 약간의 융자를 더했다. 중개수수료 아끼기 위해 부동산 중개인 통하지 않고, 경험 많은 분들의 조언도 구하지 않았다. "문제없어요"란 임대업자 말만 듣고 계약했다가 건물은 경매 넘어가고 몇 회 유찰되고 이제는 전세보증금 전액을 날리게 되었다는 기사를 보면 남 일이 아닌 듯하다.

누구에게나 이런 참극은 벌어진다. 소액 절약하기 위해 몇 시간 인터넷 검색도 하고 멀리 떨어진 곳까지 휘발유 써가며 쇼핑도 가면서 자기 전全 재산을 걸어야 하는 부동산에 대해서는 쉽게 결정하는 분들이 있다. 속된 말로 콩나물값은 흥정하면서 주변 부동산 시세 조회 안 하고, 등기부등본의 근저당 확인도 안 하고, 전문가 상담도 안 해본다.

평생 공부하자. 부자는 아무나 되지 않는다. 주말에 늦잠, 낮잠 잘 시간 없다. 열심히 발품 팔아서 현장 확인하고 책도 읽고 방송도 보고 미래를 설계하자. 인터넷, 스마트폰의 자극적인 기사들 클릭하고 사치품 구매할 계획 세우고 외국 여행 갈 계획 세우는 시간은 아끼고, 악착같이 사는 친구들과 가까이 지내자. 가끔 세상에 큰 파도가 몰려오는데, 거기에 파묻히지 않도록, 세상 탓하지 않도록.

상업지역이나 준공업지역에 짓는 건축물은 일조권을 보장받을 수 없다. 바다 전망의 멋진 고층 아파트가 바로 앞에 딱 붙은 신축건물로 인해 고층 세대를 제외한 저층, 중층 일부가 콘크리트 전망으로 바뀐 사진을 봤다. 앞 건물과 서로 창문을 열면 악수할 듯이 가깝게 붙어있다. 이러면 아마도 반값에 매물로 내놔도 안 팔리겠다.

아래 사진은 30층 수준의 오피스텔 건물 공사 중에 바로 옆 오피스텔 공사 시작해서 먼저 건축 시작한 건물에 입주하자마자 처음부터 꽉 막힌 전망을 가지게 된 경우다. 막힌 쪽에 분양받은 사람은 병원 장기 입원할 상황이다. 공부와 철저한 조사로 재난을 피해 가는 사람들이 분명히 있다.

꽉 막힌 전망을 갖게 된 오피스텔

부동산은 첫째도 입지, 둘째도 입지다. 주택은 조금 낡았더라도 흔히 하는 말로 부잣집 옆집으로 가자. 뭐라도 하나 배우거나 얻을 게 있다. 입지는 안 좋지만, 새집이고 깨끗하다고 거기에 눈이 가고, 좋은 입지의 헌 집을 무시하지 말자. 매입이든 임차이든 입지가 좋으면 환금성이 좋아진다. 상가는 더 하다. 월세가 높더라도 장사 잘되는 상급지로 가자. 월세 저렴한데 장사가 안되면 손바꿈도 안 된다.

상가 투자는 고민해야 한다. 우리나라는 도로 좌우에 전부 상가들이다. 외국은 다녀봐도 이렇게 상가 많은 나라, 도시가 별로 없다. 외국은 다들 어디 가서 쇼핑하고 병원, 약국은 어디 숨었는지 신기하다. 저녁/밤 문화가 없어서 그런지 해 지면 대부분 깜깜하다. 우리는 밤 문화 발달로 상가가 많은지 모르겠으나 경쟁이 치열해 수익성이 낮겠다. 상가는 분양보다는 상권 형성되는 상황을 보고 나서 프리미엄 주고 투자하자.

과거 전자오락실 유행하던 시절에 이런 사례가 있었다. 오락실 매도를 결심하고 자주 오는 단골 학생들에게, 와서 오락 실컷 하라고 잔돈을 잔뜩 나눠 주셨다. 그리고 오락실 매수 희망자가 와서 성황리에 영업 중인 현장을 보고 권리금 지급과 함께 매수했다. 이런 반칙에 안 당하려면 두 번, 세 번 확인하고 철저히 또 확인하자.

중고등학생은 부모님이 집 보러, 상가 보러 다니실 때 따라가자. 완전 산교육이다. 부모님도 자녀에게 "집에서 공부해" 하면 안 된다. 데려가서 교육해야 한다. 대학생 정도면 직접 아파트나 건물도 보면서 꿈을 키우자. 친구 만나 1시간 놀았으면 2시간은 재미가 없어지면서 부동산 보러 다니거나 부동산 공부하는 시간이 더 즐거워야 한다. 친구 간에 투자 연구 동아리 만들고 차례로 돌아가며 자기가 연구하고 조사한 내용 간략히 발표하는 시간을 가져도 의미 있겠다. 동아리까지는 아니더라도 친한 친구들 정기적으로 만나면 무슨 주제로 대화하는가? 경제 토론의 시간을 늘리자. 트럼프 대통령은 친구들과 노는 시간보다 부친 부동산 관리하러 다니는 시간을 더 즐겼다고 한다. 여러분 부모님의 관리할 부동산이 없다면 여러분 자녀가 여러분 부동산을 관리하도록 만드시라.

필자는 단독주택 건축의 로망이 있다. 개성 없고, 천장 낮은, 층간 소음 걱정되고, 함부로 개축도 못 하는 아파트보다 꿈을 담은 단독주택을 짓고 싶다. 아파트는 단열, 관리사무소의 전문관리, 대단지 아파트 조경 및 피트니스센터 등 편한 장점이 많다. 그러한 편리함을 포기하더라도 40~60cm 정도 더 높은 천장에 LED 샹들리에를 매달고 거실은 별도 방처럼 분리해서 방음에 신경 쓴 음악감상실 겸 서재로 꾸미고 벽난로 추가, 30~40평 정도의 마당에 잔디 심고 좋아하는 나무 몇 그루 심는 꿈을 꾼다.

그런 마당 공간이 부족하다면 차량 4대 정도 주차 가능한 24평 수준의 온실을 마련해서 아파트 거실에서 키우기는 불편한 화초류 가꾸는 상상을 해본다. 이런 구상도 아주 보편적 구조여야 한다. 자기만의 개성이 강하면 환금성이 없다. 경험 많은 사람들 의견을 보면 장작 나무 사용하는 벽난로, 2층 베란다는 무조건 안 좋다. 그냥 쓸모없다. 단독주택, 특히 전원주택은 층간 소음 대신 측간 소음이 심하다고 한다. 꿈을 실현하려면 뭐든지 충분히 검토하고 경험자들 의견을 청취해서 문제 발생은 최소화하자.

아파트 대단지의 경우 천편일률적인 34평형만 잔뜩 설계하지 말고,

일정 비율 조금 다른 설계를 하면 좋겠다. 6~8평 정도의 화초 가꿀 발코니, 혹은 40~60㎝ 정도 더 높은 천장과 샹들리에, 이런 설계에 조금 더 높은 분양가를 책정할 경우 입주 예정자들이 관심 있는지 취향 조사를 미리 하면 어떨까 싶다. 내부 확장, 인테리어 고급화로 수천만 원을 쓰기보단 더 나아 보이는데 그렇다면 단독주택 꿈을 접을 의향도 있다. 층간 콘크리트 두께 20㎝ 이상만 되어도 층간 소음 거의 없다는데 앞에서도 언급했지만 층간 소음 수준 등급화 제도 시행 및 등급 표시하고 아이들도 마음껏 실내에서 뛰어다니는 그런 아파트들 지을 시점도 많이 지났다.

부동산은 평생 친구처럼 가까이 두고 공부하며 부동산에 관심 많은, 지식 많은 사람과 어울려서 주말에 발품 팔며 오고 가다 경치 좋은 곳에서 산책도 하며 10년에 한 건이라도 꼭 안전하고 성공적 투자하길 바란다.

●   **주식/펀드**

과거 투자 강연 하러 다니는 전문가의 글을 읽었다. 모인 많은 분들께 "주식 투자로 이익 보신 분 손드세요" 하면 소수가 손을 드는데 "이 중에서 10년 이상 투자하신 분 손 드세요" 하면 아무도 없다고 한다. 단기적으로 뛰어든 시점이 좋아서 이익 내기도 하지만 장기적으론 이게 현실이다.

일본 닛케이지수는 1989년 33,763였고 장기침체를 겪는 과정에서 6,994포인트까지 내려갔다가 2024년 1월 거의 34년 만에 겨우 33,763

에 도달했다. 미국이 34년간 13배 이상 올랐으나, 독일 제외한 영국, 프랑스, 네덜란드, 별로 좋지 않고 상하이 지수도 안 좋다. 지수 계산에서 망하고 사라진 회사는 제외되니 체감지수는 더욱 나쁘다. 물가 상승, 은행 금리 감안하여 장기투자 결과 수익성 좋은 투자자는 별로 없겠다.

회사는 환경의 변화, 경쟁사의 출현, 국가정책, 사건·사고, 경영자의 오판 등으로 단번에, 혹은 장기간 침체하거나 사라지기도 한다. 즉, 주가는 제로가 되기도 한다. 하지만 원유, 금속, 농산물 등 상품은 등락이 심해서 위험하기는 하지만 그 가치는 절대 제로가 되지 않는다.

국제 원유 가격에 관심 가지며 날마다 관찰하면 재미있는 기사들을 본다. 원유 가격 상승기에 배럴당 70불을 돌파하면 80불, 100불, 120불 돌파할 거다, 200불까지도 간다는 기사들만 넘친다. 가격 하락기에 60불 아래로 내려가면 45불, 30불, 15불까지 내려간다는 기사들만 넘친다. 한쪽으로 방향성이 생기면 그 방향성에 반대의 의견은 거의 다루지 않는다. 하락이 계속되던 어느 날 모퉁이 아주 작은 구석에서 독특한 기사를 찾았다.

'큰손들이 유조선을 임대하기 시작했다.'

산유국에 가서 원유 채우고 돌아오는 기간에 원유 가격 상승하거나, 안 되면 공해公海상에 유조선 세워놓고 6~8개월 원유 가격 상승을 기다린다. 기사들이 큰손들 원하는 방향으로 움직여서 여론 조성을 충분히 해놓고 큰손들이 매수/매도 타이밍을 잡는지 혹은 정보력과 자금력으로 큰손들이 타이밍을 잡아 투자하는지는 모른다. 하지만, 분명한 점은 일반인들이 큰손을 상대할 수 없고, 하루 종일 연구하는 전문가를 이기지 못한다.

　비전문가들은 주식/펀드보다는 부동산 공부 열심히 하길 권한다. 그럼에도 주식/펀드 꼭 해보고 싶은 분이라면 500만 원 정도 여윳돈으로 10년 이상 경험 쌓고 그 기간 상승기/하락기, 단맛/쓴맛 경험하고 난 후에 최종 결과가 은행 복리보다 더 높은지 확인하시라. 소질 있다면 투자 규모를 조금씩 키우시라. 주식 투자 성적이 안 좋다면 소질 없음을 인정하고 계속 투자 규모를 줄이며 손을 빼시라. 앞으로 3년 이내에 큰 장이 와서 쉽게 큰돈을 벌 가능성도 있지만 장기 투자로 계속 잘하기는 어렵다.

　소액 투자 개미들은 성질이 급하다. 단기간에 일확천금하고픈 마음이 강하다. 그렇다고 적금 붓듯이 장기투자 하면 결과가 좋을까! 아니다. 장기투자를 정답처럼 여기는 분들은 공통으로 삼성전자를 말한다. 수천 개의 종목 중에 삼성전자만 투자하거나 매수하였고 삼성전자 수십 년간 보유한 분은 1%도 안 된다. 삼성전자 매수/매도 과정에서 손실 난 투자가도 많을 거고 이익 났다 하더라도 다른 종목에서 까먹고 그랬을 거다.

　전 세계 공통 사항이긴 한데 손안의 스마트폰으로, 인터넷으로 대부분 즉석 해결이 가능한 광속의 세상을 살아가니 특히 젊은 세대는 급하다. 외국 젊은이들도 느긋하지 않고 지금 당장 내 앞에 좋은 차, 좋은 집 내놔 하는 식이다. 조급한 마음은 행복한 인생, 부자 되는 길에 도움이 되지 못한다. 인생은 장거리 마라톤과 같이 차분히 한 걸음씩 나가길 바란다.

약 10년 전 호텔 건립 투자자 모집하는 내용을 봤다. 투자 금액에 따라 호실 배정, 연간 며칠은 직접 사용 가능, 호텔 경영하여 수익금 배분하는데 연 8% 수익보장 등의 내용이었다. 왠지 내 돈 없이 갚아야 할 은행융자는 없고 투자금으로 경영은 내가 하고 고액 연봉 챙기고 직원월급 주고 남으면 배분하고 안 남으면 배분 못 하는 그런 구조로 보였다. 이런 경우 한번 투자하면 영원히 발 빼지 못하므로 신중한 검토가 필요하다.

투자와는 다르지만, 실버타운도 꼼꼼히 살펴보자. 남들과 노년에 친해지기 어렵고 자기 자랑, 자식 자랑, 손주 자랑 하는 사람들과 어울리기도 어렵다. 상주하는 의사가 마음에 안 들면 바깥 병원에 가고, 음식이 입맛에 안 맞으면 바깥 식당에 나가야 한다. 장기간 거주했던 생활 지역과 거리가 멀다면 이 또한 불편하다. 한번 투자하면 묶이므로 신중히 검토하자.

드론 제조사에서 투자자를 모집할 경우를 생각해 보자. 약 10년 전에 본 기사에 의하면 가까운 미래에 드론이 가정으로 피자 배달할 시대가 온다는 내용이었다. 그 당시 필자는 주장했다. 내 인생에 그런 날은 오지 않는다. 아파트 상공을 날마다 수천 대의 드론이 왱왱거리면서 배달 음식, 택배, 우편물 배달하는 상상을 해보자. 서로 충돌한다면, 배터리 고장으로 추락한다면, 연줄에 걸린다면, 날아가는 새와 충돌한다면, 비가 온다면, 갑작스러운 강풍이 분다면, 이 모든 일을 센서가 전부 해결해 줄 거라고 믿는가? 어림없다. 기자들도 기사화에 조심하자. 사기꾼들 환상을 쉽게 세상에 퍼뜨리기도 한다. 미디어의 힘으로 몽상가와 사기꾼을 영웅으로 만들어 준다. 검증되지 않은 신기술에 조기 투자했다가 크게 벌어들인 사람들이 있다면 축하해 주면, 그만이다. 내가 발 담갔다가 실패하기보단 남 축하해 주면, 속 편하다. 조기투자로 실패한 사람이 많다.

전문가의 전망은 항상 조심하자. 그들은 책임이 없다.

● **미래 대비**

우리는 역사상 최고 번영의 시대를 사는 행운아들이다. 1960년대와 비교해서 경제성장률 세계 1위가 한국이다. 옛날이 좋았다는 사람 중에 연세 드신 분들은 고생을 잊었고, 젊은이들은 경험하지 못해서 그렇다. 옛날이 언제인지 정확히 몇 년도라고 얘기한다면 그 시절이 어땠는지 아주 상세하게 설명해 주겠다. 1988년 올림픽 전후로 기억하는데 신문 기사에 우리나라 차량 100만 대 돌파했다고 나왔다. 그리고 그때 일본은 5,000만 대였다. 1970년대는 말도 못 한다. 옛날 생각만 하면 오늘을 사는 필자는 알코올 섭취 안 해도 즐거워진다. 이런 멋진 세상이 올 거라곤 대학생 시절까지도 상상을 못 했다.

다 좋지만은 않다. 대표적으로 승자독식이 심해진다. 예를 들어, 스마트폰 안에 모든 걸 다 넣는다. 이러면 사전류, 신문, 출판사, 라디오, 휴대용 TV, 녹음기, 카메라, 손전등, 돋보기, 심지어 소음측정기까지도 엄청나게 많은 산업이 무너지고 핸드폰 제조업체만 살아남는다. 또한 핸드폰 제조업체도 상위 몇 회사만 살아남고 전 세계 많은 폰 제조사는 무너진다. LG, 팬택 같은 자랑스러운 우리나라 핸드폰 제조사들이 문 닫을 때 내 마음도 무너졌다. 뾰족한 비결은 없다. 나라는 빨리 선진국이 되고, 회사는 빨리 일류가 되고, 개인은 빨리 부자가 되어야 한다. 자원 부족하고 인구밀도 높은 우리나라의 '빨리빨리' 문화가 현대사회에 잘 맞기도 하다. 그러나 멀리 보고 마음은 느긋하게 실천은 재빠르게 생존 전략 잘 세워서 이익에 초점 맞추기보다 손실이 안 나도록 위기관리 먼저 하자.

5

누구나 작은 부자는 될 수 있다

● **간절함**

설문조사에 의하면 싫어하는 1순위 쪽 근처에 '부자/재벌'이 있다. 반면에 가장 되고 싶은 1순위에 또한 '부자/재벌'이 있다. 돈에 대한 이런 이중적 가치관은 자신에게 손해다. 친구가 부자라면 배 아파하지 말고, 인정해 주고 친하게 지내자. 부자에게 밥을 사고 들어 보라. 배울 점이 있다. 누구나 아는 정보는 정보가 아니다. 정보를 공짜로 얻을 생각은 하지 마시라.

내가 아는 부자들은 대체로 겨울에 난방을 안 한다. 옷 한 벌 더 입으면 되는데, 더운 걸 싫어해서 등등 핑계를 댄다. 그러므로 작은 평수보다 큰 평수 관리비가 더 적게 나온다. 좋은 일에는 돈을 써도 학생인 자녀가 새 컴퓨터로 바꿔 달라고 하니 "우리 아들도 바꿔 보자" 하며 안 사준다. 내가 아는 안 부자들은 대체로 겨울 실내 온도를 24~27도에 맞춘다. 기분파가 많아서 2차, 3차 고[go] 쉽게 간다. 내가 아는 부자들은 저렴한 옷과 신발 등 외모에 신경 쓰지 않고 엄청 지독하며 남이 쓰는 돈도 아까워한다. 내가 아는 안 부자들은 남 시선에 신경 많이 쓰고 자존심 때문에 돈을 쓰고 남이 돈 안 쓰면 뒷담화한다.

부자가 되고 싶다면 자야지 꾸는 그런 꿈 말고 간절함이 담긴 꿈을 꾸시라. 노력하면 누구나 작은 부자는 된다. 학생 시절 친구들을 봐도 부잣집 자녀들, 부자 될 친구들은 달랐다. 평범한 부모님들, 선생님들은 "돈이 인생의 전부가 아니다"라고 말씀하셨다. 그 말은 즉 "전부는 아니지만 인생에서 가장 중요하다"란 뜻과 상통한다. 돈 때문에 쪼들리면 사람이 변하고 사람 구실을 못 한다. 어디 가서 아쉬운 소리 해도 안 되고, 써야 할 자리에서 슬그머니 빠져도 안 된다. 가족, 부모님, 자녀를 위해 써야 하고 위기 상황에 안전판이 필요하다. 무조건 부자 될 때까지 다른 욕구들은 훗날로 미루시라. 우선순위가 있다. 화장실 들어가기 전에 손 씻기와 나와서 손 씻기는 완전히 다르다. 한쪽은 손에서 비누 냄새가 나고 한쪽은 땡 냄새가 난다. 필자는 하고 싶은 일, 사고 싶은 물건, 취미생활 등을 적어 둔다. 돈 많이 드는 항목들은 뒤로 미룬다. 돈 안 쓰고도 즐거운 일은 세상에 많다.

대도시는 대중교통이 발달해서 승용차가 크게 필요하지 않다. 월수입 200~500만 원 정도의 서민은 자가용 구매하는 순간 저축이 힘들어진다. 꼭 자가용이 필요하다면 차량 가격을 자기 연 수입의 1/3 정도 수준으로 생각하시라. 연봉 수준과 맞먹는 차량을 구매하는 사람들은 아마도 부자 부모님 덕에 가능하겠지만 차가 인생의 목표는 아니다. 차는 자기 능력과 직위에 따라온다. 재산에 비해 과도한 차량, 조직 사회에서 자기보다 높은 분, 연봉이 2~3배인 분보다 고가 차량을 산다고 높게 평가받지 않는다.

유튜버 중에 월 500만 원 정도 버는데 고가 차량 사면 리스 및 관리비 월 200만 원 정도 지출되니 그 정도는 내가 감당할 수 있다 싶어서 구매했다는 사람을 봤다. 고가 차량을 김밥/라면 식당 앞에 주차는 못 한다. 친구 만나서 자랑하면 "밥 사라, 술 사라" 때문에 생각 외로 지출이 커져서 결국 1년 만에 큰 손실 보고 처분했다고 고백하는 카푸어$^{car\,poor}$ 방송을 봤다. 오천만 앞에 고해성사하지는 마시라. 잘못은 덮고 앞으로 잘하자. 자랑도 병이지만 묻지도 않았는데 자기 어리석음 고백은 심각한 병이다.

십 대에 고가 사치품 한두 개씩 가지고 있고, 부모님 겨울옷보다 더 비싼 덕다운 입고, 비싼 커피 마시고, 이십 대에 100만 원 넘는 최신 폰 들고 다니다가 2년이면 바꾸고, 10~15만 원 정도의 고급 음식점에 가고, 30대에 연봉 3,000만 원대인데 3,000만 원대 승용차 사고, 이러면 부자 부모님 덕분이거나 부자 되고 싶은 꿈이 없는 거다. 이런 일은 노인들이 해야 하고 혹은 노후 준비 마치고 하시라.

비교적 최근 D 브랜드 핸드백 하청업체 지급 금액 8만 원, A 브랜드는 13만 원으로 밝혀졌다. 이런 제품을 수백만 원에 판매한다. 원가란 개념이 쉽지 않다. 제품 디자인비, 광고비, 매장운영비, 관세, 물류비 등 많은 항목이 포함되지만, 하청업체에 지불한 금액의 수십 배를 판매가로 책정했다면 소비자들 잘 판단하시라. 서민이 고가 핸드백 구매한다면 부자 되고 싶은 간절함이 없다.

나 보다 수입 많고, 재산 많은 사람 보면 솔직히 기분은 안 좋다. 그래서 배 아프면 하수, 너는 너고 나는 나 이러면 중수, 나도 저렇게 살아보자면서 이를 악물면 고수.

새로 출시된 차량 디자인이 멋져 보여서, 유명 상표 고가 핸드백에 마음을 뺏겨서 사야 한다면, 그런 분들에게 권한다. 우선 동일 차종 렌터카로 하루 운전해 보시고, 디자인 유사품 사서 들고 다녀 보시라. 비싼 제품은 서두르지 말고, 약간 기다렸다가 다음 신제품을 사면 만족도가 더 높다.

첫째, 차가 거기서 거기다. 필자는 1톤 승합차에서 고속버스까지, 1톤 트럭에서 덤프트럭까지, 경차에서 꽤 큰 차까지, 머스탱 컨버터블 지붕 열고 몰아봤고, 일제 수동기어 차량 왼손으로 변속하면서 몰아보고 다양하게 경험해 봤는데 별거 없다. 대체로 새 차가 좋고, 중고차는 긁혀도 마음 아프지 않아서 편하다. 고가 차량은 자기만족일 뿐이다.

둘째, 고가 핸드백 진품 들고 다니면 남들이 알아보고 대접이 달라지는가? 디자인 유사품 들고 남들 앞에서 자랑해 보시라. 진품/가품 말은 하지 말고 이번에 큰맘 먹고 샀다 정도만. 남들이 알아채지 못하면 고가품 의미 없다. 마지막에 웃으며 "가품이야" 한 마디면 충분하다.

안 사면 쓰러질 거 같고 병나겠으면 단순 구매하지 말고 타이틀을 걸어라. 뭔가 이루면 그에 대한 대견함에 나 자신에게 상을 줘라. 은행 예금 일억 돌파 기념으로 핸드백, 이익 돌파 기념으로 유럽 여행, 내 집 마련 후 융자금 완납하고 중형승용차 구입 등. 이렇게 계획을 세우고 나서, 달성할 때 구매해야 멋있지, 그냥 보너스 나왔다고 바로 사면 노후 빈곤행 열차 예약이고, 신용카드 할부로 화끈하게 사면 노후 빈곤행 특급열차 예약이다.

이런 내용 쓴다고 많은 국민들 생각이 바뀌지는 않겠지만 참고해 주기 바란다. 여기서는 상속세, 증여세 한 가지씩 다루겠다.

2023년 12월 22일 영국 국제교류 및 이민 관련 기업 헨리&파트너스의 '2023 부의 이동 보고서'에 따르면 전 세계 순자산 100만 달러(약 13억 원) 이상 소유한 부자 중 이민을 떠난 한국인의 수가 800명으로 7위다. 1위는 중국으로 1만3,500명이다. 인도(6,500명), 영국(3,200명), 러시아(3,000명), 브라질(1,200명), 홍콩(1,000명) 순이다.

한국의 상속세율(50%)은 경제협력개발기구^{OECD} 평균치인 25%보다 훨씬 높다. 전 세계에서는 일본(55%) 다음으로 가장 높다. 여기에 최대 주주 할증 과세를 적용하면 세율이 60% 이상으로 OECD에서 가장 높다.

한국인이 많이 이민 가는 미국/캐나다/호주는 영어권이면서 상속세율과 면세 한도가 한국보다 아주 낮거나 아예 없다. 미국 상속세율은 40%이며 면세 한도도 훨씬 크다. 미국은 부모 1인당 유산이 1,170만 달러(약 150억 원), 부모 합산 2,340만 달러(약 300억 원)까지 상속세가 면세된다. 반면 한국의 면세 한도는 10억 원이다. 캐나다와 호주는 상속세와 증여세가 없다. 캐나다는 투자 목적 부동산은 상속 시 매입 시점보다 가격이 많이 오른 경우 소득세는 매겨진다. 실거주 중인 부동산에는 과세하지 않는다.[*]

---

[*] 출처: 이유리 기자, "이럴 바엔 탈조선"…한국 부자들 해외 이민 가는 이유, 매경이코노미 2023.12.22.

세금 내고 축적한 재산을 누구에게 증여하든 상속하든 또 세금 물리면 이중과세라는 주장도 설득력이 있지만, 국적 마음대로 바꾸고 신고하면 재산도 옮기는 시대다. 부자들 다 도망가면 이 나라에서 소는 누가 키우나?

기업을 일으키고 고용 창출하고 세금 내고 외화 벌어오고 국가 경제를 살렸는데, 60% 상속세율 때문에 회사지분 물납하고 주식담보 대출 등으로 현금을 마련하고 이러면 경영권 뺏어가는 행위가 된다. 미국 수준으로 세율 조정이나, 적어도 회사 지분을 매각하지 않는 한 지분 유지는 보호해 주고, 신고 후 지분을 매각하면 그때 상속세를 물리는 것도 한 방법이다. 우리 기업도 외국 기업도 이 땅에 투자해야 부자들 덕분에 안 부자들도 낙수효과^{落水效果}를 누리고, 국가는 세금도 걷는다.

배고픈 건 참아도 배 아픈 건 못 참는 사람 본성은 이해되지만, 부자들 혼내주겠다는 선동가에게 현혹되진 말자. 그런 말에 동조하는 국민이 많아질수록 나라 미래는 없다. 다 같이 잘사는 나라 만들면 좋지만, 그 방법이 부자 혼내고 나누자는 안 된다. 합법적으로 형성한 재산은 보호해 주고 그 노력은 인정해 주자. 이왕이면 외국 부자들이 우리나라에 재산 몽땅 들고 이민 들어오는 그런 나라 만들자. 외국 부자 자녀들과 프리토킹 하고 샴페인 얻어 마시고 재미있겠다.

대단히 독특한 증여세가 있다. 자식이 부모 빚 갚아도 증여세 낸다. 골프선수 박세리 집안 기사로 인해 알게 되었다. 부모 빚 10년 100억 원을 갚았다면 증여세 최고세율 50%와 각종 가산세 등 최소 50억 원 이상의 증여세 폭탄을 맞을 수도 있다.

독특한 세금의 끝판왕이다.

6

자기관리는 별거 아닌 생활습관

●　　　　　　　　　　　　　　　　　　　　　　　　　**말의 실수**

세상에 '실수를 많이 했다'는 말은 없다. 실력이 없는 거다. "이번 시험에 실수를 많이 했습니다"는 말은 하지 말자. 100문제 중에서 하나 정도는 실수로 인정하겠다. 90점 나올 걸로 예상했는데 89점이 나왔다. 답안지 점검해 보니 7번 문제 정답 B인데 말도 안 되는 C를 적어서 틀렸다. 귀신에 홀렸나 이상하다 하는 이런 경우 하나 정도만 인정한다. 70점 정도 나와야 하는데 이것도 착각, 저것은 계산 착오, 요것은 어제 본 내용인데 순간적인 헷갈림 등등 60점 나왔다면 절대로 실수가 아니다. 말의 습관이 그 사람 본성을 표현하고 그 사람 운명을 만든다. 실수하는 사람은 평생 실수만 하며 시간 간다. 이번 실수는 말하지 말고, 다음에 잘하자. 아니면 "이번에 게을렀습니다. 다음에 분발하겠습니다"라고 솔직히 말하자.

　"물만 마셔도 찌는 체질이다"도 없다. 많이 먹어도 칼로리 적은 음식 위주로 먹거나 칼로리 소비를 많이 하여 살 안 찌는 사람은 있어

도, 안 먹는데 살찌는 사람은 전 세계에 1명도 없다. 몰래카메라 설치
해 놓고 관찰하니 하루 종일 뭔가를 먹었던 사람이 "어제 뭐 먹었어?"
하는 질문에 "안 먹었어!"라고 답했다. 죄가 아니고, 미각을 즐기든지
내 몸매를 즐기든지 선택의 문제일 뿐이다.

회사 책임자급에 지원하신 분이 취직 면접을 위해 우리 회사에 오
셨다. 사장님께서 면접관인데 갑자기 손님이 오셔서 필자가 대신 면접
관으로 갑자기 들어간 사례가 있었다. 어떤 분인지 이력서도 못 보고
그냥 이력서, 자기소개서 손에 들고 급히 회의실로 들어갔다. 이런 상
황에서 "제가 들어오면 안 되는 자리인데~" 혹은 "갑자기 들어오는 바
람에 이력서도 못 보고~"와 같은 말은 큰 실례가 된다. 인사 나누면서
슬쩍 이력서 갑지(첫 장)를 읽었는데 좋은 배경을 가진 분이었지만 신
상 명세를 간략히 기록한 첫 페이지에만 오타 5곳을 발견했다. "오타가
좀 많네요"라는 필자의 말에 그분은 예상했던 바로 그 대답을 했다.
"바빠서요." 바쁜데 멀리 여기까지 왜 오셨을까? 오타 확인 과정 몇 분
만 썼다면 왕복 이동시간, 대기시간 및 면접 시간 전체 4시간 정도를
낭비하지 않았을 텐데. 신뢰가 가지 않았다. 인사팀도 필자와 생각이
같은 모양이었다. 결국 바쁜 사람 멀리 여기까지 날마다 올 필요는 없
게 결론 났다.

이런 경우 꿀팁을 알려 드린다.

"어이쿠, 어디에 오타가 있습니까? 수정본 저장해야 하는데 저장버
튼 클릭을 제대로 못 한 모양입니다. 다시는 이런 실수가 없도록 하겠
습니다."

이렇게 잘못은 인정하고 핑계는 대지 말자. '바쁘다' '죽겠다' '시간

없다' '컨디션이 안 좋다' '감기 걸려서' 등 핑계 많은 분들이 있다. 심지어 '바쁘고 시간 없어 죽겠다'처럼 핑계가 습관인 분들이 있다. 대체로 조직 사회에서 인정받지 못하는 분이다.

또 다른 가슴 아픈 말이 있다. "이거 비밀인데~".

그때는 이렇게 답하고 싶다. "비밀이면 입을 꼭 다물어줘." 물론 잘 안다. 비밀 유지가 필요한 경우들도 많다는 것쯤이야 안다. 이런 글을 쓰는 이유는 비밀 유지가 안 되더라도 남을 원망하지는 말자는 뜻이다. 내가 안 지킨 비밀인데 상대방은 반드시 지킬 거란 기대를 하지 말자.

"앞으로 잘할게" "내일부터 일찍 일어난다" "이제 열공한다" 전부 거짓말. 지난 1년간 뭐했는지 말하라. 물론 잘 안다. 이런 결심이 필요하고 내뱉음으로써 책임 의식도 생기고 듣고 싶은 상대에게 해줘야 하는 말이기도 하다. 언행일치言行一致로 신뢰를 쌓아가자는 뜻이다.

"옛날에 삼성전자 주식 샀으면~" "강남에 땅 샀으면~" 말로는 천재다. 과거 자기가 하지 않은 일을 말하지 말고, 실제 한 일과 지금 하는 일을 말하자. 농담은 재미가 있어야 하고 진담은 신뢰가 있어야 한다.

친한 사이든 업무상 만난 사이든 필자는 "다음에 식사 한번 합시다"라고 말했으면 거의 잊지 않고 연락했다. 흘러가는 인사말로 했다면 단순한 허언虛言밖에 안 되고 허언이 습관화되면 상대방도 귀담아듣지 않는다. 특히나 부탁해야 하는 처지라면 더욱 허언해서는 안 된다. 이런 단순한 대인관계 예절을 모르는 사람들이 의외로 많다. "다음에 식사나 한번 합시다" "술이나 한잔합시다" 이렇게 '~이나'를 붙이는 말의 습관은 피하자. '술이나, 식사나'라고 필자에게 말한 사람 중의 한 명도 다음에 또 만난 사람은 없다. 물론 반성해야지, 내가 파워가 없었구나. 나에게 파워가 있었다면 목숨 걸고 다음에 달려왔을 텐데. 그럼, 파리채로 내쫓았을 텐데.

약 10년 전 들은 말이다. 지인 중에 결혼하고 10년 지났는데 그동안 재산이 1,000만 원 늘어났다는 사람이 있었다. 1년간 재산이 1,000만 원 늘었어도 적은 금액이다. 누가 물어봤어? 상대에게 몽둥이 주면서 나 좀 패주시오 하는 말처럼 들린다. '5장 누구나 작은 부자는 될 수 있다' 편의 카푸어 관련 내용에서도 언급했지만, 자신의 약점을 먼저 남에게 노출할 필요는 없다. 솔직함은 미덕이지만 남들이 그 약점을 오래 기억하므로 결코 도움 되지는 않는다. 어떤 회사 신입사원에게 꿈이 뭔지 물었다. 대답은 "공무원이 되고 싶습니다." 아, 머리 아프다. 사표 쓰고 공부하러 가셔. 공무원이 꿈인 신입사원에게 업무 가르치고 싶은 회사원은 없다.

유명인들 사생활은 가십거리gossip(소문, 험담)가 되며 뉴스에 자주 오르내린다. 사생활 보호가 안 되고 특히나 숨기고 싶은 일들이 지나치게 상세히 밝혀지면 얼마나 힘들지, 일반인은 상상하기 어렵다. 남 말하기는 쉽지만, 그 표적이 자기를 향하면 가끔 극단적 선택까지도 고민하지 않을까 싶기는 하다. 어쨌거나 특히 잘못한 일이나 범죄행위가 노출되었을 때 조사받으러 출두하고 포토 존 앞에 서면 많은 기자들이 마이크를 들이댄다. 이때 할 말은 한마디밖에 없다.

"검찰수사에 성실히 응하겠습니다."

뭐, 억울하다, 몰랐다, 협박받았다, 돈을 뜯겼다, 이런 유의 변명이 길어지고 말이 번복되고 하다 보면 자꾸 불리해지며 기자들의 좋은 사냥감이 된다. 날마다 인터넷에 자신의 안 좋은 기사가 올라가고 온 국민이 상세히 알게 되고, 그러면 얼굴 들고 어디를 가지도 못한다. 변호사와 상담하여 원만한 해결의 노력을 하고 마지막에 "물의를 빚어 죄송합니다"로 마무리하면 된다. 흠결 없는 사람 없다. 조용히 내려놓고 봉사하고 자숙自肅의 시간도 가지고 6개월 이상 지나고 세상 조용해지면 다시 일어서자.

　1년 전 유명 운동선수 주먹 사건이 큰 화제가 되었다. 감독에게 간 불똥이 협회장으로 튀고 그게 선수에게 옮겨갔다. 그 선수는 사이버공간에 부족한 듯한 사과의 글을 올렸는데, 알려진 내용과 사실은 다르다는 식의 변명이 있었다. 미숙한 사과였다. 누구나 잘못하고 실수한다. 사건, 사고가 밝혀지면, 물론 정확한 진실은 남들이 모르지만, 크게 번지기 전에 재빨리 수습하자. 어설픈 사과로 문제가 커지고 여러 날 지난 후 만신창이가 되고 나서 뭔가 정식 사과하는 모습을 보였다. 그 정도 정식 사과도 약했다. 사이버공간을 통해 하루이틀이면 세상에 소문 다 나고, 그렇기에 하루, 이틀 이내에 더 과감하고 적극적인 사과를 해서 초기 진압했어야 됐는데 엄청나게 늦었다. 어린 선수가 모르니 그 부모가 조언하거나, 그 변호사가 확실히 조언하거나, 아니면 변호사의 적절한 조언을 부모가 들어야 한다. 아마도 아무도 적절한 초기 진압을 생각하지 못한 바람에 '광고주들의 손절이 없었다면 사과했을까?' 하는 의심을 받는다. 이래서 좋은 멘토가 필요하다.

● 　　　　　　　　　　　　　　　　　　　　　　　**처신/습관**
사치품으로 머리에서 발 끝까지 감싸면 자기만족은 이루지만 남들은 안다. 내 실력, 내 지위, 내 재산 수준을 대략 안다. 적절한 소비인지 과소비인지 안다. 가끔 자기만족을 위해 추구하는 바가 있더라도 특정 관심 부분에만 지갑을 열어야지 남 눈을 의식한 소비는 남들이 속으로 좋게 평가하지 않는다. 자존심 때문에 기죽지 않으려고 노력하는 사람은 스스로 발목에 수갑 채워서 경기장에 올라가 양다리 자유로운 사람과 대결하는 형국이다. 세상에서 제일 버리기 쉬운 게 '자존심'이다. 그냥 내려놓고 다니시라. 그렇다고 남들이 얕잡아 보지 않는다. 자존심 내세우면 오히려 얕잡아 본다.

처음 보는 사람이라도 30분 정도 얘기하면 그 본성/실력 다 드러난다. 내공을 쌓아야 하는데, 하루아침에 안된다. 특히 자기보다 고수高手를 만나면 짧은 시간에 속된 말로 '탈탈 털린다.' 이때 고수가 말없이 모른 척하고 있으면 얄밉고, 나의 부족함을 지적해 주면 오히려 감사하다. 나의 약점을 정확히 찔리면 아프지만 화내면 안 된다. 그러면 다음에 지적받을 수 없고 나의 발전이 없다.

"미처 생각을 못 했네. 감사하다. 많이 가르쳐 주시라."

이런 말이 어렵다면, 자존심 상한다면, 배울 점 없는 하수들만 상대하고 영원히 발전은 없다. 가르침을 주는 사람을 만나라. 상대의 나이가 어리든 상대가 나보다 조건이 안 좋든 중요하지 않다. 나보다 뛰어난 점이 있다면 손자에게서도 배워야 한다고 손자병법에 나오지는 않았다. 부모들이 이렇게 가정교육 시키자. 남에게 배웠으면 감사함을 표하라고.

한번은 아래 직원 중에서 자기를 평가해 달라, 뭘 고쳐야 하는지 묻는 직원이 있었다. 깜놀! 살짝 깜짝 놀랐다. 나름 자신감이 있어야 그런 말을 한다. 별로 생각나는 고칠 점이 떠오르지 않았다. 대략 20년 후 그 직원은 다른 좋은 회사에서 중역까지 진급했단 소식을 들었다.

반대로 결점이 많은 직원이 있었다. 착하지만 여러모로 부족함이 있어서 회사 회의실에서 교육하니 발끈했다. 가르치는 사람이 부족했거나 혹은 자존심만 강하고 조직 사회에 맞지 않는 직원이다. 그러니 남들 과장될 나이에 아직 사원이었다.

흰 운동화를 적어도 1년 이상 세탁하지 않고 까맣게 신고 다니거나, 차량 세차 안 해서 지저분하게, 방 청소 안 해서 쓰레기장인 사람, 어떤 행사, 집들이, 돌잔치, 제삿날 등으로 모이는데 집 청소 1주일 이상 안 하고 손님들 맞이하는 사람, 모두 공통점이 있다. 부자 안 되고 출세 못 한다. 자기보다 하수들만 사는 세상이 아니다. 고수들은 그 사람 약점을 치사할 정도로 잘 찾아내고 영원히 잘도 기억한다.

학교, 회사, 약속의 공통점은 지각하면 안 된다. 했다면 기차 바퀴 빵꾸 같은 핑계는 대지 말자. 핑계로 성공한 사람은 김건모밖에 없다. 출근 첫날 20분 정도 지각해서 사색死色이 되어 헉헉 숨을 몰아쉬며 "이렇게 차가 많이 막히는지 몰랐습니다"란 직원을 본 적이 있다. 필자도 지각한 경험은 당연히 있고 비행기가 빵꾸나기도 한다. 그래도 하필이면 첫날, 3대를 빌어먹는다. 운명이었는지 그 직원은 회사 생활 오래 하지 못했다.

음치, 박치가 불치병이 아니라 게으름은 불치병이다. 최선을 다해도 전문가 되기 어렵고, 목숨 걸고 해도 이기기 어려운데 게을러서는 부족하다. 누구나 남에게는 완벽을 요구한다. 식당에 가도 음식에 실수가 있으면 곤란하고, 신차를 구매해도 4~5년간 품질 문제가 있으면 곤란하고, 아파트에 입주해도 하자가 있으면 곤란하다. 대중교통이나 남의 차에 탑승해도 운전자가 미숙하면 불안하고 화가 난다. 나 자신은 부족함이 없는지 항상 반성하고 부지런해지자. 게으른 자와 함께하길 희망할 사람은 없고, 누가 어떤지 남들은 다 보고 있다.

자기 전에 누우면 안 된다. 게으름의 전형典型. 일단 자려고 누웠으면 자라. 잠깐 누웠다 일어나야지 하지 말고, 폰 만지지 말고. 기상 알람 맞췄으면 무조건 일어나라. 알람 누르고 다시 눕지 마라. 게으름은 습관이고 습관이 운명을 만든다. 영원히 누울 날이 오니까 서두르지 마시라.

담배는 피우더라도 예의를 갖추자. 형편이 안 되면 끊고, 없을 때 참지 못해서 빌려서라도 피워야 할 정도라면 담배 떨어지지 않게 미리 여러 갑 사서 서랍 속에 넣어두라. 못 참아도 병이고 준비 부족도 나쁜 버릇이다.

추가로, 손 처리가 마땅하지 않다고 남 앞에서 팔짱을 끼지 말자. 뭔가 담판 지으려는 강렬한 인상과 함께 다가서지 못할 장벽을 쌓은 듯하다.

● **자기관리**

아주 오래전에 일본 사채업자들이 신용조회 등의 전산화가 안 되던 시절에 대출 신청자를 평가하러 가정방문을 했다. 과연 이 사람에게 돈을 빌려줘도 될지 집에 가서 사람을 평가했다. 만약 여러분이라면 어떤 부분을 눈여겨보시겠는가? 옛날 가정집이라면 화장실, 부엌을 보고, 요즘 아파트라면 뒤 발코니의 세탁기 주변, 분리수거/종량제 봉투 정리 상태를 보면 어떨까 싶다. 그 당시 사채업자들은 현관 신발 정리 상태를 봤다고 한다. 하나를 보면 열을 안다. 아름다운 여성이 헤어스타일 꾸미고, 화장하고, 유행하는 옷 입고, 고급 가방 들었는데 구두가 지저분하면 아쉽다. 깨끗한 구두를 현관에 정돈해 둔다면 옷차림 안 봐도 부지런해 보이겠다.

미국 야구 메이저리그 역대 최고의 계약을 따낸 오타니 덕분에 유명해진 '만다라트 기법'을 들어보셨는지. 계획표로서 참고할 만하다.

	세부계획 1			세부계획 2			세부계획 3	
			세부계획 1	세부계획 2	세부계획 3			
세부계획 8			세부계획 8	최종목표	세부계획 4		세부계획 4	
			세부계획 7	세부계획 6	세부계획 5			
	세부계획 7			세부계획 6			세부계획 5	

만다라트 기법 예시

이 젊은 친구는 잘생기고, 키 크고, 인성 좋고, 달리기 빠르고, 잘 던지고, 잘 치고, 갑부 대열에 올랐고, 도대체 못 하는 게 뭔가! 꿈과 계획이 있는 사람은 평소 말과 행동도 남다르다. 미래 계획, 자기 사명

선언서, 위시리스트, 어떤 제목도 좋으니 각자 인생 계획을 작성하고 실천 상황 정기적 점검하자.

직장인은 매년 이력서를 갱신하시라. 도망갈 준비 하란 얘기가 아니다. 자기관리의 목적이며 1년간 뭘 했는지 내년에 뭘 하겠는지 점검하자. 노력한 만큼의 인정을 못 받거나 회사가 기울어 가거나 하면 언젠가 히든카드 꺼낼 준비는 해야 한다. 사직서 꺼냈을 때 왜 이제, 좀 진작 나가지, 하는 눈총을 받지 말고, 못 나간다며 양다리 붙잡고 늘어지는 상황 정도 연출해야 인생 제대로 살았단 증거다.

뭐든 시작하면 화끈하게 진행하자. 모든 일을 다 잘하거나 성공하거나 모든 시험에 합격은 못 하지만 최소한 근사하게 접근하자. 내가 한 일은 내가 보고 있고, 가족이 보고 있고, 남들이 보고 있다. 뭘 하든지 시작하면 잘될 거란 기대가 있어야 사는 흥미가 있다. "쟤는 항상 저런 식이야" 같은 평을 받는다면 인생사는 재미가 없다. 필자의 경우 3년 이상 공부 열심히 하던 시절에 매일 2부씩 보던 신문을 읽지 않고, 운동도 끊고, 대인관계도 끊었다. 물론 소파에 앉아서 TV 본 적은 전혀 없다. 일단 중요한 한 가지 마무리하면 재미있게 살리라 다짐하면서.

자기 분야에 큰 획을 그은 사람들은 대체로 단순하다. 누구나 하루는 24시간이고 취침, 식사, 샤워, 이동시간 등을 제외하고 일, 공부, 연구개발 등에 전념할 시간은 13~14시간 정도다. 하루 16시간씩 공부했다는 지독한 공붓벌레도 있지만 믿지 않는다. 하루 4~5시간 정도만 취침해도 졸지 않는 특수 체질에 대문 밖에 나가지 않고 집에만 있는다면 물리적으로 가능한 시간이고 백만 명당 1명 정도의 특수한 경우는 있겠다. 하여간 여기서 휴식, 대인관계, 취미생활, 음주가무 등으로 매일 평균 1~2시간이라도 빼면 남들보다 10~20% 시간 부족의 문제를 겪는다. 100점 만점에 70점이 목표이거나 절대평가로 90점 이상이면 무조건 합격인 시험이라면 별 상관이 없다. 다만 상대평가로 남과의 경쟁을 해야 하거나, 성공 아니면 실패의 두 갈래 길만 놓인 경우라면 선택과 집중을 위해 단순해야 한다. 인생의 많은 도전이 이런 양자택일의 극한적 상황이라서 인생을 단순하게 살아야 한다. 일단 성공 우선. 이단, 삼단은 여유롭고 멋지게. 사치, 자동차, 취미, 패션 등에 관심 있다면 이런 것들은 성공한 뒤에 자연히 따라온다.

성공하고 나서 몰디브에서 모히또 한잔하는 즐거운 상상을.

● **감정 관리**

감정이 격할 때는 중요한 결정을 내리지 마라. 화났을 때와 사랑에 빠졌을 때가 대표적이다. 이때 내린 결정은 평생을 두고 후회할 확률이 높다. '그때 내가 미쳤지.' 이런 유의 후회가 따라온다. 지난 시간은 금방이지만, 인생이 꽤 길다. 서둘러야 할 타이밍도 있지만 안 서둘러야 할 시점에 화끈하게 결정하는 분들이 꼭 있다. '차분해서 남 주냐'라는 격언을 만들고 싶다. 사냥에 데리고 간 매가 해골 물을 못 마시게 하자 화난 칭기즈칸이 칼로 죽이고 나중에 후회하면서 "화났을 때는 중요한 결정을 내리지 않겠다"라고 했는지 필자가 직접 확인하지는 못했지만, 사랑에 빠져 실수한 사람들의 후회 스토리는 실제로, 소설로, 영화로 넘쳐난다.

뇌하수체에서 나오는 호르몬 작용으로 사랑에 빠진다. 단순히 일종의 화학작용이다. 뇌하수체 이상으로 수술받은 사람은 평생 사랑에 빠지지 않는다고 한다. 냉정해서 좋지도 않겠지만 감정이 풍부하다면 호르몬 과잉 분비로 해석할 수 있다. 3~6개월 정도 지나고 호르몬 정상 분비 상태로 돌아오면 상식적, 이성적으로 판단하시라.

'분노조절 장애'라는 병은 없다. 과거에는 '다혈질'이란 말로 표현했다. 어떤 조폭 혹은 건달이 "한 번도 싸워서 져본 일이 없다"라는 체격 좋은 그를 링 위에서 격투기 선수와 대결시키는 동영상을 봤다. 불과 시작 몇 초 만에 원투 펀치에 이은 발차기 한 방에 옆구리 쪽을 맞고는 주저앉았다. "도저히 안 될 거 같습니다." 그는 웃으면서 즉시 포기했다. 그는 그동안 약한 자들만 괴롭혔다. 강자를 만나니 바로 밝은 웃음으로 패배를 인정했다.

과거 기사를 봤는데 대충 기억을 살려내면 어떤 동네에 여러 명 살해당한 사태가 벌어져서 아파트 관리사무소에서 "주민 여러분 위험합니다. 빨리 대피하세요"라는 방송을 했고 집 안에 있던 사람들이 밖으로 나갔다. 살인마는 계단을 올라가고 있었고 내려가는 주민 1명과 지나쳤지만 아무 일 없이 스쳐 지나갔다. 왜냐하면 그 주민이 자기보다 덩치가 큰 남자였기 때문이었다. 강자 앞에서는 분노가 조절된다. 필자도 살아가면서 분노한 적이 있지만 지나고 나면 후회한다. 사람이 문제가 아니고 호르몬이 문제다.

소셜 미디어social media에 자기 배설물을 쏟아내는 사람들이 있다. 일상생활에서 감정 관리를 못 하거나, 남 앞에서 말도 못 하는 나약한 사람들이거나, 스트레스 관리가 안 되는 장애우다. 남의 글에 악플 다는 무례는 어린 시절 가정교육을 제대로 못 받아서 그렇다. 익명에 얼굴 숨기면 천하무적 되는 키보드 워리어keyboard warrior로 살지 말자. 세상에 심한 욕이 '비겁'이다. 인터넷 댓글은 작성자 추적 가능한 경우도 많다. 어떤 조직, 회사들은 사람 채용할 때 평판 조회는 물론이고 소셜 미디어에 올렸던 글들도 조사한다.

●   **패션 관리**

패션은 자기만족이자 상대에 대한 예절이다. 자기만족보다 중요한 요소는 남의 인정이다. 평범한 별거 아닌 옷을 입고 나갔는데 남이 보고 멋있다고 인정해 주고 그 옆 사람도 어디서 샀는지 어떤 상표인지 물어봐 주고 처음 보는 사람도, 친구도 다들 인정해 주고, 어울린다는 말을 많이 들었다면 그 옷을 자주 입게 된다. 반대로 혼자 만족하지만 남들 핀잔을 듣는다면 일단 '패션 꽝'이다.

그리고 상황에 따라 정장을 입고, 장소와 계절과 상대에 맞게 입어야 한다. 장례식에 참석하면 남자들의 경우 가능한 짙은 정장과 검은색 타이를 매도록 하자. 여자들도 짙은 색이나 검은색으로 입자. 구두도 마찬가지이며 알록달록 화려한 스타일은 피하자. 장례식은 경황 없이 갑자기 참석하다 보니 제대로 갖춰 입지 못했다는 핑계가 통하지만, 결혼식은 다르다. 제대로 정장 차림을 해야 예의다. 한번은 결혼식장에 갔는데 이쪽은 살펴보니 유명 대기업에 속한 회사 직원 결혼이었고, 저쪽은 이름이 알려지지 않은 중소기업 직원의 결혼이었다. 추측이 가능하신가? 이쪽에 참석한 많은 남자는 한 명도 예외 없이 짙은

색 정장 차림이었고, 저쪽에 참석한 남자들은 세미 정장, 세미 캐쥬얼, 재킷에 청바지 및 캐쥬얼 슈즈, 점퍼와 정장 바지 등등 다양했다. 개성의 시대라곤 하지만 결혼 당사자에 대한 실례다. 우리 집 길흉사에 참석해 주시는 분들이 대충 입고 오신다면 만만하게 보는 경우고, 제대로 갖춰 입고 오신다면 깍듯이 예의를 표시하는 거다. 여러분은 남이 여러분을 가볍고 만만하게 대하길 바라지 않을 거다.

우리나라 사람들의 블랙 사랑은 대단하다. 특히 날씨가 추워지면 검정 패딩/바지/백팩/핸드백, 그리고 검정 머리카락/눈동자, 흰 운동화 세탁하지 않아서 시커멓게 신고 다니는 사람까지 전부 검은색으로 통일한다. 다채로운 색상을 즐기자. 지나친 획일화보다는 다양성이 멋져 보인다.

여자 정장은 규정화된 스타일이 없으므로 남이 봐서 정장이면 된다. 치마, 바지, 긴치마, 짧은 바지, 긴소매, 짧은 소매, 다 허용되니 한편으로 편하다. 구두는 신경 쓰자. 슬리퍼/샌들 타입은 정장에 맞지 않다.

남자 정장은 워낙 규격화되어 있어 조금 신경 써야 한다. 반면에 세월 지나도 거의 변함이 없으니, 유행을 신경 안 써도 된다는 편안함도 있다. 우선 블랙은 예의가 아니라고 한다. 검정 정장과 검정 타이는 장례식 때 입는 옷이다. 검은색을 엄청 사랑한다면 검정 바탕에 가는 세로줄, 옅은 체크무늬라도 들어가거나 검정과 유사한 혼색, 진청색 같은 유사 검은색을 고르자. 드레스셔츠(일명 와이셔츠)의 목 단추는 필히 잠그자. 답답하면 손가락 한두 개 정도 들어가는 넉넉한 사이즈를 고르더라도. 이거 풀고 또한 답답하다고 타이도 조금 풀었다면, 덥다고 시원하게 바지 앞 지퍼 열고 다니는 마음대로 패션과 유사하다. 또한 드레스셔츠는 속옷이다. 덥다고 흰색이나 밝은색 드레스셔츠 차림으로 다니지 말자. 바지 밑단이 구두 굽을 덮으면 안 된다.

정장 관련 좋은 글들이 인터넷 검색하면 쏟아진다. 모든 항목을 다 만족하지는 못하더라도 기본적으로 '꼭' '반드시' 이런 강조 항목들은 꼭, 반드시 지키자.

낡은 청바지, 찢어진 옷, 허름해 보이는 구제패션은 별로이다. 멋진 모델이 입고 사진 잘 찍어도 별로이다. 그냥 사람이 낡아 보인다. 패션의 시작은 자기만족이지만 패션의 완성은 남의 인정이다. 낡은 옷 입어서 멋져 보이는 사람을 본 적이 없다.

얼굴 패션 관리를 논하겠다. 누구나 성형수술의 꿈은 있겠지만 필자는 통장잔고 10배 수준의 견적이 예상되어 아직 성형외과에 못 갔다. 성형을 하더라도 자연스럽게 표나지 않을 정도로 해서 좋아진다면 누가 말리겠나! 흉터나 열등감 생기는 특별한 부위를 좋게 바꾼다면 정신건강에도 좋다. 다만 돈만 쓰면 다 해결되지 않고 의사가 조물주도 아니다.

미국 질병관리예방국에 따르면, 미국의 병원에서 감염되어 사망하는 피해자 수가 4만 4,000~9만 8,000명으로 병원이 저지른 의료 실수로 사망한다. 2001년에는 의료사고나 새로운 형태의 감염으로 인한 사망률이 교통사고로 인한 사망률보다 훨씬 높았단다.* 심각한 질병이 아니라면 수술을 가능한 피하자. 과도한 성형수술로 어색한 얼굴이 되

---

* 출처: 앨빈 토플러,《부의 미래》, 청림출판, 2006

면 보기만 해도 슬퍼진다.

　동양인은 선천적으로 볼살이 많아서 통통하고 이목구비가 작아서 표정 만들기에 불리하다. 서양인은 안면근육이 얇고 이목구비가 커서 표정 만들기에 유리하다. 외국 영화제에서 큰 상을 받았고 아주 유명했던 그러나 지금은 유명을 달리한 강수연 배우는 표정 연기에 있어 양미간 찡그리는 정도였고 대사와 전체적인 몸동작으로 큰 연기를 했다. 이런 핸디캡을 가진 동양 배우들이 얼굴 주름 없애고 성형을 하면 팽팽한 피부에 젊어 보이는 장점이 있지만 표정 연기가 안 된다. 순간 정지화면이나 영화 속 한 장면의 사진을 보면, 대사가 없고 동작이 없는 그 사진만 보고서는 상황 파악이 안 된다. 표정만으로 그 순간의 내면세계를 읽을 수가 없다.

　서양 배우 중에 상상을 초월할 과도한 성형수술로 괴물이 된 배우들도 있지만 많은 성격파 배우는 물론이고 액션파 배우들도 성형수술을 하지 않는 듯하다. 확대 사진을 보면 얼굴에 자글자글한 주름투성이다. 알 파치노 주연 갱gang 영화 시리즈 중에 스토리는 전혀 기억나지 않지만, 마지막에 딸을 잃고 계단에 앉아 세상 다 잃은 허탈한 얼굴로 소리 없이 표정 연기하는 그 장면은 오래 지나도 잊히지 않는다.

　잠깐 옆길로 나간 영화 얘기다. 30년 전에 〈쇼걸〉이란 영화가 있었다. 사람들 얘기가 "영화에 내용이 없다"라고 했다. 이 무슨 얼토당토 아니한. 그 영화는 제목이나 포스터만 봐도 내용 없는 영화라고 선전해 놨다. 모르고 입장하셨나 뭘 보셨나? 인터넷 발달한 요즘이야 방안에서 뭐든지 다 보지만 그 당시는 아니었다. 필자가 지인에게 했던 말이 기억난다. "참 좋은 영화입니다. 단돈 4천 원에 라스베이거스 쇼를

볼 수 있습니다."

영화 〈쇼걸〉 1995

　몸 패션 관리 편이다. 점점 문신하는 젊은이들이 늘어난다. 패션 문신 스티커는 찬성한다. 화장을 위한 마스카라, 눈썹 문신은 화장대용이니까 인정. 영구 문신은 무조건 안 좋다. 내 몸에 낙서하지 말자. 누가 사치품, 일명 명품 핸드백, 유명 메이커 옷 사면 거기 낙서하나? 내 몸을 명품 대접하자. 남이 아닌 바로 내가. 문신했다고 조폭은 아니지만 조폭은 문신한다. 대중탕에서 근육 없는 평범한 그리고 살짝 가냘픈 몸매의 남자가 몸에 과도한 문신을 했다면 극악무도한 범죄도 저지를 듯한, 아니면 "나 쉬운 사람 아니야" 하고 강렬히 주장하고픈 나약자로 보인다. 이렇든 저렇든 가까이 가고 싶지 않다. 거래하는 독일 회사의 포르투갈 사람에게 들었다 "축구선수 호날두가 문신 안 하는 이유는 문신하면 헌혈을 못 하기 때문." 진짜인지 모르지만, 날강두 호날두 다시 봤다.

의료기관에서 행한 눈썹 문신의 경우는 시술 1개월 뒤부터 헌혈이 가능한데 패션 문신처럼 비의료기관인 곳에서 문신하면 시술한 날로부터 1년이 지나야 헌혈 가능하단다. 소독 미비로 인한 B형 간염 등 감염 우려가 있다. 필자는 모아두었던 헌혈증들을 수술하시는 분께 여러 장 드린 경험이 보람된 일이었고 기회 된다면 또 드린다.

●   **몸 관리**

남성이든 여성이든 '몸짱'을 만나고 싶지 '몸꽝'과 데이트하고 싶지는 않다. 우선 자신부터 '몸짱'이 되자. 인간의 5대 욕구(식욕, 성욕, 수면욕, 명예욕, 재물욕) 중에서 식욕은 가장 쉽게 간단히 즉석에서 혹은 저렴하게 해소 가능한 기본적 욕구인데 그렇다 보니 애 어른, 부자 안 부자 가리지 않고 언제든지, 스트레스 쌓일 때마다 식욕을 해소한다.

핑계 대지 말고 '배둘레햄'은 추방하자. 젊은 시절 열심히 관리 안 하면 나이 들어서 관절 무리에 성인병 따라다닌다. 몸짱은 저렴한 옷 입어도 멋있다. 고가 유명 메이커, 밍크코트 소용없다. 저렴하고 브랜드 없는 손바닥만 한 비키니가 어울리면 줄 서서 따라오는 남자들에게 대접받기 바쁘다. 인터넷 공간에서 어떤 여성이 남편 생일 선물로 뭐가 좋을지 조언 구하는 글을 올렸다. 댓글 가운데 가장 눈에 띄는 글을 소개한다.

"살을 빼세요."

집에서 만든 빵은 맛이 없다. 아마도 레시피대로 설탕을 넣어서 그런 듯. 판매하는 빵이 맛있는 이유는 레시피 초과한 설탕의 힘인 듯.

인도, 캐나다, 유럽 등에 채식주의자들을 많이 봤는데 비만 체형도 여럿 봤다. 밀가루와 설탕의 힘이다. 설탕 섭취를 줄이는 습관이 생활화되면 결국 단맛 강한 빵을 반 개만 먹어도 머리가 깨질 듯이 아프다. 필자가 빵을 좋아하지만, 단맛이 강해 보이는 제품을 피하는 이유다.

우리나라 사람들은 조상을 잘 만나서 몸매가 좋다. 하루 종일 다녀봐도 길에서 뚱뚱하다고 말할 만한 사람 보기가 매우 어렵다. 살짝 배와 허리 나온 사람들은 있지만. 미국은 국민 40%가 비만이다. 여기저기 초고도 비만 환자가 많다. 이들은 제대로 걷지도 못하고 어기적어기적 힘들게 걷거나 전동휠체어 타고 다닌다. 안 부자들이 비만율은 훨씬 높다. 식사 후 TV 보면서 또 먹고 운동은 안 한다. 부자들은 자기 관리가 철저하다. 길에서 조깅하거나 피트니스센터에서 땀을 뺀다. 안 부자들은 저렴한 인스턴트식품이 문제라는 핑계는 대지 말자.

뺀 자는 배부르면 짜증 나고 찐 자는 배고프면 짜증 난다. 선천적 요소가 크긴 하다. 비만 체형은 갈색지방 활성이 낮다. 위胃와 이자胰子에서 분비하는 식욕 촉진 호르몬 그렐린과 지방세포가 분비하는 식욕 억제 호르몬 렙틴의 작용으로 몸매가 결정되는 경향이 크다. 호르몬 주사제 개발한 덴마크 회사의 주가가 엄청나게 올랐단 기사를 봤다. 물량 부족으로 아직 우리나라에 수입되지 못하는 듯하다. 그러나, 후천적 노력으로 극복하자. 여름에 쫄티, 배꼽티 입고 비키니 입고 폼 잡고 그런 재미도 있어야지.

남자들은 뱃살 관리뿐만 아니라 근육을 만들어야 한다. 동물들은 수컷이 아름답고 사람은 여성이 아름답다고 말하지만, 원초적으로는 사람도 남성이 아름답다. 밀림의 원주민, 아메리카 인디언, 미국 프로

레슬러들을 보라. 남자가 잔뜩 치장했다. 머리에 뭘 쓰고 화려한 복장에, 화장을 했다. 만약 헤어스타일 꾸미고 화장한 미스터코리아, 미스코리아가 나란히 나체로 서 있고, 동물들이 보면 혹은 외계인이 보면 사람도 남자가 더 아름답다고 느낄 거다. 얼굴 화장을 못 하는 남자는 몸 화장을, 즉 근육을 만들자.

남 없는 자리에서 뒷담화는 당연히 비겁한데 농담으로 봐주시면 감사하겠다. 커피전문점에 앉아 공부하는 중이었다. 옆 테이블 손님들의 대화를 본의 아니게 들었다. 어머니, 결혼을 희망하는 딸, 그리고 아마도 사주 봐주시는 전문가, 이렇게 세 분이었다. 결혼 적령기의 딸이 과연 남자가 있을까 하는 주제였고, 전문가는 "남자 있습니다. 마음을 열면 남자들이 본능적으로 알고 다가옵니다." 이렇게 설명했다. 세 분 모두 나가실 때 뒷모습을 살짝 봤는데 젊은 여성이 통통한 체질이었다. 세상일에는 순서가 있다. 몸매 관리 후 상담하면 자신감이 생기겠다. 상담 후 전문가 말씀이 팔자에 남자가 없다면 관리 안 하실 텐가. 마지막 어머니 말씀이 들렸다.

"남자가 있다니 이제 살만 빼면 되겠네."

●   **건강관리**

몸 관리와는 차이 나는 개념으로 건강관리는 모르시는 분 없으니 짧게 적겠다. 걷기만으론 부족하다. 숨이 찰 때까지 심장과 근육에 자극이 되는 수준의 약간 고강도 운동을 30분 정도 날마다 하시라. 보약이 필요 없다. 몸에 좋다는 뭔가를 사 먹고 건강해질 생각보다는 우선 오늘 운동을 먼저 하시라. 운동만으로 부족한 체질이면 그때는 약도 드시라. 인터넷 빅퀘스천에 좋은 설명이 나왔는데 달리기는 '반복적인 성취감'을 준다.

지루함이 덜 하도록 유산소 운동과 근육운동을 하루씩 번갈아 하는 방식을 추천한다. 학생들에게 날마다 운동시켰더니 학업성적이 향상되었단 보고가 있고, 비만으로 관절 안 좋았던 사람이 날마다 달리기해서 체중도 줄이고 관절 좋아졌단 내용도 봤다. 유명 원로 연예인은 방송국까지 장거리 자전거 출퇴근했더니 당뇨병이 나았단 말씀도 했다.

필자는 한때 30% 정도의 지방간이 있었고 과체중 영역에 속해 있었다. 아침마다 땀으로 목욕하는 정도의 운동을 6개월 이상 했더니 5kg 빠지면서 지방간이 사라졌다. 역시 운동은 최고의 보약이다.

죽기 전까지 이동이 자유롭고 가리는 음식 없고 음주도 즐기며 웃고 사는 행복한 인생 만들자. 필자는 올여름 쫄티 입겠단 목표를 세웠다. **식스팩**six pack**은 없고 아직 원팩**one pack **상태라서 지금은 못 입는다.**

●   **돈 관리**

필자의 용돈 수첩 양식을 참고하시라. 엑셀 시트로 만들었고, 각 항목의 부분 합계는 자동으로 합산되도록 공식을 넣었다. 부분 합계들의 최종 전체 합계Actual Result는 우하단에 자동 합산된다. 본 책에 첨부하기 위해 상하 칸수를 줄였는데 실제 양식은 상하 칸수가 더 많다. 지출 계획Plan 42만 원 대비 실제 지출 결과는 현재 41% 수준으로 항상 공식이 계산해 준다. 이렇게 매일 관리하면 매월 어떤 부문의 지출이 얼마인지 관리가 쉽다.

2024년 1월 금전출납부 관리

휘발유, 통행료 등		외식, 마트		가족, 공부, 운동		대인관계	
내역	70,000	내역	80,000	내역	70,000	내역	100,000
1/20 휘발유	50,000	1/03 커피	2,000			1/11 친구 부친상	50,000
		1/05 점심	9,000				
	50,000				0		50,000
출장 경비				기타		이발/목욕/dry clean'g	
details				내역	30,000	내역	70,000
				1/08 펜	1,000	1/05 hair cut	11,000
						phone bill	50,000
합산에서 제외	0		11,000		1,000		61,000
						Plan	420,000
						Actual Result	173,000
							41%

필자의 용돈 수첩

여기에 소개는 안 했지만 위 양식 밑에는 지갑 속에 남은 현금, 은행통장잔고, 월말 결제될 신용카드 금액, 최종 잔고, 보유 중인 외환 (달러, 위안화, 유로화 등), 기타 여러 가지를 항상 기록하고 관리한다. 개인경제뿐만 아니고 소유하는 모든 것들은 정기적 관리의 의무가 있다.

● **애국심**

자기 관리뿐만 아니라 우리 사회, 우리나라도 관리하자. 한 가지 생각해 보자. 독자 여러분에게 문제를 낸다. 아래 두 회사 중에서 어느 회사가 한국회사라고 생각하시는가?

첫째, 한국기업의 외국에 지은 공장

둘째, 외국에 본사를 둔 회사가 우리나라에 지은 공장

필자는 후자(둘째)가 한국회사라고 생각한다. 이 땅에 투자했고 우리나라 사람들을 채용했고 여기서 제조 활동을 하고 세금을 낸다. 임직원들이 급여를 받아 생활비 쓰고 지역경제가 돌아가고 대부분의 부속품은 한국 협력업체 제품을 사용할 가능성이 높다. 일부 부품을 수입하고 이윤의 일정 부분 해외송금 하겠지만, 여기서 생산된 제품이 직접 수출되거나 국내기업 최종 완성품의 일부 부품으로 조립되어 수출된다면 외화도 획득한다.

필자는 제품, 식품, 뭐든 구매할 때 단순히 메이커, 상표만 볼 경우도 있지만 원산지를 많이 본다. 제조회사는 외국계라 할지라도 국내생산, made in Korea라면 구매 우선순위를 둔다. 대체 가능 제품이 없다면 방법 없지만, 성능, 품질, 가격이 큰 차이 없다면 가능한 국내생산품을 선택한다.

우리나라 에너지 90% 이상을 수입하고, 곡류 자급자족률은 겨우 30% 넘는 수준인데 쌀을 제외한 곡류(밀가루, 콩, 옥수수 등)의 자급자족률은 겨우 2%라는 기사를 봤다. 이뿐인가, 음료, 음식, 커피, 원자재, 기계 부품, 로열티, 외국 유학, 외국 여행 등 엄청난 외화가 필요하므로 국내 생산품을 애용하자. 자원 많은 아르헨티나, 베네수엘라 같은 나라는 물가상승률 수백 퍼센트라도 버티는 모양인데 우리는 물가 20%만 상승해도 폭동 일어날 거다. 20% 상승이란 말은 월급 200만 원이 160만 원으로 내려간다는 말과 같다. 외화 필요하고 수출입에 의존해야 하는 우리나라 특성상 수출해서 외화 벌어오는 기업들을 우대하자. 외화는 무조건 아껴야 한다.

인터넷에 578억 원을 기부했으나 허름한 집에서 구멍 난 양말 신고 계신 분의 사진을 봤다. 인터넷 검색으로 어렵지 않게 그분, 류근철 박사님을 찾았다. 국내 최초 한의학 박사로서 2011년 돌아가신 고인故人은 비교적 최근까지 국내 개인기부 최고액을 기록하셨는데, 세계 최초 침 마취 맹장 수술에 성공, 모스크바 국립공대에서 의공학 박사학위 취득, 의료기구 특허 4건, 사무실과 가정에 에어컨도 없이 생활하신 분이었다. 류 박사님의 엄청난 업적에 백분의 일이라도 따라가고자 필자도 노력하는 중이다.

사족蛇足을 달자면, 기부는 항상 아름답고 숭고하다. 범죄 자금, 남을 등친 돈 등 출처가 나쁘지 않다면, 기부 자랑할 목적이었다고 하더라도 찬양하자. 익명의 사이버 공간이 발달하다 보니 남의 기부에 '이랬어야지, 저랬어야지' 하며 태클 거는 분들이 가끔 보인다. 그분들은 얼마나 좋은 일과 기부를 많이 하셨는지 모르지만 슬퍼진다.

보건복지부 국립장기조직혈액관리원에 접속하면 장기, 인체 조직, 안구 기증희망등록을 한다. 필자는 시력도 좋고 건강도 좋기 때문에 언제쯤 기증될지 모르나 아까운 육신을 불에 태워 없애기보다는 절실한 분을 위해 사용되길 원한다. 책상 앞에서 5분 만에 간단히 미래의 나눔을 등록했다.

지방脂肪 있는 간, 당뇨 있는 콩팥, 이상한 벌거지 있는 똥집을 남에게 주면 실례니깐 필자는 날마다 열심히 운동한다.

기증희망등록 카드와 스티커

다음 단계는 시신 기증이다. 장기기증은 뇌사로 사망할 때만 기증이 가능하고 장기臟器 기증된 시신은 연구용 시신 기증으로 받아주지 않는다. 시신 기증은 심장이 멎은 후에 가능하며 시신은 대학병원에서 관리하고 유가족은 시신이 없는 장례식을 한다. 혹은 병원 측과 협의에 따라 연구용으로 사용 후 화장된 유해를 받아 장례식을 치른다. 간단한 온라인 등록 방법이 없어 보인다. 유언장, 가족 동의서, 가족관계 증명서, 증명사진 2장이 필요하다. 살짝 번거롭긴 한데 올해 등록할 예정이다.

잘 알려지지 않은 애국자 한 분을 소개한다. 인터넷 chamalnam, 위키백과 등에서 참고했다. 고故 이회영 선생이다. 부친은 이조판서 등을 지냈으며 대단히 부유한 집안이다. 1906년 부친이 사망하자 이회영 선생은 집안의 노비들을 전부 면천免賤(천민 신분은 면하고 평민이 됨), 해방했다. 1905년 을사늑약 체결 이후 만주로 이사했다. 급히 처분한 재산이 소 1만 3,000마리, 현 시세로 환산하면 600억 원. 버리고 간 재산, 급처분한 손실을 감안하면 전 재산이 2조 원대 정도라는 말도 있다.

만주에 신흥무관학교 세워 3,500명을 배출했고 재산은 바닥나서 가족들은 굉장히 어렵게 살았고 1932년 상하이 항구에서 한인 교포들의 밀고로 체포되어 고문 후유증으로 옥사하셨다. 세계 공통 사항인데 독립운동은 대체로 잃을 게 없는 분들이 한다. 돈이나 권력, 안정된 직장/직업이 있으면 내려놓기 어렵다. 부유한 집안에서 태어나 노블레스 오블리주를 몸소 보여주신 훌륭한 분이다. 그러나, 자유대한을 위한 독립운동이 아니고 무정부주의자, 공산주의자였다는 주장이 있어 아쉽다.

한반도에 두 번 다시 전쟁은 없어야 하지만 만약 전쟁이 난다면 폭탄 맞거나 도망가다 뒤통수 맞기보단 앞줄에 서겠다. 나이가 많아서 군대 받아줄지 모르지만, 과거 사격 실력 괜찮아서 사단 사격대회 참가했고, 1종 대형면허도 쓸모 있고, 외국군들 통역 가능하니 자원입대하겠다. 망한 나라에서 내 가족, 내 후손이 고생하는 모습 상상하기보단 전쟁에 참여하겠다. 나이 많다고 안 받아주면 한마디 한다.

30년 전과 체중, 육체연령, 정신연령 똑같다.

● **배려**

'배려'이 얼마나 아름다운 단어인가! 사전적으로 '도와주거나 보살펴주려고 마음을 씀'이다. 타인에 대한 이해와 사랑, 나눔, 베풂, 이 모든 아름다운 마음씨를 '배려配慮'라고 본다. 긴박한 조난사고 현장에서 구명보트 탈 순번을 정했는데 3번이나 뒷사람에게 양보했다가 돌아가신 분, 위험한 상황의 남을 구하기 위해 목숨 걸고 뛰어드는 분, 평생 오지에서 봉사활동 하시는 분 등 많은 미담은 가슴을 뜨겁게 만든다.

독특하다고 생각하실 내용을 용감히 다루겠다. 피해자와 피해자 가족을 배려하자. 무슨 뜻인가 하면 심심치 않게 등장하는 주장들이 있다. 범죄자 인권 보호를 위해 범죄자를 지나치게 배려하시는 분 중 '가정에서 사랑받지 못해서' '가정교육을 제대로 받지 못해서' '불우한 환경에서 자랐기에' '학교/사회 교육이' '몰라서' '미성년자라서' '촉법소년이니까' 등 부처님처럼 인자하고 예수님처럼 사랑이 넘치는 분들이 항상 있다. 감히 강하게 주장하는데 그분들은 선한 역만 맡으시겠단 말인가? 그럼, 악역은 누가 맡나? 인터넷 댓글들이 난리 난다.

'당신이나 당신 가족이 그런 일을 당했더라도 그렇게 주장하겠냐?'

'당신 이제 TV에 그만 나와라.'

도대체 불우하다는 기준이 무엇인지, 누구도 판단하지 못한다. 겉보기에 평범한 가정 같아도 속으로는 엄청 어렵고 고통스러운 가정들도 있다. 용서해 주자는 원론적인 말은 누구나 한다. 그러나 용서는 피해자가 직접 해야 하고, 제삼자가 권하지도, 말하지도 말자. 재판부도 용서하면 안 된다. 이에 대해서는 '11장 생각그릇 키우기' 편에서 다시 다루겠다.

배려는 강자가 약자에게만 하는 게 아니고 약자도 강자를 배려하자. 단지 강자란 이유로 희생만 강요해서는 곤란하다. 다들 약자 코스프레해서 동정 유발 작전으로 나가면 좋지 않고, 강자도 억울한 경우가 많다. 한 예로 부자들을 배려하자. 부자가 된 이유 중의 하나는 돈 쓰려고다. 부자들 돈 쓰면 부러워하고 축하해 주면, 그만이다. 미워하고 질투하고 공격하지 말자. 부자들이 돈 써야 경제가 돌아간다. 이왕이면 외화보다는 원화를 쓰면 좋다. 부자들이 세금 많이 내고 의료보험도 많이 낸다. 고용 창출에 이바지한다. 눈치 안 보고 해외여행 가지 않고도 맘 편히 국내에서 소비하도록 응원하자. 부자 미워하면 부자 안 된다. 여러분도 모두 부자 되고 즐겁게 소비하시라.

●   완벽 추구

완벽주의자는 어찌 보면 피곤하다. 반면에 자기가 완벽주의자라면 허술한 사람 보면 피곤하다. 가족 간에, 부부지간에, 친구 사이에 불협화음이 많다면 완벽한 정도가 서로 많이 다른 경우일 거다. 완벽주의자가 상대를 가르쳐도 알아들을 리 없고, 상대 관점에서 쓸데없는 부분까지 따지는 이상한 피플로 보이는 완벽주의자가 짜증 날 거다. 눈높이를 서로 맞추면 좋은데 이왕이면 그릇이 큰 사람 쪽에 가깝게 눈높이를 맞춰보자. 실제 키는 못 맞춰도 그릇 크기는 약간 조정 가능하다. 계속 발전해야 내일이 더 즐겁다.

유서 미리 쓰는 일도 일종의 완벽주의다. 유서는 특히 자녀가 미성년자일 때 꼭 쓰면 좋다. 갑자기 부모님이 돌아가시면 성인 자녀들도 재산, 부채, 법률적 처리 등 엄청난 뒤처리가 힘든데 어떻게든 상황을 해결한다 치더라도 미성년자는 대처가 안 된다. 핵가족 상황에서 주위에 도와줄 고모, 이모, 삼촌도 없으면 큰 어려움을 당한다. 20대의 젊은 시절 결혼 전에 유서를 써봐도 생각의 시간을 가지고 좋겠다. 이력서 쓸 때와 다르게 뭔가 비장한 결심을 하고 이 순간부터 사람이 달라질지 모른다.

미래의 만족을 위해 오늘의 즐거움을 뒤로 미루는 능력 그것이 EQ다.

약 15년 전 KBS스페셜 'EQ' 관련 3부작을 봤었다. 지금 다시 봐도 좋을 유익한 내용이다. 학생, 젊은이, 자녀를 가진 부모들께 EQ 관련 방송이나 책을 권한다. IQ(지능지수)는 선천적이라 하더라도 EQ는 후천적으로 어느 수준까지 개발 가능하리라 본다. 행복한 인생을 살고, 성공적인 인생을 사는데 IQ보다 EQ가 더 큰 영향을 끼친다. 바람직한 청소년, 봉사 희생정신이 강한 분, 배려심 많은 분, 전부 EQ가 높은 사람들이다. 부모님께 효도하면 내 자식이 보고 있다. 본대로 따라 한다. 효도하는 사람들도 EQ가 높은 사람들이다.

격이 높은 사람이 되자

한 마디로 간단히 표현하긴 어렵지만 품격 있는 사람들이 있다. 친한 사람 중에도 있고 초면에도 쉽게 느낌이 온다.

수양이 된 사람, 인성이 좋은 사람, 혹은 아우라^{aura}([orə]: 오라, 인간의 기운)가 느껴지는 사람이다. 행동과 언어에 품격이 있고 예의가 바르며 범접犯接하기 힘든 기운을 가졌다. 희로애락에 일희일비一喜一悲하지 않으며 기다릴 줄 안다. 재물이 부족해도 부끄러워하지 않으며 풍족해도 거만하지 않다. 어려워도 편법을 꾀하지 않고 넉넉하면 베풀 줄 안다. 주위에 이런 사람이 있다면 윗사람이든 아랫사람이든 붙잡아라. 친구도 좋고 이성 친구도 좋고, 인생을 함께하며 의논하며 배우고 같은 수준의 격이 높은 사람이 되자. 격 낮은 사람이 당장 잘살고 실력이 좋다 하더라도 부러워하지 말자. 어느 순간 추락할지 모른다. 마지막 순간까지 잘살고 떠났다면 그 사람의 격은 낮아도 내가 모르는 어떤 장점이 있거나 조상의 음덕^{蔭德}으로 살았을 거다.

7
일단 공부는 하자

● **공부/교육의 중요성**

비평준화 지역 상위권 고등학교에 입학한 학생이 1학년 등교를 시작한
지 2~3주 지난 3월이었다. 담임선생님께서 전체 학생들에게 약간 수수
께끼 같은 질문을 하셨다.

"여러분, 고등학교 들어와서 못 들어본 말이 뭐지?"

처음에는 질문 의도를 이해하지 못했다고 한다.

"여러분, 욕 들어봤어?" 아하! 그러고 보니 친구들이 아무도 욕설
을 사용하지 않았다.

중학교 성적이 상위권에 드는 학생들이 합격해서 다니는 고등학교
였다. 공부 잘하는 학생들은 당연히 절대기준은 아니지만 대체로 반
듯하다. 물론 예외도 있지만 대체로 온순하고 규칙을 잘 지키고 예의
가 바르다. 초등학교 혹은 중학교 시절에 악기학원에서 악기연주 배운
학생들도 많다. 음대 진학이 목표가 아니면 고교 시절에 악기학원 수
강을 중단하지만, 고교 기악반/연주반 주 1회 학교 동아리 활동을 한

다. 이런 학생들은 어릴 때부터 가정에서 세심한 관리를 받았고 대부분 착실하고 꾸준한 학생들이다.

이론적으로도 당연한데 하기 싫은 공부와 반복연습 해야 하는 악기를 6년 더하기 3년, 합해서 9년간 꾸준히 참고 노력해서 고교진학을 했으니 모범생들이다. 9년 노력해야 이런 친구들과 같은 학교에 다닌다. 이런 친구들이 사회에 진출하면 각 분야에서 두각을 나타내고 서로 인맥을 형성한다. EQ(감성지수) 편에서 설명했듯이 미래를 위해 현재를 참고 꾸준히 노력하는 학생들이 감성지수가 높고 가정에서도 학교에서도 모범적이다. 하지만, 사회에 나가 속물이 되는 예도 있다. 더 높이 올라가고 싶고, 더 가지고 싶고, 경쟁심이 강하고, 인정받고 싶고, 실수나 실패를 받아들일 수 없어서 완전히 인간 변신하는 안타까운 사례들도 발생한다.

학생 시절 공부에 관심 없었고 대신에 창의성과 성공에 대한 집념이 대단했고 사회 진출하여 사업수완을 발휘해서, 또는 장사에 소질 있어서 젊은 시절 부자가 된 사람들이 있다. 그렇게 살아도 멋지다. 공부나 학벌이 인생의 전부가 아니고 자기 분야에서 성공하면 된다. 한 가지 아쉬운 점은 학생 시절 인맥들이 공부에 뜻이 없고 놀기 좋아했던 친한 친구들이 많았다면 함께 사업을 밀어주고 당겨주는 관계로 발전하기는 어렵다.

● **자녀 교육의 가장 기본은**

인생에서 부모 복, 배우자 복, 자식 복보다 더 큰 복이 있을까 싶다. 부모 복은 타고난 운명이지만, 배우자 복은 본인의 노력에 따라 절반 정도 좌우된다고 판단하며, 자식 복도 어느 정도 노력으로 결정되지 않을까! 내 부모의 운이 약해도 그걸 내 자식에게 그대로 물려주면 안 되고 업그레이드시키자. 계급사회도 아니고 우리가 아프리카의 어느 나라도 아니고 해서 노력하면 당대當代에 완전히 뒤바꾸지는 못해도 인정받고 존경받을 만큼의 신분 상승은 가능하고, 자식 대에 천지개벽할 기초 마련은 한다. 정답은 없지만 자녀를 보면 그 부모가 보인다. 잘 가르쳐야 한다.

공부보다 중요한 기본들이 있다. 치아 관리, 시력 관리다. 공부는 내일 해도 되지만 치아/시력은 내일이면 늦으리. 신체의 많은 부분이 재생된다. 위장胃臟 상피세포는 pH2 위산에 녹으므로 72시간이면 새 세포로 교체된다. 피부도, 혈액도, 심지어 뼈도 파골세포가 부수고 골아세포가 만들고 하면서 새 뼈로 계속 바뀐다. 안타깝게도 치아와 시력은 재생이 안 된다. 라식수술 같은 방법은 있지만 완전히 검증되지 않았다고 들었다. 어릴 때부터 자녀 치아/시력 관리 철저히 해주셔야 한다. 부모가 단맛 즐기고 양치질 소홀히 하면 생활이 같은 자녀가 치과 자주 간다. 시력도 생활 습관 영향이 있다. 필자는 출장 가다가 고속도로 휴게소에서 식사하면 휴게소 화장실에서 양치질, 치실, 가글, 이렇게 3종 세트로 관리한다.

젓가락 잡는 법, 펜 잡는 법 제대로 가르치자. 어른인데 이상하게 잡으면 이 또한 가정교육 부실을 명확히 보여준다. 글씨는 크게 써야 보기에도 시원하고 큰 일 한다. 작고 깨알같이 쓰는 사람은 자기 분야 전문가로 꼼꼼하게 일 잘한다는 소리를 듣긴 하겠지만 작은 일에 맞다.

"감사합니다" "실례합니다" "미안합니다"라는 말은 입에 배어 있어야 하는데 부모가 그러면서 무의식적으로 자식에게 가르치자. 사회적 약자에 친절해지자. 환경미화를 위해 일하시는 분, 경비와 안전을 담당하시는 분, 편의점에서 아르바이트하시는 분, 장애가 있는 분들께 친절하고 인사하는 모범을 보여 자녀도 그렇게 성장하도록 만들자. 예의 바르고 품격 있는 사람이 단시간 교육으로 만들어지지 않는다. 유명인들, 한류스타들, 해외 진출한 운동선수들 전부 공통인데 어릴 때부터 반듯하게 자라야 커서도 반듯하고 인기를 누린다. '본대 없다'는 본 것이 없다, 즉 배우지는 않았더라도 부모가 하는 것을 보고 자랐으면 무의식중에라도 제대로 할 텐데 부모가 부족했다는 말이다. 사람의 도리 등이 변변치 못함을 일컫기도 한다. 이는 그 부모까지 흉보는 아주 큰 악평이다.

불법이나 편법 쓰는 사람이 되지 않도록 가르치고, 항상 바르게 살며 정공법正攻法을 사용하라고 가르치자. 올바른 사람은 그 부모 역시 올바르고, 좋은 사람은 자녀들 또한 사위/며느릿감이다.

기교한 꾀나 모략을 쓰지 아니하고 정정당당히 나아가야 한다. 가르치지만 말고, 부모가 직접 모범을 보여야 한다. 자녀 보는 앞에서 거리낌 없이 공중도덕을 어기거나 법을 어기는 모습을 보인 적이 없는지 반성하고, 만약 무의식중에 그랬다면 자녀 앞에서 솔직히 사과하고 개선하는 모습을 보이자. 그래야 부모 위신이 서고 대화가 통하고 마음이 통한다.

30년 전 총각 시절 읽은 책 제목이다.

'당신은 비가 오는 날 아이 손을 잡고 밖에 나가본 적이 있는가?'

아직 기억하는 그 책의 인상적인 슬로건이다. 필자는 아이 초등학생 시절에 비 오는 날 손을 못 잡았다, 우산 잡는다고. 비 맞기 싫었다. 대신에 자주 갔던 경치 좋은 호숫가에 추운 겨울 가서 아이 손을 잡고 내 오리털 패딩 호주머니 속에 함께 손을 넣고 걸었다. 독서한 후 대략 20년 지난 시점이었다.

기억하는 곱씹어볼 만한 그 책의 내용을 적어본다.

"옛날 아이들은 논밭에서 뛰어놀며 논밭에서 일하는 아버지를 보고 자랐다. 무의식 속에 나도 크면 저렇게 된다는 운명을 배웠다. 요즘 아이들은 아버지가 생산 현장에서 일하는 모습을 못 보고 자라는 경우가 많다. 요즘 아이들에게 아버지 하면 생각나는 단어를 쓰라고 하면 TV, 비디오, 신문, 담배, 술, 낮잠, 잔소리 등 게으르거나 부정적인 내용들이 많다."*

아하 그렇구나. 아이들이 아버지에게 배울 점이 없구나.

그래서 감히 주장하는데 필자는 자녀들에게 말로만 이래라저래라 하지 않았다. 늦잠/낮잠/휴식/소파/TV 등 쉽고 편하고 좋은 것들은 부모가 다 하고 공부/숙제/악기/태권도 등 불편하고 힘든 것들은 애새끼들에게 시키고 이렇게 하면 자녀 교육 꽝이다. 필자는 '공부해라'라는 잔소리를 거의 하지 않았다. 날마다 직접 공부하는 모습 보여주고 주

---

* 출처: 다쿠마 다케토시 저, 김종오 역, 《크게 되는 아이의 아버지》, 정신세계사, 1997

말에 함께 도서관, 독서실에 갔다. 자녀가 방 전등 켜놓고 책상 스탠드 전등 켜놓고 안경 끼고 누워 자고 있으면 '잠깐만 누웠다가 일어나서 공부해야지'란 거짓말이니 "공부 안 할 거면 안경 벗고 바로 자"라고 잔소리는 했다.

모범을 보이자, 가정에서나 직장에서나. 더 똑똑한, 더 부지런한, 더 잘하는 자녀나 아랫사람에게 잔소리가 먹힐 리 없다. 더 잘해야 위신이 선다. 윗사람 되기가 참으로 험난하다.

●   **무리한 자식 사랑 다시 생각**

"내가 널 어떻게 키웠는데" "너에게 쓴 돈이 얼만데"와 같은 말씀 마시라. 부모 본인이 자식 교육 잘못 시켰다는 고백처럼 들린다. 자식 된 입장에서도 마찬가진데 "우리 집이 부자라면 나도 일류대학 갔을 텐데"라는 식의 자기 게으름을 부모 탓으로 돌리지 말자. 필자도 나름 다양하고 많은 경우들을 직간접으로 봤는데, 부자라고 자녀들이 일류대학 진학하지도 않고 고학력 부모 집안 자식이라고 일류대학 가지도 않는다.

"내 자식 손에 물 묻히지 않게 하겠다." 이 또한 위험한 생각이다. 내 자식 손에 구정물도 묻혀야 한다. 필자는 신문, 잡지, 헌 옷 모아서 한 달에 한 번 정도 자녀와 함께 고물상에 팔러 갔다. 그날은 자녀 용돈 생기는 날이다. 4,000~10,000원 정도의 금액이 문제가 아니다. 산교육이다.

카트 2개에 잡동사니 잔뜩 올려서 고물상 가는 모습을 남들에게 보이기 싫어하는 분들이 있다. 자존심 상할 일을 싫어한다. 남이 나를 얕잡아 볼까 신경을 쓴다. 어릴 때부터 부모의 과잉보호를 받았기 때문일지 선천적인 성격일지는 모르겠다. 자원재활용과 용돈벌이하기 위해 고물상 가는 일이 부끄러운 일은 아니다. 전쟁에도 살아남아야 하고, 지옥에 떨어져도 올라와야 하고, 지켜주는 사람 없어도 스스로 지킬 힘을 키우시라.

돈으로 키운 자식이 불효자 되는 사례는 넘친다. 적당히 고생도 하고 온 가족이 힘을 합쳐서 극복도 하고 그래야 사랑이 넘친다. 어떤 사례를 보니 큰아들 결혼하는데 서울 전세자금 마련해 주느라 부모님 집을 팔고 강원도 시골 마을에 작은 아들 데리고 이사 갔다. 동거하는 작은아들은 효자인데 큰아들 내외는 찾아오지도 않는다는 가슴 아픈 이야기도 있다.

작은 회사 근무하며 직장 일로 중국 2년, 미국 2년 살다 온 사람은 중국어, 영어가 유창하지만, 부모 돈으로 편안히 유학 다녀온 학생들은 6~8년 있다가 와도 외국어 실력이 부족한 경우를 많이 봤다. 그 기간 국내에서 공부한 동료/친구들보다 어학 실력이 부족했다. 개인 업무 능력도 부족해서 지적받는데, 눈만 높았고 어디 더 좋은 데 없는지 두리번두리번하기만 하는 경우도 많이 보고 들었다. 정말 자식 돈으로 키우는 게 아니다.

부자 코스프레하고, 비싼 폰, 비싼 인경 사주고, 외국 유학 보낸다고 훌륭하게 성장하지 않는다. 부모는 본인이 하지 않은 일을 자식에게 강요하지 말고, 본인이 못 받아 본 물질적 풍요를 자식에게 잔뜩 베풀려고 노력하지 마시라. 내 부모가 나에게 풍요함을 베푸셨더라도 나는 내 자식에게 그러지 말자. 자식은 독립된 인격체다. 자기 인생 자기가 잘 살도록 한 발짝 떨어져서 바라보기도 하고, 무리하지 않는 범위 내에서만 지원하자. 고액 과외 보낸다고 행복해지지 않고 유학 보낸다고 안 하던 공부 하지 않는다. 그냥 국제미아 된다. 부모 자신의 노후 걱정 없도록 해결함이 우선이다. 노후에 거동이 불편하고 기본 생활비가 없고 병원비가 없어서 자식에게 손 벌리는 아픔이 없도록 자식보다 본인 걱정 먼저 하자.

〈Investor Digest〉 '찰리 멍거 행복한 삶의 비결'에서 본 내용을 소개한다. '많이 질투하지 마라.'

'크게 분노하지 마라.'

'월급보다 과소비하지 마라.'

'어려워도 쾌활하게 지내라.'

'신뢰할 만한 사람들과 지내며 해야 할 일을 하라.'

'세상에는 제정신이 아니고 불합리한 나이 든 사람들이 많다. 그냥 쾌활하게 지내라.'

'증오와 원한에 빠지지 마라.'

'다 정해져서 태어나더라. 부모가 개입할 필요 없다. 사람 안 바뀐다.'

여기서 자식 교육 관련하여 개입하지 말라는 표현이 나오는데 그 의미는 이해한다. 그런데 많이 가르치고 모범을 보여야 한다는 점에서 '개입해라'가 맞다고 생각한다.

재산이 거의 없으면 부모 사후에 별문제가 없는데 좀 있다 싶으면 동서양 막론하고 슬프고도 남부끄러운 분쟁이 발생한다. 동등 분배하면 분쟁이 거의 없고, 부모와 동거하며 봉양한 자식이 있다면 최소

1.5배의 지분을 가져가는 식으로 합리적인 협의를 하면 간단한데, 다들 욕심만 가득해서 아들딸, 여기에 사위 며느리, 추가로 손주들까지 합세하면 막장 드라마 연출한다. 이래서 부모 역할이 더 중요해진다. 노후에 마지막까지 정신 바짝 차리고 법률에 정한 요건에 따라 명확히 유서를 작성해 놓으시라. 사후 후손들 막장 드라마 연출은 고인故人이 살아생전에 어리석었고 자식 교육 잘못했다는 증거이다.

2024년 말경에 모 여자대학교 락카스프레이 사태가 떠들썩했다. 필자는 원인을 3가지로 본다. 어릴 때부터 과도한 자식 사랑, 무너진 학교 교육, 소수가 모여 떼쓰면 말 없는 다수가 피해 보고 국민떼법이 통하는 분위기. 미성년자들도 알 건 다 안다. 자기가 한 말과 행동의 결과는 책임지자. 내 자식이라도 잘못은 인정하자. 인구 감소로 많은 대학교가 문 닫아야 할 상황인데 밤샘하며 대학 생존을 위한 대책을 논의해야 할 시점이다.

남녀공학 결사반대해서 문 닫으면 주변 더 좋은 학교로 학벌 세탁하겠다.

● 　　　　　　　　　　　　　　　　　　　　　　　　　**표준어 사용**

지방 출신이면 억양은 고향 지방 억양을 사용하더라도 단어들은 표준어 사용하도록 노력하자. 이해하기 어려운 독특한 사투리 단어들을 많이 사용하는 사람은 당연히 그 부모 언어가 동일하다. 하지만 초등학교부터 교과서, 책, 신문, 라디오, TV, 영화, 모든 매체는 표준어를 사용한다. 억양 바꾸기는 어렵지만 단어는 얼마든지 가능하다. 표준어를 사용해야 자식도 배운다. 평생 고향에서만 살다 죽는다면 불편하지 않지만, 학교, 직장, 결혼 등으로 타지방에 갈 경우 불편하다. 말에 자신 없으면 남 앞에 서기가 싫어지고 사투리가 익숙하면 글쓰기도 문제 된다. 사무직으로 근무하면 보고서, 발표 자료, 혹은 이력서, 이메일 등 문장 작성해야 하는데 평생 핸디캡(불리한 여건)을 안고 산다. 서울/경기지방이 고향인 사람은 그런 점에서 한 가지 복은 받았다.

우리 집단 전체를 극 겸양하는 '저희 나라' '저희 회사'등의 용어는 적절하지 않다. 우리 아버지를 '아버님'으로 극존칭 해도 적절하지 않다. 이렇게 까다롭게 따질 필요가 있냐고 할 분들도 있지만 세상에 따지는 분들도 많다. 특히 위로, 높은 자리로 갈수록 그렇다. 출세하고픈 욕심이 있다면 고려하시라.

● **환경의 중요성**

세상에는 다른 근심·걱정 없이 오로지 자기 공부에만 집중할 그런 환경에 사는 학생들이 있다. 결혼할 때 부모님의 막강한 지원에 힘입어 10년 이상 걸리는 내 집 마련의 고통을 겪지 않고 더 좋은 승용차 한 대 뽑을 생각만 하는 청춘들도 있다. 부모님 노후 전혀 걱정하지 않고 내가 받을 유산이 얼마나 될지 걱정하는 팔자 좋은 인생들도 있다. 아쉽게도 완전 반대쪽에 위치한 평생 고민으로 가득한 인생 사는 분들도 굉장히 많다. 3장에서 다루었듯이 출생의 순간에 결정된 타고난 운명은 받아들이고 내 의지로 개척 가능한 부분들을 찾아서 좋은 환경을 만들어 나가자.

좋은 환경에서 자랐으나 고교진학/대학진학/장사/사업 실패의 사례는 많다. 어떤 부모가 큰아들 걱정을 했다. 공부 잘해서 일류대학 졸업했으나 살아가면서 고난이 닥치면 바로 쓰러져서 못 일어날 타입이고, 작은 아들은 청소년 시절 사고도 치고 삼류대학 진학했으나 자기 인생 자기가 개척하며 살아갈 타입이라 별로 걱정이 안 된다고 했다.

어려운 환경에서 자랐고 고생을 해본 사람은 쉽게 쓰러지지 않는다. 행복지수도 더 높다. 만족할 줄 알고 이웃에 베푸는 사람도 여유 많은 사람보다 그렇지 않은 사람 중에 더 많아 보인다. 현실이 힘든 독자들께 푸념하지는 마시라고 전한다. 필자도 쉽지 않은 인생을 살았는데 당시는 힘들었어도 결과적으로 약이 되었고 행복지수를 높이는 밑거름이 되었다.

내 부모님이 풍요로운 환경을 만들지 못했다면 내가 만들자. 뭔 걱정!

● **후회 대신 희망**

누구나 사회생활 딱 5년 해보고 나서 중학교 입학한다면 중/고등학교 6년간 정말 공부 열심히 할 거다. 군대 입대해서 사병 생활해 보면 '장교로 입대하는 방법을 찾아야 했는데' 하고 후회한다. 노후 빈곤과 질병으로 고통받으면 젊을 때 관리 잘할걸 하고 후회한다. 후회는 아주 짧게 끝내고 반성하고 개선하자. 낭비해 놓고선 나는 왜 부자가 아닐까 하고 뜬금없는 욕심만 안 부리면 된다.

웃고 살자. 과거에 집착하지 말고, 미래에 대한 희망으로 사는 사람은 얼굴이 밝고 입꼬리가 올라간다. 후회보다는 오늘 뭘 할지 적고 실천, 내일 뭘 할지 적고 부푼 희망으로 잠자리에 들자.

●   **일단 공부는 하자**

기본은 하자. 운동선수나 연주자라도. 여기저기 가서 무대에 올라 마이크 잡는다든지, 인터뷰에 응한다든지, 강연하거나 대학 강사, 교수, 지도자의 길을 가기도 한다. 특별히 유능한 재주가 있어 고교졸업과 동시에 사회에 뛰어드는 사람이라도 일단 대학교 입학은 해보자. 휴학하는 한이 있더라도. 남 해보는 일은 다 경험해 보면 좋다. 고교졸업 즉시 혹은 재수, 3수하고 대학교 진학해야 쉽지, 살다가 20대 후반, 그 이후에 대학교 진학하기가 쉽지 않다. 모든 일에 때가 있다.

중고등학교 시절 공부에 흥미 없어도 특별한 상황이 아니라면 대학 생활 경험은 하고, 형편이 어려워 고교 졸업과 동시에 돈벌이에 나섰다면 조금 늦더라도 대학 생활 경험은 해보자. 아니면 나이 들어 아쉽고 후회스럽다.

중고등학교 과목 중에 흥미 없는 과목들은 공부하기 싫지만, 대학 과목은 더 심한 듯하다. 필요한 전공과목들이라도 실용적이 아닌 소위 학문적 접근을 한다. 졸업과 동시에 영원히 잊어도 될 그런 내용들이 아주 많은데 고교과정보다 난이도가 높으니 더 싫어진다. 원하는 직업을 위해 택한 전공이라면 재미없는 과목이라도 억지로 하겠지만, 점수 맞춰 입학한 원하지 않는 전공이면 공부와 담쌓고 취미생활이나 유흥에 빠지기 쉽다.

이런 불행, 즉 원하지 않았던 전공을 공부해야 하는 불행을 막기 위해 전과轉科나 휴학 후 재수의 방법 정도가 있겠다. 하지만 너무 슬퍼 마시라. 전공 살려서 직업 가지는 경우도 그렇게 많지 않다. 대학 졸업장이 내 직업을 결정하거나 내 인생 전환을 보장하지 않고 하나의 인생 경험이다. 대학을 경험하고 사람을 사귀고 사회 진출하기 전에 필요한 준비를 4년간 하는 과정이다. 작은 제목 '판단력'에도 언급하지만, 해외 유학도 마찬가지다. 외국 가서 공부한다고 재미있지는 않고, 유학이 내 인생 바꿔 주지도 않는다. 유학은 대박 나는 수단이 아니다. 그래도 장점이라면 돈벌이 스트레스보단 대학 공부가 편하다.

세상일은 쉽지 않고 답이 없다. 그래도 어떻게든 정답 혹은 최상의 답을 찾아야 한다. 결과가 나쁘면 속이 쓰리다. 나 보다 덜 노력한 사람의 선택 결과가 나보다 더 좋다면 더욱 속 쓰리다. 하지만 공부는 답이 있다. 참고서, 문제집 한 권의 수백 개 문제들에 전부 답이 있고 심지어 친절한 해설도 있다. 공부하면 자기만족도 되며 편한 길로 나갈 가능성이 점점 높아진다. 그러므로 똑똑한 사람들은 쉽고 편한 길을 택하기 위해 놀고 싶어도 참고 공부한다.

공부의 또 하나 장점은 남들과 다툴 필요 없이 오직 한 사람, 자신과 싸움만 하면 된다는 점. 공부가 가장 쉽지는 않지만 적어도 가장 편하다. 생각나는 장점 하나 더 서술하자면 공부는 100점 만점에 90점 이상이면 우수하다고 평가받는 경우가 많다. 커트라인이라고 부르는 합격선 있는 절대평가에서는 그 점수만 통과하면 된다. 그러나 세상에 나가보면 아니다. 95점 받더라도 96점짜리에 속된 말로 밟히기도 하고, 99점 받아도 모자란 1점 때문에 직장 상사에 욕 듣기도 한다. 심지어 60점짜리에 뒤통수도 맞고 50점짜리에 진급에서 밀리기도 한다. 이 말이 이해되는 독자라면 이미 세상 단맛, 쓴맛, 이판사판 합이 여섯 판 경험한 분들이다.

다만, 공부 잘하신 분들, 그리고 잘하고 있는 분들은 명심하시라. 그렇다고 똑똑하단 말과 직결되지는 않는다. 공부 잘한다는 말은 '극기 克己'가 강하단 뜻이다. 잠 와도 참고, 영화 보고 싶어도, 데이트하고 싶어도, 운동하고 싶어도, 기타 치고 싶어도, 여행 가고 싶어도, 취미생활하고 싶어도 무조건 참았기에 공부 잘한다. 세상에 나가서 극기만 가지고는 부족하고 현명해야 한다. 현명은 학벌과는 다르다. 병원의사가 40억 원대의 보이스 피싱을 당했다, 은행 차장급 직원도 보이스 피싱 당했다, 이런 기사를 보면 더욱 강조하고 싶은 말이 '현명賢明'이다.

공부를 많이 했으나 고지식하면 안 된다. 유연한 대처 능력과 순발력도 함께 갖춰야 한다. 사이버 공간에서 퍼온 순발력 에피소드 하나 소개한다. 1981년 지미 카터 대통령이 일본의 한 대학에서 연설을 했다. 그는 상당히 긴 농담으로 시작했는데 통역사의 말은 아주 짧았고 청중은 크게 웃었다. 연설 후 대통령은 통역사에게 어떻게 자신의 농담을 그렇게 짧게 번역했는지 물었다. 머뭇거린 통역사는 말했다.

"대통령 말씀이 일본어로 번역하기 어려운 재미있는 이야기였습니다. 그를 민망하게 하지 않으려면 웃어야 합니다." '8장 영원한 숙제, 인간관계' 편에서 또 강조하겠다.

공부의 속물적인 목표

만약 여러분이 공부하기가 싫다면 또는 여러분 자녀가 공부를 싫어한다면 속물적인 목표를 제안해 보겠다. 직장인이 되거나 장사, 사업해서 30년간 30억 원을 번다고 가정하자. 고등학교 3년 1,000일간 공부한다. 그럼 30억 원 나누기 1,000일은 300만 원이다. 즉, 하루 열심히 공부하면 300만 원 번다. 날마다 합산해 가며 달력에 적자. 오늘 하루가 부족했다면 100~200만 원을 잃는 셈이다. 이렇게 잃어가는 금액을 마이너스 합산해도 된다.

돈 많이 버는 전문직으로 50년, 60년 번다면 평생 수입 100억 원 기준으로 계산해서 고등학생 하루 공부에 1,000만 원씩 버는 셈이다. 혹은 사고 싶은 차, 집, 물건을 적어보고 각각의 금액도 적어 보시라. 100억 원대의 건물도 좋다. 1억 원 하는 승용차라면 열흘 공부하고 '이미 취득' 리스트에 올라간다.

한글 공부

영어보다 한자보다 우리말, 우리글이 더 어렵다. 학생 시절 국어 시간에 유명한 분의 시, 시조, 관동별곡 암기하기보다 맞춤법을 배웠으면 더 실용적이었겠다. 나이 들어도 이력서, 보고서, 발표 자료, 이메일, 폰 문자 등 작성할 때 맞춤법과 띄어쓰기가 어렵다. 지금 집필하는 이 순간도 오류를 줄이기 위해 필자는 수시로 국어/한자/영어 사전에 의존한다.

회사에서 누가 영작해 달라고 부탁해 오면 제일 어려운 점이 무엇이라고 생각하시는가? 바로 '주어'다. 주어를 무엇으로 정할지 제일 어렵다. 우리 말과 글에 주어 생략이 습관화되어 있다. '결론이 나면~' 누가 결론을 내린다는 말인지, '금주 내로 제품이 도착하면~' 무슨 제품을 누가 발송해서 어디에 도착한다는 말인지, '보고서 승인과 동시에 ~' 누가 결재 상신했고 누가 승인하는지, 문서 작성한 본인은 알지만, 영작 부탁 받은 이는 알지 못한다. 심지어 5줄 정도의 문장을 읽어보면 첫 줄의 주어는 일인칭으로 판단되는데 그 다음 줄의 주어는 아무리 읽어 봐도 이인칭이고 세 번째 줄의 주어는 짐작 불가인 경우도 있다. 글은 제삼자가 읽어서 이해되어야 글이다. 보고서 포함 모든 글이 마찬가지다. 부탁해 온 사람(의뢰자)에게 '이 문장의 주어는 무엇인지' 묻지 않아도 되도록 문장을 작성하자. 폰 문자 발송 전에, 이메일 발송 전에 필히 재확인하는 습관을 지니시라. 우리말과 우리글에 진짜 어려운 단어가 바로 이인칭 주어와 호칭이다. 이러니 습관적으로 주어 빼고 말하고, 또 주어 빼고 글을 적는다. 까다로우니 슬쩍 피하게 된다. 상대와 정해진 호칭이 있는 관계라면 간단한데 너, 당신, 야, 아저씨, 아가씨, 아줌마, 아주머니, 할머니, 총각, 선생님, 학생, 여러 호칭 중에 뭘 써야 할지 항상 어렵다.

여성분들이 더 민감하다. 아가씨라 불러도 화내는 사람이 있고, 아줌마로 불러도 "왜 할아버지" 하면서 엄청 화내는 여자분도 있다. 그럼 "할머니" 하고 불러야 하나, 도대체 뭐라고 불러야 하나. 어떤 조사에 의하면 우리나라 사람들이 자기를 불러 줬으면 하는 호칭 1위가 "이봐요", 2위가 "저기요"이다. 영어로 번역해 본다면 "Look at me" "Hey there" 정도가 될까? 호칭으로 적합하지 않다.

상대를 가리킬 때 쓰는 단어 '너'는 함부로 못 쓰고 '네가'는 '내가' 와 발음이 같아서 구분이 안 된다. '니'는 사전적으로 '너'에 관형격 조 사 '의'가 붙어서 준 말 '네'를 구어에서 이르는 말이라고도 하고, '너'의 경상도 방안이라고도 한다. 또 중국어 이인칭 주어 '니(你)'로도 들린다. 영어, 일어, 중국어, 불어를 공부해 보면 아무나 막 가져다 쓰는 이인 칭 주어가 있다. 우리나라는 이인칭 주어, 호칭, 존대/반말 때문에 대 인관계가 무지하게 어렵다. 사람 만나면 나이 따지고, 기수 몇 기세요 따지고, 학번 따지고, 조직체에 속한 사람끼리 만나면 "과장님이세요, 차장님이세요?" 먼저 확인해야 한다. 혹은 "호칭을 뭐라고 불러드려야 됩니까?" 하고 직설적으로 물어본다면 제일 정확하다.

한글학회에 요청드린다. 누구나 편하게 쓸 이인칭 주어와 호칭을 만들어 주시면 좋겠다. 요즘 젊은 세대들 사이버 공간에서 위/아래 구 분 없고 상호 존칭이 습관화되어 있다. 나이 든 분들과 세대 간 장벽을 없애려면 아주 중요한 문제다. 젊은이들이 교회 가지 않는 이유 중에 평일 직장에서 윗사람 섬기고, 주말에 교회 가면 또 윗사람 섬기기 싫 은 이유도 있단다.

김슬옹 박사의 저서 《차별의 말 대신 배려의 말로!》(마리북스, 2023) 에서 흔히 쓰이는 240가지 차별어를 분류해 각성을 요구하고, 적절한 대안어도 제시했다.

'아줌마'는 아주머니를 낮추어 부르는 말이다. 아주머니는 친족의 명칭으로서 부모와 같은 항렬의 여자를 이르는 말이었다. 그러나 아줌 마에 '사회적으로 뻔뻔하고 몰염치하게 행동하는 여성'이라는 뉘앙스가 깔린 만큼 아주머니로 부르면 좋다. 직장인들이 쓰는 '꼰대'는 백작이라는 의미의 프랑스어 '꽁트^{comte}'에서 파생했다는 견해가 있다. 일제 강점기 친일파들에게 백작 지위가 주어졌고, 친일파들은 스스로를 '꽁테'라 불렀지만, 일본식 발음으로 점점 꼰대가 됐다는 것이다. '남녀'는 남자를 앞세운 남성 우월주의다. 그런데 욕을 할 때는 '연놈'으로 여성이 앞선다. 이러한 것은 비대칭 차별어에 속한다. 자식이 둘 이상일 때 표현하는 '1남 2녀'는 남성을 앞에 배치하는 차별적 표현이다. 태어난 순서대로 호명하면 좋다. '저출산'에 숨겨진 주어는 여성이다. '저출생'으로 바꾸면 좋다.

참 좋은 내용이다. 학생들 국어 교과서에 많은 부분 반영되길 기대한다. 나부터 되새기고. 그런데 어떤 경우는 한자 말 '부모' 대신에 순우리말 '어버이'가 좋고, 또 어떤 경우는 순우리말은 낮춤말이 되고 해서 어렵다.

● **한자 공부**

세계 언어 수는 2015년 판 《에스놀로그$^{Ethnologue: Languages of the World}$》에 따르면 무려 그 수는 7,097개 정도라고 한다. 그중 약 2,000개는 1,000명 미만의 사람들이 사용하고 있으며 소수민족 언어가 급속히 사라지고 있다. 언어를 표현하는 문자 종류는 단 50개란 주장도 있고, 영국 옴니그로트^{Omniglot}(Omniglot.com)란 사이트에 의하면 사용하지 않거나 종교/장식용으로만 존재하는 문자를 제외하고 사용 중인 문자는 66종류라고 한다. 그중 유일하게 제작 시기와 제작자를 아는 문자가 한글이라고도 한다. 세종대왕과 집현전 학자들 덕분에 우리는 초등학교 입학 전에도 쉽게 일기를 작성하고 문자 공부에 시간 절약하고 있다. 다만 한자 문화가 오래 지속되었고 한글 창제 이후 홀대하였기에 우리글 어휘가 부족하다. 표의문자인 한자의 조어력造語力에 밀려서 한글 어휘 개발이 안 되고 있다. 일상용어 70%, 전문용어 95%가 한자어이다.

이래서 올바른 국어 사용을 위해서라도 기본적인 한자 공부는 필요하다. 상용한자 3급 1,800자 정도 학습하면 공부하기에, 중국어, 일본어 배우기에 편하고 혼돈을 줄이고 독서에도 도움 된다. 한자는 한문도 중국어도 아니다. 한자는 중국어이므로 쓰면 안 된다는 의견에는 반대한다. 그렇다면, 완전 우리 단어로 사용 중인 노트북, 스마트폰, 슈퍼마켓, 아파트, 배터리, 로켓, 미사일, 펜, 코인... 이런 영어나 일본식 영어, 혹은 딸기주스(한글+영어), 대형마트(한자+영어), 팀장/파트장(영어+한자), 헬조선(영어+한자) 등 국적 불명의 단어들도 쓰면 안 된다.

동음이의어들의 경우 단어만 보면 그 뜻을 모른다. 전후 문맥에서 그 의미를 추측해야 한다. "내일 운동회 총연습 합니다"란 말을 듣고 집에 가서 내일 총 가져가야 한다는 학생도 있고, 말이 아니고 가정통신문에 '총연습'이라고 한글로만 적어 놓으면 이 총이 전체를 뜻하는 총總(합할 총)인지 권총/장총을 뜻하는 총銃(총 총)인지 모른다. 회사에서 굉장히 많이 쓰는 단어 결제決濟와 결재決裁를 틀리게 사용하는 경우가 많은데 한글로 쓰면 혼란스럽다. 개인적 의견으로써 한자도 우리글이라 생각한다.

대학교수이자 소설가인 김진명 님에 의하면 중국은 문헌에만 나오는 하/상나라는 제외하고 유물이 발굴된 은나라를 최초 국가로 본다. 은, 주, 춘추전국, 진을 거쳐 한나라가 있는데 한나라를 가장 큰 나라로 여기므로 문자를 한자, 민족을 한족이라 칭한다. 슬프지만 우리나라 한강과 대한문도 韓(한국 한)을 쓰지 않고 漢(한나라 한)을 쓴다.

은허殷墟 유적이 한족 문화와 다른 점은 해골, 무덤, 궁궐 방향이다. 성문城門이 전통적인 남향이 아니고 동북향이다. 가리키는 방향이 발해 쪽이다. 자기들이 온 쪽을 바라보고 있다. 동이東夷 민족이 건축했단 증거다. 일본 도래인들이 야요이 시대를 열었는데 일본 규슈 쪽에서 발굴되는 무덤은 전라도를 향한다. 한자의 발음기호는 그대로 발음할 경우 중국어가 아닌 한국어의 발음이 나온다. 한자漢字가 아니고 은나라의 은자殷字가 맞고 우리 조상이 만든 문자이다. 중국은 이런 증거를 덮었다.

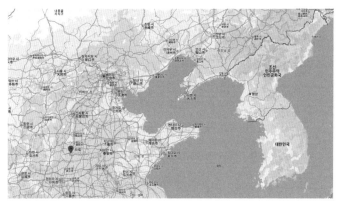

좌하 표시가 '은허*' (출처: 구글지도)

---

* 은허는 중국 허난성 안양시에 있는 은나라 유적임. BC14 ~ BC11세기 은나라 후기 도읍이 있었고 1899년 갑골문자가 발굴되고 1928년부터 행한 조사에서 분묘/궁전/움집터/청동기/토기 등 유물이 발굴됨.

한국외국어대학교 언어학박사 임규인 교수에 의하면 초기의 한자 형태는 갑골문 글씨처럼 조악하지 않았다고 한다. 갑골문보다 탄소측정연대가 1,400년이나 앞선 돌에 새겨진 글씨체가 발견되었으며, 우리 한자의 효시는 갑골문이 아니라는 것이다. 고대 한자는 우리 조상이 창제한 작품이며 고대 한자 발음의 원리와 체계는 천지인과 음양오행에 토대를 두고 있고 한글도 마찬가지라고 주장한다.

간단한 한자 학습 들어간다. '무용총, 장군총, 쌍영총'과 '세종대왕릉, 광개토대왕릉'의 차이를 아시는가? 塚(무덤 총)은 주인이 누군지 모르는 무덤이고 陵(언덕 릉)은 주인을 아는 무덤이다. 揷(꽂을 삽)은 손(扌재방변 수, 手 손 수와 같은 글자)으로 절구(臼 절구 구)에 천(千)을 꽂았다. 醒(깰 성)은 술 마시고 깨어보니 별이 보이더라. 星(별성)은 별이 '해'에서 태어났다. 屎(똥 시)는 쌀의 시체(米 쌀 미 + 尸 주검 시, 시체), 尿(오줌 뇨)는 물의 시체(水 물 수 + 尸 주검 시, 시체). 然(그럴 연)은 '肉(고기 육) + 犬(개 견) + 灬(불)'이 결합한 한자어다. 개고기를 불에 굽는 것이 당연한 것처럼 공부하면 영어보다 쉽다.

한자학회에 요청드린다. 표준안 재정비가 필요하단 장문의 주장을 사이버 공간에서 봤는데 정비 필요한 부분이 많아 보인다. 그리고, 1/2/3급 상용한자로 지정된 한자에 일상에서 전혀 사용하지 않는 중국의 동네/강/산 이름에만 쓰는 독특한 한자, '아름다운옥 구/민/기/근/유/요' 같은 희귀한자 등은 상용한자에서 제외하는 조정이 필요해 보인다. 상공회의소 상용한자 급수 시험에도 출제되지 않는 듯하다. 급수 시험 실시기관이 9곳이라서 전체를 파악하진 못했다.

● 영어 공부

외국어는 발음이 중요하다. 영어학원에서 어떤 분이 혼자 한참을 말했는데 원어민 교사가 "못 알아듣겠다." 그 한마디에 웃음 참느라 혼났다. 외국인이 우리 말을 잘해도 발음이 나쁘면 우리도 못 알아듣는다. 발음이 또렷하면 문법이 틀려도 전하고자 하는 뜻을 알아차린다. 한번은 필자가 '회生鮮膾'를 미국인에게 설명하면서 '로우 피시raw fish'라고 하니 처음에 그는 못 알아들었다. 이런저런 설명으로 이해시키려고 노력하니 그때 "로 피시?" 했다. Raw는 '로' 혹은 '러'에 가까운 발음이 난다. 그렇다. 문법보다 발음이 의사소통에 더 중요했다. 우리가 흔히 쓰는 슈퍼는 '수퍼super'가 맞다. 수퍼마켓, 수퍼맨이 맞다. 정장 옷을 가리켜서 슈트라고 한다. 하지만 '수트suit'가 맞다. '아이언맨 슈트'가 아니고 '아이언맨 수트'다. 발음 말고도 SNS는 외국인이 못 알아듣는 한국 용어다. 소셜 미디어social media가 맞다. 이런 단어들, 발음들이 모여 실력이 된다.

만약 외국인이 우리에게 '핸국' '핸쿡' '한쿡'이라고 말한다면 '한국'으로 가르쳐 주고 싶을 거다. 외국 호텔, 음식점, 쇼핑몰에서 의사소통 가능한 정도는 해야 자녀들 앞에서 체면이 선다.

● 성교육

서양 문화를 꼭 배워야 한다. 서양에서 자녀들에게 9시 취침을 규칙으로 정하면 자녀들이 9시에 방으로 들어간다. 무조건 자라는 뜻이 아니고 밖에 나오지 말란 뜻이다. 그럼, 부부 둘만의 시간을 가진다. 부부간에 몸이 가까워야 친밀도가 높아지고, 몸이 멀어지면 마음이 멀어진다. 우리나라 상황은 아이들이 자정을 넘겨도 안 자는 경우가 많다. 부모가 안방에 들어간 이후에도 거실이나 부엌 식탁을 오간다. 아파트 방음 상태도 안 좋은데 요즘은 로봇 청소기 이동에 편해지라고 그러는지 문틀도 없애버려서 방음이 더 나빠졌다. 로봇 청소기가 부부 사이보다 더 중요한가? 밖에는 애들이 지키고 있고 방음은 안 되고 안방 침대에서 잠만 잔다. 부부 사이보다 애들이 더 중요하고, 상전上典이다. 가정에서는 부부가 가장 우선이 되어야 한다. 침대에 누워서 노래 불러도 거실에서 들리면 안 된다.

우리 집 방문 틀 없애고 얇은 문짝 붙인 건축업자들 사과하라. 이러면 유흥업소에 도움 될 뿐 대한민국 출생률 증가에 도움 안 된다.

(출처: 네이버 부동산)

위 그림은 비교적 최근 입주한 아파트 평면도 일부다. 우측 대문에서 현관으로 들어오면 좌측 복도로 가는 길이 있고, 위쪽 안방으로 가는 길이 있다. 안방으로 들어가기 위해 문 2개를 통과하는 구조다. 위

그림에서 좌측은 생략했지만, 좌측의 부엌/거실은 안방과 분리된다. 거실 쪽에서 안방으로 드나들기에는 현관을 거쳐야 한다는 불편이 있지만 자녀와 차단, 방음 유지란 측면에서 진화된 평면설계다.

10년은 지난 얘기지만 자녀들에게 학교에서 성교육 받았는지 물어봤는데 특별히 교육받은 내용이 없다고 했다. 조금 충격적이었다. 요즘은 많이 달라졌으리라 믿는다. 딸, 아들 각각 중학교 1학년 때 스웨덴 8살 성교육용 그림을 보여주면서 아빠로서 직접 성교육을 시켰다. 그당시 아이들이 말은 안 했지만, 속으로 이런 생각 했을지도 모른다.

'아버지, 도대체 뭐가 알고 싶은데요?'

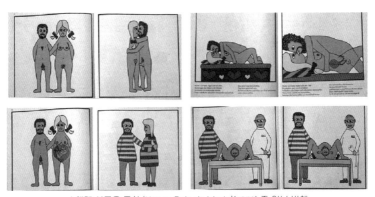

스웨덴 성교육 동화 'How a Baby Is Made'(1973) 중 일부 발췌

● **생존 교육**

'2장 안전이 있어야 행복도 있다'의 안전교육 못지않게 '생존수영'이 중요하다. 여름에 친구들과 계곡으로, 바다로 놀러 갔다가, 배를 탔다가 위기 상황 닥칠 수 있다. 초등학교 시절에 정식 수영을 가르치자. 집

근처에 수영장, 수영강습이 없다면 좀 어려운 문제다. 공부보다 훨씬 중요하다. 학원 몇 달 빠지는 한이 있더라도 꼭 수영을 가르치자.

그리고 또 하나, 물에 빠진 친구 구하러 들어가지 말라고 가르치자. 빈 페트병 주기, 여러 사람 손에 손잡고 구하기 등 다양한 방법들이 있겠지만 수영 선수급이라 해도 빠진 사람이 붙잡고 안 놔주면 방법이 없다.

아버지와 아들이 낚시 갔다가 파도에 휩쓸린 아들 구한다고 뛰어들었는데 아들은 살아 나오고 아버지가 못 나온 예도 있다. 갯바위 낚시, 보트 낚시 등 갈 때 안전조끼 입자. 인터넷 검색하면 3~4만 원대 제품이 수두룩하다. 이 돈 아끼기 위해 목숨 걸지 마시라. 돈 아까우면 낚시도 가지 말고 배도 타지 말고 접시 물 근처에도 가지 마시라.

● **학교 교육의 방향 제안**

졸업과 동시에 영원히 잊어도 될 수학 공식, 영어단어, 고문/고시조, 역사 사건 연도보다 더 중요한 일들이 많다. 평생 알아야 할 중요한 지식이 아주 많은데 학교에서 가르쳐 주지 않는다. 중/고등학교에서 생활 예절, 생활 법률, 생활 경제를 가르치자. 필자의 이런 주장이 많은 사람들에게 호응을 얻고 여론이 형성되어 정책에 반영되기를 간절히 희망한다.

생활 예절은 소위 말하는 에티켓이다. 동양의 예절 중심 문화가 서양의 도덕 중심 문화에 졌다는 다소 자존심 상하는 표현을 봤는데 인정한다. 동방예의지국이지만 서양보다 생활 예절이 많이 부족하다. 공부만 중요하지 않다. 냉정히 말해서 공부는 학원, 인터넷 강의로도 한다. 다양한 상황에서 해야 하는 말과 행동의 예절을 학교에서 교재로 가르쳤으면 좋겠다.

생활 법률은 살아가면서 누구나 평생 알아야 한다. 월세/전세 계약서 작성 시 주의점, 등기부등본 보는 법, 전세 사기당하지 않으려면 확인해야 할 사항, 고소/고발하거나 당했을 때 대처 방안, 자동차 접촉사고 발생 시 대처 방안, 중고물품 거래에 문제 발생, 명예훼손, 위협, 불량식품으로 배탈 났을 때, 의료사고, 증여, 상속 등 일상생활에서 누구에게나 발생하는 일들에 어떤 법이 적용되는지, 무엇을 미리 알아야 하는지, 사후 처리는 어떻게 하는지, 이런 내용을 교과과정에 넣으면 좋겠다.

요즘은 없지만 과거에는 잊을만하면 운동선수의 이중 계약 기사가 나왔다. 한때 상당한 기대를 한 청소년 대표팀의 유망주였던 선수가 이중 계약에 휘말리며 안타까움을 더했다. 어른들의 무책임이 문제였겠지만 2년 자격정지 같은 중징계를 받으면 본인과 가족, 그리고 기대했던 온 국민의 가슴이 아프다. 이러한 예들은 계약에 서명하는 행위가 무엇인지 가르쳐 주는 산 교육이다.

생활 경제는 설명 안 해도 다들 눈치채셨으리라 믿는다. 보이스 피싱, 금융사기 수법, 취득세/보유세/양도소득세, 법원경매, 중개수수료 계산, 자영업을 창업하면 재료비/노무비/경비에 어떤 항목들이 있고 얼마를 투자해서 일/월매출 얼마일 때 손익분기점을 맞추는지 등 며느리에게도 안 가르쳐 줄 필수교육이다. 학교생활은 성인이 되어 사회에 나갔을 때 올바른 사회인으로 홀로서기 할 능력을 배우는 과정인데,

그중 단연 으뜸은 '경제'다. 단순한 학습, 학문, 즉 대학교 입학만을 위한 단편적인 지식 암기 위주의 교육은 산교육이 아니다. 토론 능력, 자기 생각 정리 능력, 자아 형성, 가치관 확립, 어느 하나 중요하지 않은 교육이 없겠지만, 살면서 평생을 두고 잘 알아야 하는 생존 교육이 바로 생활 경제다.

다양한 생활 경제 상식, 이론뿐만 아니라 각종 피해 사례, 범죄 사례를 중고등학교 교육 현장에서 가르치면 부모들의 가정교육 부담이 덜하고 뉴스를 통해 알려질 안타까운 기사들이 확 줄어들 것이다. 부디 슬프고 억울하고 안타까운 경제적 피해를 보거나 송사訟事에 휘말려 극한의 상황에 내몰리는 분들이 없는 밝고 희망찬 사회를 건설하면 좋겠다.

이런 내용 전문가를 양성해서 학교마다 배치할 필요도 없다. 현직 교사들 별도로 전문 강사로 양성할 필요도 없다. 교실마다 설치된 시설로 동영상 교육해도 된다. 학업에 관심 없고 상급학교 진학하지 않을 학생들도 이런 내용은 중고등학교에서 꼭 배웠으면 좋겠다. 이런 실질적인 교육 시간에 엎드려 자는 학생들은 인생에서 큰 변고를 당할 확률이 높아지겠다.

추가로 연 1회 이상 학생들 단체 요양원 봉사활동을 권한다. 방학 기간 하루 가서 기저귀 교환, 목욕 도우미, 청소, 설거지하며 나도 나이 들어서 저렇게 된다는 체험을 한다면 가정에서 학교에서 새롭게 다짐하고 노후 준비에 더욱 박차를 가하겠다.

올바르게 성장하고 독자적인 경제활동 하며 완전한 성인으로 홀로서기 가능한 그날까지 부모님, 선생님, 친구, 친척이 도와주고 가르쳐 주고 하면 최상인데 현실은 냉정하다. 잘못된 교육, 잘못된 정보, 나를 슬프게 하는 사람들, 축복받지 못한 출생, 기타 사유로 쉽지 않은 성장 과정을 겪는 분들 보면 가슴 아프다. 그래도 긍정적으로 살며 성공하는 분들 보면서 분발하자. 어리석으면 세상이 도와주지 않는다. 스스로 지키자. 젊어서 고생은 사서도 한다는 옛말에 극히 공감한다.

인터넷 발달로 세상이 뒤집혔다. 다양한 세계 시사, 경제 상식, 성공한 사람들 이야기, 공부 잘하는 사람들 비결 등 독서뿐만 아니라 우리 지적 수준을 높이는 좋은 자료가 무한대로 펼쳐져 있다. 단순한 오락, 자극적 제목만을 찾아다니는 사람과 자기 개발을 추구하는 사람은 누적 시간에 따라 인생의 큰 차이가 생긴다.

필자는 고교 시절 자동차 뒷바퀴 중간에 위치한 차동장치 원리를 이해하는 데 꽤 오래 걸렸다. 평면도를 보면서 머릿속에 입체적인 구동 방식을 상상하기 어려웠고 30분 정도 고민하다가 이 덩어리가 맞물린 채로 전체가 회전하는구나 하고 이해했을 때 상당한 지적 쾌감을 느꼈다. 하지만 요즘 살짝 우울하다. 이젠 인터넷 검색으로 '차동장치'를 찾으면 부품별로 다른 색상을 칠해서 동영상으로 작동 원리를 보여주는데 한 마디로 '3초 게임'이다. 보는 즉시 바로 이해된다.

요즘 태어나야 했는데 삼신할머니 실수로 시대를 잘못 골랐다. 내 인생 돌려줘!!

중고차 판매 전문가의 말에 따르면 중고차 매입하러 온 초보의 공통점이 있단다. 첫째, 후드^{hood}(본네트, 보닛) 열어 봅시다. 둘째, 뭘 봐야 하는지 모른다. 이런 경우도 굳이 도서관 책을 뒤질 필요가 없다. '중고차 고르기' 등 간단히 검색하면 좋은 글/정보, 사진, 동영상 등 무한대의 공짜 정보가 있다. 앞서 적었던 내용인데 최저가 검색하지 말고, 콩나물값 깎지도 말고, 중고차 사러 가기 전에 이런 정보를 검색하시라. 침수 차 구별하는 법도 알아 놓고, 당연히 전문가 동행하면 좋다.

재차 강조하지만 얼마나 좋은 세상인가 지금의 우리나라. 21세기 대한민국 국민으로 살아간다는 사실만으로도. 북한, 아프리카, 중남미, 중동, 중국, 러시아, 우크라이나 아닌 대한민국이라서 행복하다.

조선시대 아니라서 뿅 간다.

●   **독서는 삶이다**

독서는 취미가 될 수 없다. 책은 평생 친구이고 독서는 평생을 두고 해야 하는 의무다. 신문 사설을 보시라. 최소한 사설 제목은 다 읽어보고 관심 가는 사설 두세 가지 정도 정독하면 상식도 넓어지고 가치관 정립에 좋고 자녀 교육에 아주 좋은 자료가 된다.

미리 읽어보자. 중고차 매입하기 전 기초 지식 공부하듯이, 뭐든 시작하기 전에 충분한 지식을 쌓자. 직장 생활을 하기 전에 처세술 관련 많은 책을 읽고 인맥 만들기 관련 책들도 읽자. 추천하고 싶은 책들이 몇 권 있지만 여기 소개하지는 않겠다. 최근에 출판된 얼마든지 내용 좋은 처세술 교육하는 책들이 많다. 필자는 과거 주말 쇼핑을 운전사로 따라갔고 쇼핑은 관심 없으니 도서 코너에서 처세술 서적을 고르다가 절반 정도 읽으며 쇼핑 마칠 때까지 기다렸다. 다음 주말에 또 갔을 때 나머지 절반을 다 읽었다. 내용이 무척 마음에 들었다. 회사 생활 오래 하신 분의 아주 실질적인 분석과 조언이었다. 결국 그 책을 샀고 서너 달 후에 또 읽었다. 극장에서 본 명화보다 더 감동적인 책이었다. 20년도 더 지났지만, 보관 중이며 다른 훌륭한 책들과 함께 자녀들에게 권할 예정이다.

학습 서적, 수험 서적을 공부하다 보면 상당히 오타가 많은 책들이 심심찮게 보인다. 여러 사람들이 공동 편찬, 공동 번역한 때도 오타가 많으면 아주 실망스럽다. 서로 미루고 완성도 높일 노력을 게을리했다. 참여자가 많으면 더 깔끔해야 한다. 문장이 어색한 경우는 아마도 영문 번역에 실력이 부족하지 않았을까 추측한다. 영어단어, 한자 등은 우리말 맞춤법보다 오히려 쉬운데 이런 곳에 오타가 없으면 좋겠다. 띄어쓰기는 엄청 어렵지만 검색기의 도움으로 어느 정도 교정이 가능하다. 참고로 우리말, 우리글 배운 외국인들은 띄어쓰기가 굉장히 정확하다고 한다. 처음부터 제대로 배워서 그렇겠지! 우리나라 학생들이 영어 공부 열심히 하면 원어민보다 영어 시험 점수가 더 높은 현상과 비슷해 보인다.

학습/수험 서적의 경우 오타, 오기, 오답이 치명적일 수 있다. 그렇게 믿고 공부한 학생이 실전에 동일한 문제가 나왔는데 틀리면 서적이 얼마나 원망스럽겠는가! 한 가지 해결책을 제안해 본다. 인터넷이 발달했으니 오류 발견하면 연락하는 사이트/이메일 주소를 서적 제일 앞/뒤쪽에 안내하고 3개월, 6개월, 1년 단위로 3번 정도 수정 내용

공지하면 좋겠다. 책 구매하고 사이버 공간에 등록하면, 수정 내용을 2~3회 이메일 안내해 주면 편하겠다. 재작년 초 독파한 영어 학습 책이 마음에 들었는데 바로 응시한 영어 시험에서 목표 점수보다 더 높은 점수가 나와 더욱 마음에 들었다. 한 가지 문제는 그 책에 오타가 많았다. 출판사 측에 전부 알려 주고 싶었으나 마음으로 끝내고, 오타 수정 마친 이 책을 자녀에게 물려 주었다. 고득점 취득을 바라며. 오타 찾아낼 실력에 도달했으니 이 또한 즐겁지 아니한가!

한번은 유명한 외국 전문 서적을 아주 많은 분이 공동 번역한 두꺼운 책을 나름 고가에 구매했다. Blue whale(흰긴수염고래)을 푸른고래, sea otter(해달)를 수달로 번역했던 거 같다. 오타가 여기저기 눈에 띄었다. 본 책을 읽으시는 여러분들이 오타, 오류 찾을 때마다 실망하실까 싶어 집중하고 더 조심스러워진다.

실망 시리즈 하나 추가요. 27세에 최연소 하버드대학교 교수가 된 분의 유명한 2009년 작 서적이 있다. 2010년 대한민국에 번역되어 인문학 서적으로는 베스트셀러 1위를 차지하여 화제가 되었다. 그 책을 사려다 포기했다. 확인한 바에 의하면 그분이 "카지노 사장 연봉보다 대학교수 연봉이 더 높아야 한다"란 경제의 기역(ㄱ)도 모르는 발언을 하셨단다. 엄청난 실망이다. 연봉은 누가 높아야 하는가? 큰 부가가치를 만들어 내는 회사/제품/사람이 많이 가져간다.

대학교수란 직업은 부가가치 창출하는 위치는 결코 아니며 안정적인 직업이다. 플라톤이 그의 저서 '국가'에서 이상 국가를 실현하는 방법으로 철인정치哲人政治를 주장했다. '철인'이란 사전적 의미로 '어질고 사리에 밝은 사람'인데 결국 자기 같은 철학자가 권력 잡아야 한다는 뜻으로 들린다. 카지노 사장이나 큰 요식업소, 제조공장, 대형 출판사, 대형 유통업체, 대형 운수업체 등은 많은 자본투자가 들어가고 높은 매출을 올린다. 큰 수익을 창출하거나 그렇게 못하면 부도나면서 큰 손해가 발생하는 사업장의 대표는 당연히 큰 책임이 따르며 연봉이 높아야 한다. 온갖 스트레스를 견디고 그 자리를 지켜야 하고 세상 풍파에 쓰러지면 안 된다.

아마도 한번 정교수가 되면 세상 편한 직업 중의 하나가 교수라고 들었는데, 사장직보다 스트레스 덜 받는 교수 연봉이 사장보다 높은 그런 세상은 존재하지 않는다. 미국 땅의 상류층 부모님을 만났고 남자로 태어나서 유리했을 테고 유명 대학교 교수라서 더 유리할 거고 멋진 개인 서재를 가진 그분이 부러울 뿐 존경스럽지는 않다.

사농공상士農工商, 선비, 농부農夫, 공장工匠, 상인商人, 네 가지 신분을 봉건시대에 계급 순서로 나눴지만, 지금은 반대다. 상공농사 순서가 되기도 하고 대형 농장에서 채소, 가축사육을 하니 농업도 큰 부가가치 창출을 하기도 한다. 직업으로 우월감 가지거나 열등감 가질 필요는 없다.

● **보석 같은 역제안 기술**

상대방의 제안에 대한 또 다른 제안을 하거나 의견을 내놓은 행위이다. 다음의 사례들을 생각해 보자.

사례 1: 노트북 컴퓨터 판매점에 고객 2명이 들어왔다. 두 명은 친구 사이이며 한 명이 N 모델 구매 의사가 있었다. 정가 100만 원인데 5만 원 깎아주면 사겠다고 한다. 이때 여러분이 업소 사장이라면 어떻게 하시겠나? 그 제품의 원가는 85만 원이고 15만 원이 마진이다.

역제안 1-1: "두 분이 1대씩 사시면 5만 원씩 할인해 드리겠습니다." 고객 따라온 친구가 이 제안을 받아들인다면 사장의 마진은 15만 원에서 10만 원으로 내려가지 않고 10만 원의 2배인 20만 원으로 올라간다.

역제안 1-2: "여기 50만 원짜리 프린터 신형 P 모델을 함께 사신다면 5만 원 할인해 드리겠습니다." 프린터의 마진이 10만 원이라면 사장의 마진은 역시 내려가지 않고 20만 원으로 올라간다.

역제안 1-3: "5만 원 할인쿠폰을 드리겠습니다. 다음에 50만 원 이상 되는 전자제품을 사러 오셔서 사용하십시오." 사장의 마진은 내려가지 않고 차후 추가 수익이 예상된다.

사례 2: 두 제조업체가 거래하고 있다. 스마트폰 전문 A 전자 회사는 B 디스플레이 회사의 액정화면을 구매하고 있다. 기존 6인치 액정화면은 B사 제품을 사용하는데 신형으로 개발하는 7인치 액정은 거래선 다변화를 위해 C사 제품을 써보고 싶다. 현재 양산하는 6인치 액정화면 탑재 스마트폰은 월 10만 대를 판매하며 신형 7인치는 월 5만 대 수준의 판매를 예상한다. A 전자 구매 책임자와 C사 영업 책임자가 만났다. A 전자 "귀사 7인치 액정 견적이 10만 원인데 9만 5천 원에 월 5만 대 계약합시다." C사는 월 4만 대 납품에 단가 10만 원 마진 1만 원이면 만족할 입장이었다. 개발비, 설비 투자비, 품질 문제 대응비, 납품비, 설비감가상각비 등을 제하고도 차기 8인치 신제품 액정 개발비에 보탬이 될 이익이 발생한다. 단가 9만 5천 원이면 큰 이익이 없고 대형 품질 문제 발생하여 클레임 보상하면 손실 발생도 가능하다. 월 판매 수량은 현재 예상이며 20% 이상 변동 가능하다. 즉 월 4~6만 대 정도이며 혹은 그보다 조금 더 변동 가능하다.

역제안 2-1: "월 4만 대까지는 10만 원 해주시고 초과 물량에 대해서는 9만 5천 원을 수락합니다. 월 6만 대를 초과한 물량에 대해서는 9만 3천 원에 공급하겠습니다." 이렇게 계약한다면 C사는 목표한 수준의 월 4만 대 단가 10만 원을 가져가면서, 40,001~60,000대/월 범위에서 A 전자의 인하 요구를 맞춰주면서, 월 60,001대부터는 A 전자 요구보다 더 낮은 조건을 제안한다.

역제안 2-2: "신형 7인치 제품에 우리 액정 탑재를 검토해 주셔서 감사합니다. 현재 양산 중인 6인치 제품이 인기리에 판매되며 월 10만 대 수준이니까 우리 C사에 6인치 물량 10만 대 중에서 3만 대를 배정해 주시면 신제품 7인치 액정 단가를 원하시는 월 5만 대 기준 9만 5천 원에 맞추겠습니다. 단, 월 4만 대 이하로 내려갈 경우 단가 10만 원으로 조정한다는 조건을 달아 주십시오." 이 경우는 예상치 않은 6인치 제품까지 넘보면서 조건을 맞춰 주겠다는 제안이다.

역제안 2-3: "원하시는 월 5만 대 기준 9만 5천 원에 맞추겠습니다. 단, 목표하시는 2340×1080 해상도는 설비투자와 생산비용이 높아서 해상도 스펙 한 단계 낮춰 주시면 가능합니다." 이 경우는 스펙spec 낮추든지 단가 인하하지 말든지 선택하라는 얘기다.

위 두 사례의 공통점은 상대방이 나에게 공을 던졌는데 그 공을 안고 있지 말고 상대방에게 도로 던져서 "당신이 결정하세요" 하는 역제안 사례이다. 상대의 제안, 주로 가격 깎자는 제안에 "안 됩니다"의 부정형 대답보다는 "됩니다. 단, 이런 조건이면 수락합니다." 하면서 협상을 끌어나가는 기법이다.

사례 1을 보자. 함께 따라온 친구는 전혀 노트북 컴퓨터를 살 마음이 없었다. 그럼, 역제안 1-1은 통하지 않는다. 두 사람의 눈치를 보면서 통하지 않겠다 싶으면 역제안 1-2를 던져야 한다. 고객은 아직 쓸 만한 프린터를 가지고 있으므로 프린터 신형 P 모델 구매 의사가 없다고 한다. 그럼, 역제안 1-3을 던져야 한다. 여기까지는 목표 마진보다 더 이익 보는 방향이다. 협상이 종료되지 않는다면 마지막으로는 목표 마진을 줄여서라도 95만 원에 판매할지, 아니면 5만 원 할인은 과하고 3만 원 할인해서 97만 원에 주겠다는 협상을 시도할지 결정의 순간이 다가온다.

사례 2를 보자. 제조업체 간의 구매/영업 거래 행위는 상당히 복잡하다. 검토해야 할 사항들이 많고, 특히 신규 거래라면 납품 조건, 대금결제조건, 클레임 기준, 보상방법, 품질검사 표준 결정 등 상세 조건에 따라서 판매단가는 변동된다.

원가를 정확히 계산해야 마진이 결정되는데, 세상에 어려운 개념이 원가다. 업체마다 정해진 공식으로 원가를 산출하지만, 그냥 표준에 의한 산출일 뿐이다. "팔면 팔수록 손해다"라는 말을 들어보셨을 거다. 원가 개념을 모를 땐 우스갯소리로 들린다. 하지만 그런 경우들이 발생한다. 10만 원 받아야 1만 원 남는데 제품이 안 팔려서 할인하거나 인하 요청에 울며 겨자 먹기로 8만 원에 판매하면 계산상 1만 원 적자다. 9만 원이 원가니까 산술적으로 하나 팔 때마다 1만 원 손해, 100개 팔면 100만 원 손해다. '그럼 안 팔면 되지'라고 쉽게 생각하지 말자. 원가에는 건물 상각비 40년, 토지비용, 설비투자 상각비 10년, 개발비, 인건비 등 많은 항목이 포함되는데 팔면 1만 원씩 손해지만 안 팔면 수억 원을 손해 본다.

복잡한 개념을 떠나서 상대방이 단가 인하를 요구했다. "무조건 그렇게는 못 해" 했다간 거래 자체가 날아갈 위험이 있다. 어떻게든 거래를 성사해야 하는 입장에서 뭔가 상대방 요구를 들어주긴 하는데 우리 손실이 없거나 손실이 최소화 되거나 약간의 기대수익 감소는 있지만 대체할 만한 다른 이익을 만들어내서 "사장님, 제가 성공적으로 협상을 완료했습니다" 하고 큰소리치려면 머리 싸매고 협상전략을 세워야 한다.

좋게 말해도 안 듣는 고객 붙잡고 화도 못 내고 옛날 옛적에 호랑이 담배 피우던 시절에 알코올로 뒤통수를 한 대 '탁' 치면 해결되는 시절이 있었는지는 모르겠지만, 다양한 조건을 미리 검토하고, 경쟁사 조건에 대한 정보도 알고, 상대의 속마음도 읽고, 종합적인 검토가 충분하고, 임기응변에 능해야 역제안이 가능하다.

협상은 언제나 어렵다. 내 생각을 상대 머릿속에 집어넣기도 어렵고, 상대 호주머니의 돈을 내 호주머니로 옮기기도 어렵다. 머리 다 빠진, 아니 머리 빠지면 죽고, 머리카락 다 빠진다. 누가 좋은 발모제 개발하면 세계 최고 부자 되기는 시간문제다.

8

영원한 숙제, 인간관계

● **대인관계**

인간관계도 세월 따라 배워나가고 경험이 쌓여야 잘한다. 처음부터 능숙한 사람 별로 없다. 주위의 인간관계 노련하게 능숙하게 잘하는 사람을 보고 배우자. 남을 불편하게 했다면 솔직히 인정하고 사과하자.

사과에도 요령이 필요하다. 부적절한 사과로 상황을 악화시키지는 말자. "네가 화난다니 미안하다." 이런 사과하는 경우가 있다. 이 말은 난 잘못 없지만 화내는 네가 이상하고 화를 내니 어쩔 수 없이 형식적 사과한다는 의미로 들리기도 한다. 이왕 사과한다면 좋은 표현을 연구해 보자.

인간관계의 기본은 관혼상제 참석이다. 나는 몇 달 전에 아주 멀리 왕복 하루의 시간을 쓰며 찾아갔고 축의금/조의금 냈는데, 겨우 몇 달 뒤에 일어난 우리 집안 길흉사에 모르는 체해 버린 직원은 오래 지나도 기억한다. 우리 집안 길흉사 참석하고 돈 내신 분들 잘 적어 놨다가 반드시 보답하자.

신세 졌을 땐 역시 잊지 말고 보답하자. 필자는 직장 생활 중에 같은 회사 누군가, 한 명은 아니었는데 예민한 부탁을 받았다. 자기 능력으로 못 하니 은밀한 부탁을 했는데 좋은 일이긴 하지만 회사에 소문 날 경우 필자 신상이 위험해질 일이었다. 별생각 없이 그런 부탁하는 사람도 문제였지만, '얼마나 답답하고 애절했으면~'하는 생각에 나쁜 일도 아니고 도와주는 좋은 일인데 그냥 밤에 잠 줄이고 해줬다. 지금 생각하면 헛웃음이 나올 위험한 일이었는데 흔쾌히 해줬다. 그 이후는 감감무소식. 막말로 단순히 이용당한 꼴. 어디 가서 뭐 하고 계시는지 모르지만 잘 먹고 잘사시라.

과거 미국에서 흑인 폭동이 일어났고 애꿎은 한인 주택들을 공격하였다. 그때 참사를 피한 한인 가정이 있다. 이웃 흑인 가정과 친하게 지냈더니 폭도들이 몰려왔을 때 이웃 흑인 가족이 나와서 이 집은 건들지 말라고 말려 줬다. 이웃에 사는 백인과는 친하게 지내도 흑인들과는 어울리지 않았던 사람들은 큰 피해를 보았다. 인종차별 하지 말고 흑인, 멕시코인도 어울리고 이웃과 사이좋게 지내면 뭐가 나쁘겠나. 함께 사는 공존의 지혜, 앞을 내다보는 혜안慧眼을 가지자.

크게 성공하거나 큰돈이 생겼을 때는 소문 내지 마라. "술이나 한 잔 사라" "돈 빌려줘" 말고는 들을 말도 없다. 자랑하고픈 마음에 사람들 불러 모으고 한턱낸다면 참석자들이 그냥 당연하게 생각하지, 고마워하지 않는다. 큰돈 써도 효과가 작다. 조용히 모인 자리에서 계산할 순간에 "내가 계산할게" 이 한마디가 효과 있다. 어떤 의사 유튜버에 의하면 비싼 차량을 구매하고 친구들 모아서 비싼 술집에 가서 한턱냈는데 모인 친구들 표정이 어두웠다고 한다. 자랑은 조심하자.

상대방 때문에 크게 화가 났다면 다양한 반응을 고려할 수 있지만 화내는 요령이 필요하다. 웃으며 고단수로 화내는 초절정 고수가 되자. 맞받아치면 같은 사람 된다. 수위 조절하면서 능숙하게 대처하면 남들도 다 보고 있다.

사이버cyber 공간에서 들은 얘긴데 운동선수 출신 유명 방송인이 조폭들과 어울렸다고 한다. 앞에서 허리 굽히며 "형님" 하니까 자기가 진짜 형님 된 줄 착각하셨나 보다. 100억 원대의 건물을 좋은 값에 처분해 준다는 말에 진짜 형님처럼 통 크게 서류를 맡겼고 동생은 팔고 잠적해 버렸다. 작업당한 후 양도소득세 고지서는 자기 앞으로 나왔고 결국 극단적인 선택을 하셨다. 진실은 모르지만 이와 같은 동일한 내용의 인터넷 글이 몇 가지 있으니, 사실로 생각한다. 친구/사람을 잘 사귀자. 누굴 탓하랴. 평소 어울려 다니는 사람 수준이 본인의 수준이다.

'사촌이 논을 사면 배가 아프다.'

솔직히 절대 진리이긴 하다. 멀리 떨어진 사람, 모르는 관계없는 사람이야 잘되든 못되든 알 바 아니지만, 가까운 사람은 확실하게 비교 대상이 되니까 옆집 아무개는, 언니는, 형은, 동생은, 친구는, 사돈의 팔촌은, 이런 유의 비교를 들으면 오장육부가 다 비틀리고 그 대상에게 불행이 찾아오면 고소한 생각이 들기도 한다. '잘난 것들은 다 없어져야 해'는 숨길 수 없는 인간 본성이다. 그러나, 현실적으로 생각해 보자. 사촌이 논 사고 땅 사고 아파트 사야 한다. 주변 지인이 성공하고 출세해야 뭔가 나에게 떡고물이라도 떨어진다. 다들 잘나가는 환경이면 서로서로 인맥 만들고 연결해 주고 경제적 공동체 엮어 가면서 정보 공유하고 시너지 효과를 누린다. 누가 잘되면 진심으로 축하해주자. 그럼 좋은 관계 유지하고 선의의 경쟁 대상이나 본받을 표본으로 삼아 나도 노력해서 그렇게 잘되면 좋다.

주위 사람들이 다 나보다 못되길 바라는가? 내가 최고란 말은 나쁘게 표현해서 주위가 안 좋다는 말이다. 날 도와줄 사람은 없고 나에게 괴로운 부탁 하러 올 사람들만 있어 전화 받기 무서운 그런 인생은 불행하다. 맨 뒷줄에 서면 자존심 상하지만 맨 앞자리도 즐겁지만은 않다. 무리의 중간에 섞인 얼룩말이 사자 공격받을 확률이 낮다. 중간에 서서 앞사람 떡고물도 받고 뒷사람에게도 베풀고 하는 인생이 편하고 좋을 때가 많다.

혼자 하는 일은 실수해도 나 혼자만 기억하지만, 대인관계에서 실수하면 나 혼자가 아니라 그 사람 및 그 사람과 연관된 지인들도 내 실수를 오래 기억한다. 지나고 나서 뒤돌아보면 그때 내가 조금만 더 참아야 했는데 왜 그랬을까 하는 어리석은 말이나 부족했던 처신들이 있다. 후회는 짧게 반성은 확실하게 해서 같은 실수 반복을 막자.

● **친구**

사전적 의미로 '가깝게 오래 사귄 사람'이 친구다. 같은 학교 출신, 같은 반에 1년간 소속되었다고 해서 친구는 아니다. 동기생, 학우, 급우 등으로 불러야 하고 같은 학교를 같은 해에 졸업했으면 동창同窓이다. 동창과 친구는 다른 개념이다. 흔히 하는 말로 학교 졸업하고 나면 사회에서는 친구 만들기가 어렵다고 한다. 그렇지 않다. 학생 시절은 같은 나이에 만만했고 같은 공간에서 1년 혹은 그 이상 시간을 공유했기에 친구 만들기가 쉬웠다. 우리나라는 동갑이 아니면 친구 되기 어려우니 나이를 많이 따지지 않는 외국과 비교했을 때 사회보다는 학교에서 동갑끼리 친구 만들기가 편하다. 단지 같은 반이었다고 해도 함께 어울린 시간/추억이 있어야 친구 혹은 친한 친구라고 부르며 단순 동창과는 구별된다.

사회에서도 시간/추억을 공유하면 친한 친구가 된다. 학생 시절과는 다르게 옷, 승용차, 직업, 직위, 아파트 평수 같은 외적 조건이 천차만별로 벌어지니 처음에는 서로 약간의 경계심을 가지고 다양한 조건을 비교하고 따지게 된다. 그러다가 연령대가 비슷하고 같은 모임에 속하여 연결고리가 있고 정기적 모임을 통해 친해지고 대화하면서 시간/추억을 공유해 나가면 마음을 터놓는 친구가 된다. 종교, 취미생활, 운동, 봉사, 지역사회 모임으로 만나서 친구가 되고, 여기에 부부가 함께 모여서 많은 인간관계를 형성한다. 학생 시절 친구보다 더 많은 시간과 추억을 공유하여 더 친해지기도 한다.

학생 시절 친구는 좋게 말해서 조건을 따지지 않는 순수한 관계였고 나쁘게 말해서 아무 생각 없는 사이였다. 성인이 되어 사는 동네가 다르고 생활 여건이 다르면 오래간만에 동창 모임에서 봐도 공통 화제는 없다. 그냥 친목 도모란 단순 목적의 정기적 만남 때만 얼굴 보고, 개인적 만남은 안 하는 사이로 남는다. 친했던 친구들과 삼사십 년이 지난 시점에도 정기적 연락하고 흉허물 터놓고 경제적 품앗이도 하는 사람들을 보면 부럽기도 하다. 점차 이런 관계들이 사라지고, 현대 도시사회의 정의인 '익명성' '이동성'에 따라서 개인적 외톨이가 되는 경향이 강하니까, 주위에 수십 년 지기^{知己}와 자주 어울리는 사람들 보면 그 모습이 좋아 보이기도 한다.

소주는 특정한 상표 제품만, 고량주(빼갈)는 향이 거슬리고, 맥주는 배가 부르고, 청주는 입에 안 맞고, 양주는 독하고, 이렇게 까다로운 친구가 있다. 어릴 때 없이 자란 친구가 스테이크는 까다롭게 선택한다. 뷔페 가면 먹을 게 없고, 닭가슴살은 퍽퍽하고 이렇게 따지는 친구는 가까이하기에 너무 먼 당신이다. 없어서 못 먹는 필자가 보면 팔자 좋은 소리다. 여럿 모여서 메뉴 정할 때 이런 친구들 식성이 우선시된다. 남에 맞춰주는 배려심 있는 친구들은 무시된다. 친한 사이라도 냉정히 평가하라.

〈프렌즈^{friends}〉란 미국 시트콤이 1994~2004년 10년간 무려 236회 동안 인기를 끌었던 이유는 미국인이 아니라도 감정이입 되는 상황과 유머, 혼전 동거/혼전 출산/동성애 등 미국이라서 편하게 다루는 다양하고 세속적인 수준 낮은 남녀관계, 주인공 여섯 명의 탄탄한 코믹 연기, 어리숙한 실수와 사고 연발하는 캐릭터들의 친근감, 주인공들의 외모가 좋아서 지금 봐도 재미있는 전설적인 작품이다. 영어 공부용 드라마로 많은 추천을 받고 필자도 자막 없이 한 번, 자막 보면서 또 한 번 시청하며 학습 교재로 삼기도 했다. 이 드라마를 아주 많은 사람들이 애청했던 이유는 앞에 설명한 여러 가지 성공적 요소들이 있었지만 가장 중요한 요소를 따져본다면 '나도 저런 친근하고 허물없이 즐겁게 지낼 친구들이 있으면 좋겠다'란 감정을 꼽겠다.

도움 되지 않는 친구 또는 동창이 있다. 인생을 불성실하게 험하게 사는 동창이다. 그런 동창은 직접 혹은 간접적으로 도움을 바란다. 어려운 남도 도와주는데 친구나 동창이 어렵다면 물론 도와주면 좋다. 다만, 불성실한 동창보다는 성실한 동창, 성실한 이웃, 성실한지 불성실한지 모르는 어려운 남을 도우면 더 마음이 편하다. 좋은 일은 오른손이 하는 일을 왼손이 모르게 해야 빛난다.

주사酒邪가 있어 본인과 가족이 힘들고 주변을 불편하게 만드는 친구가 있다면 고쳐주자. 심하게 막말하겠다. 합심단결하여 시궁창에 빠뜨리고 밟아주자. 3번, 4번 계속 혼내주자. 그래도 안 고치면 온 동네 소문 내고 인연 끊자. 그게 그 친구의 미래를 위한 길이다. 술을 끊든지, 친구를 끊든지, 아니면 그 친구는 평생 힘들게 산다.

●   **돈 자랑**

대인관계 친구 관계에서 흥보기와 돈 자랑은 조심하자. 직접, 간접적으로 다양한 표현들이 있겠는데 이거 듣고 유쾌할 사람이 없다. 남들 10만 원대 오리털 패딩 입는데 자기 180만 원 주고 캐나다산 패딩 샀다는 자랑, 남들 10만 원대 안경 쓰는데 자기 100만 원대 메이커 샀다는 자랑, 남들 연휴 때 부모님 뵙고 왔는데 자기 말레이시아 가서 오전/오후 2회씩 골프 라운딩했다는 자랑, 애 미국 유학 보냈더니 연 7,000만 원씩 써서 원수가 따로 없다는 자랑, 심지어 가정형편 어렵다는 걸 뻔히 알고 있는데 자기보다 훨씬 재산 많은 사람 앞에서 돈 많이 드는 학교에 자녀 보낸다, 비싼 음식점에 가봤다, 비싼 차를 구입했다, 이런저런 자랑하는 사람들은 조심스럽다.

자랑할 때 국룰(국민 규칙)은 식사, 술 사야 한다. 안 사고 말로 자랑만 하면 그냥 국민 밉상 된다.

●   **조심해야 할 친구**

유명한 명화, 어느 나라의 유명한 화가 그림이 진품으로 밝혀지는 순간 그 가치는 수천/수만 배 폭등하기도 한다. 진품으로 판정한 전문가 의견을 믿어도 될까? 그 전에 진품 아니라고 판정한 전문가보다 더 똑똑할까? 세월 지나서 다른 전문가가 위품이라고 판정한다면 누구를 믿어야 할까?

과거 우리나라 유명한 화백의 작품 진위가 논란이 된 적이 있었다. 그 화백은 "내 그림이 아니다. 내 작품은 내 자식과 같다. 내가 그렸는데 왜 내가 못 알아보겠는가!"라고 하셨는데 주변의 전문가들이 "당신 그림이 맞다"라고 판정했다. 그 화백은 외국 이민 가셨다. 약 10년 정도 지난 뒤 위작 전문가가 잡혔다. 전문가들이 다 틀렸다. 세상에 믿을 넘 하나도 없다.

유럽에는 매년 100점 이상씩 20년 정도 위작을 양산한 전문가도 있었다. 이 사람은 오늘은 마네, 내일은 르누아르, 이런 식으로 자유자재로 그렸다. 이 사람의 그림은 진품으로 판정받고 유명 미술관에 걸리기도 했다. 실력이 출중하다 보니 동일하게 베끼는 데서 그치지 않고 유명 화가의 화풍을 흉내 내면서 창작도 했다. 전문 미술 잡지에서 '숨겨져 있었던 아무개의 새 작품이 발견되었다'는 식으로 소개할 정도 실력이었다. 결국 붙잡혀서 세상에 알려진 그는 멋진 궤변詭辯을 했다.

"나는 사람들의 소유욕을 충족시켰다."

〈진주 귀고리를 한 소녀〉로 유명한 네덜란드 화가 요하네스 페르메이르Johannes Vermeer/Jan Vermeer 작품이 37점 정도밖에 되질 않아서 사람들은 추가적인 작품이 발견되길 기다리고 있었고, 판 메이헤른이 위작한 작품들이 발견되어 진품으로 간주되었다. 판 메이헤른이 위작이란 사실을 스스로 실토할 때까지 아무도 몰랐다.

자백을 한 이유는 2차 세계대전이 끝날 무렵에 나치의 이인자 헤르만 괴링이 수집한 예술품 중에 위작들이 있었는데 조사 결과 판 메이헤른이 나치에게 귀중한 그림을 적군에게 팔아넘긴 죄로 잡혔다. 전범재판에서 어쩔 수 없이 자신이 그린 위작이라고 자백하는데도 사람들이 믿지 않았다. 그래서, 경찰들의 감시 아래 마지막 위작을 그려서 증명했으나 위조범으로 2년 형을 선고받았다. 웃기는 사실은 당시 헤르만 괴링이 지급한 돈은 전부 위조지폐였다고 한다.

의미가 없다. 감정 전문가마다 생각이 다르거나 위작 전문가가 감정 전문가들의 머리 위에 있다면 감정평가 결과는 신뢰를 못 한다.

레오나르도 다빈치, 〈살바토르 문디〉(1500년도경)

위 작품은 레오나르도 다빈치의 그림으로 알려진 〈살바토르 문디〉이다. 살바토르 문디는 세상의 구원자, 구세주를 의미하는 말로 예수 그리스도를 뜻한다. 1958년 미국 소더비 경매에 나와 '다빈치 제자의 작품'이라 평가받았고 약 7만 원에 낙찰된다. 이후 소유자가 여러 차례 바뀌었고 2005년 소유자의 동의하에 복원작업(좌측 복원 후, 우측 복원 전)을 했다.

2011년 다빈치 작품으로 인정받기에 이르렀고 2017년 뉴욕 크리스티 경매에서 4억 5천만 달러, 약 6천억 원에 가까운 금액에 낙찰된다. 나중에 사우디 빈살만 왕세자가 구매자로 밝혀졌는데, 아직도 진품 여부는 논란이 많고 덧그려졌다는 점에서 그 가치는 평가자에 따라 큰 차이가 난다.

돈 많은 사람이 돈 쓰겠다는데 문제없다. 그래도 그림을 보면 가르마 좌우 머리카락 정돈된 스타일, 눈매 분위기, 입꼬리 부근 등 전체적으로 복원 전후가 다르다. 덧칠도 진품으로 인정해 줘야 할지, 복원 전문가 작품 기여도를 일정 부분 인정해 줘야 할지, 감정 전문가마다 의견이 다르다. 필자는 유명 작품 구입할 재력이 없지만, 있다 하더라도 구입할 용의가 없다. 좋은 작품은 사진이나 모조품을 소유하고 감상해도 충분하다. 전문가도 못 알아본다면 진품/가품의 의미가 없다.

랩그로운 다이아몬드$^{lab\text{-}grown\ diamond}$라고 실험실에서 생산한 다이아몬드 기사를 보셨을 거다. 천연 다이아몬드는 길게는 수십억 년에 걸쳐 만들어지지만, 랩그로운은 몇 주 만에 1캐럿 크기로 자란다. 천연 다이아몬드 가격의 20% 정도라고 한다. 성분도 같다. 이러면 천연 보석이 무슨 의미가 있나! 자연산 미인만 미인 아니다. 화장, 조명, 헤어

스타일, 패션으로 꾸며서 미인 된다. 실험실 다이아몬드가 흠 없고 다양한 색상으로 아름답다면 천연 다이아몬드보다 가격 낮을 이유도 없다. 천연 다이아몬드 가격이 얼마나 하락할지 지켜볼 일이다.

오래전 읽은 내용 중에 구찌 매장 직원들의 가장 힘든 시간이 있다. 매주 두세 차례 가품假品들을 테이블에 올려놓고 진품과 구별하는 교육 시간이다. 말만 들어도 쉽지 않겠다. 전문가의 길이 멀고도 험하다. 만약 고가품 취급점에 근무하는 직원들이, 감정결과를 정확도 퍼센트로 평가받는 시험이 있고, 정기적으로 시험에 응시해야 한다면 굉장한 스트레스겠다.

자, 작은 제목 '조심해야 할 친구'라고 써놓고 옆으로 돌아왔다. 알리고 싶은 의견은 미세한 차이에 집착하는 친구는 조심하자는 말이다. 남이 봐서 차이를 알지 못하는 부분에 혼자 집착하면 의미 없다. 5만 원짜리 핸드백을 정교하게 잘 만들어서 500만 원짜리 핸드백과 구분이 안 된다면 진품의 의미가 없다. 이런 미세한 차이를 구별하는 친구는 인생에 별로 도움이 안 된다. 인생에 중요한 요소가 참 많다. 우선순위를 매기자.

취미생활이나 특수분야에 '빠꼼이'들이 있다. 자동차를 구매해서 내관/외관에 20가지 이상의 장식품/편의품을 장착하고 꾸미는 취향, 오디오를 사서 스피커와 프리앰프, 파워앰프 조합을 바꿈질하며 돈 쓰는 사람, 남 보기에 그게 그건데 유사한 고가의 손목시계를 모델별로 사 모으는 사람, 이런 것들은 개인의 취향일 뿐이다. 필자도 이런 세심함이 있어 한 가지에 빠지는 경우가 가끔 있고 그런 성격들을 이해한다. 하지만 적정선을 지키고 중요한 일들 우선 처리한 후 남는 시간에 즐기자. 남들이 관심 없는 특별한 취미에는 많은 시간 소모나 돈 소비를 줄이고, 남들도 관심 있는 보편타당한 부분에 시간, 돈, 정열, 사랑을 쏟자. 합리적 취사선택, 보편타당, 우선순위, 선택과 집중.

영업직, 판매직 등 대인관계를 통해 실적을 올려야 되는 사람들이면 이해는 하지만 3~4개월 만에 실적 올리려는 단기적 활동은 자제하시라. 적어도 1년 정도 꾸준히 친목 도모를 하고 자기 영업 분야는 아주 가볍게 살짝 소개하시라. 무겁고도 진하게 소개하면 상대는 부담스러워하고 피하기 시작한다. 마침내 영업도 못 하고 대인관계도 끊어진다. 필자의 경우도 취직/이직 부탁이나 판매실적, 제품 소개, 사람 소개 등 부탁도 많이 받고 부탁도 해봤는데 내 사정이 급하다고 자주 반복해서 부탁하면 될 일도 꼬인다.

영화의 한 장면 찍을 뻔한 경험이 있었다. 중국 상해 번잡한 시내를 걸어가면서 혼자 저녁 식사 할만한 곳을 찾고 있었다. 누군가 팔을 건드려서 뒤돌아보니 10살 이상 어린 중국 아가씨가 필자를 헌팅했다. 혼밥 먹을 계획이었지만 '한 그릇 추가하면 되지' 이런 가벼운 생각으로 근처 카페 같은 곳에 가자고 하길래 따라갔다. 그냥 장사하면서 배운 생활어가 아니라 학교/학원에서 배운 정확한 문법의 정식 영어를 사용하길래 영어 회화 연습도 하면서 좀 경계심이 없었다. 역시 영어 잘하는 미모의 자기 친구도 불렀고, 중국 백주 같은 술 몇 잔을 마셨는데 머릿속으로 환율 계산 착각을 하기도 했지만 양주 마셨다고 적힌 계산서는 생각보다 금액이 높았다. 다음 순서로 따라갔더니 노래방 같은 곳에 갔다. 앗, 이거 '2인조 꽃뱀'이구나. 내일 아침 눈 떠보면 콩팥하나 사라졌겠다 싶어 토끼띠도 아니면서 얼른 토꼈다. 내 인생에 영화 찍을 일은 절대 없고 약 탄 술 안 마셨으니 그걸로 다행이라 생각했다. 슬프게도 날 이용하겠다는 피플은 차고 넘친다.

사회적 약자에게 예의를 차리지 않는 친구는 조심하자. 그런 성향의 사람은 내가 어려움에 부닥치면 나를 얕잡아 보거나 무시할 친구다. 친구는 아니더라도 지인이나 거래관계에 있는 사람인데 상대방의 위치가 달라지면 대하는 말과 행동이 평소와 화끈할 정도로 달라지는 경우를 쉽게 본다. 돈이나 권력이 있거나 뭔가 이용 가치가 있다고 판단하면 웃으며 엄청 친절하게 대하지만, 아니다 싶으면 태도가 완전히 달라지는 사람들이 의외로 많다. 그렇게 본성을 드러내는 성향의 사람들은 한편으로 감사하다. 숨기지 않고 솔직히 다 드러내 주니까 그에 따라 대처하기 편하다는 장점도 있다.

내가 어려워 봐야 나에게 본색 드러내는 사람들을 알게 되니 그렇다고 일부러 어려워지면 안 된다. 본색 드러내는 영웅본색 영화 찍지는 말자. 지름길, 꽃길 밟고 가면 편하긴 한데 그런 사람 중에 세상 물정 모르고 복이 있단 사실을 잘 모르고 철 없는 사람도 있다. 목적지까지 돌아서 간다면 시간이 더 걸리기는 하지만 지름길에서 못 보는 다양한 경치를 구경하는 장점이 있다.

● **칭찬**

화술話術도 계속 개발해야 실력이 느는데 나이만 느는 사람도 있다. 멋진 말 한마디 쉽지는 않지만, 꾸준히 개발해 보자. '칭찬은 고래도 춤추게 한다'는 멋진 제목이 생각난다. 원제는 'Whale done'이고 "참 잘

했어요!"란 뜻의 "Well Done!"을 살짝 비틀어서 표현한 것이다. 멋진 의역 하나로 정말 많은 사람의 관심을 불러일으켰으리라.

아주 오래된 1979년 작 〈The other side of midnight(자정의 저편)〉 이란 영화가 있었다. 미성년자 시절이라 당연히 못 봤는데 어린 필자도 궁금할 그런 성공적인 한국판 제목은 '깊은 밤 깊은 곳에'였다. 제목 덕분에 아마도 우리나라에서 히트 쳤을 거다.

영화 〈깊은 밤 깊은 곳에〉 1979

이런 식의 간단한 번역, 문장이 오래 기억된다. 돈 안 드는 간단한 화술(말솜씨)로 남에게 감동을 주고 남을 움직이는 능력이 있다면 참 좋겠다. 그런 방법 중에 비교적 쉬운 방법이 칭찬이다. 칭찬은 요령이 필요하다. 안 생긴 사람에게 잘생겼다고 말하면 칭찬이 아니라 놀리는 게 된다. 본인이 스스로 외모에 큰 자부심이 있는 경우에는 통하지만, 외모에 의기소침한 사람에게는 "잘생겼다"는 칭찬이 아니다. 잘 관찰하면 누구나 장점이 있으니 그 장점을 찾으시라.

외모에 한정해서 본다면 "관상학적으로 복코라서 부자 되겠다" "잡티 하나 없이 피부가 맑고 깨끗하네" "풍성한 머리숱이 아주 부럽다" 같이 상대방 본인도 자랑스럽게 생각할 장점을 잘 찾아내야 한다.

외모 말고 그 사람의 성격, 재주, 실적, 좋은 물건 찾아내는 쇼핑 능력, 뭐든지 자기가 자신도 남에게 드러내고 싶은 부분을 구체적으로 집어서 칭찬해 주면, 효과가 크다. 그 사람 기분만 맞춰 주는 게 아니라 내가 그 사람을 보는 눈도 조금씩 긍정적으로 바뀌는 효과가 있다.

칭찬받고 기분 나쁠 사람 없고 칭찬도 자꾸 하다 보면 칭찬 실력도 향상된다. 어릴 때부터 사랑하고 사랑받고, 칭찬하고 칭찬받고, 이런 밝은 분위기에서 자라면 성격도 모나지 않고 평생 밝게 행복하게 산다. 우리나라 문화에 칭찬이 부족한 감이 있다. 농담을 해도 놀리거나 비꼬는 그런 격 낮은 농담들이 많다. 격을 높여서 밝은 사회가 되면 좋겠다.

●   **사람은 안 바뀐다**

"사람은 안 바뀐다."

"검은 머리 짐승은 거두어들이는 게 아니다."

이런 말 하는 사람들, 댓글들 어렵지 않게 보인다. 이해하고 동의한다. 그래도 독자 여러분들은 날마다 개선하고 향상되기 위해 노력하는 분들이기에 본 책같이 잔소리 책을 읽고, 자기개발서를 읽고, 내일은 더 나은 하루를 보낼 분이라 생각한다. 안 바뀌는 사람들이 있다.

식당에 가서 포장 하나 주문했다. 돌아온 대답은 퉁명스럽게 "많이 기다려야 됩니다." 거짓말. 2분 정도 만에 금방 포장해 주셨다. 이왕이면 부드럽게 "잠깐만 기다리세요" "금방 해드릴게요"라고 말하고 준비해 주면 좋은데. 만약 5분 기다렸다고 해서 "금방이라 해놓고서 5분이나 기다리게 만들고. 왜 거짓말하셨어요?" 하며 스톱워치 들고 따질 사람은 없다. "제가 전문 컨설턴트인데요 사장님, 그렇게 퉁명스럽게 말씀하시기보다~"라고 가르쳐 드리고 싶은 마음 간절했다. 안 가르쳐 드렸더니 갈 때마다 퉁명스럽다. 퉁명스러움의 대가大家 욕쟁이 할머니께 잽도 안될 사람이 우습게시리.

더운 한여름 빌딩 엘리베이터를 탔는데 그 엘리베이터 지붕에 새로 장착한 에어컨 컴프레서에서 천장 중앙으로부터 물이 한 방울씩 3초마다 떨어졌다. 한 분이 관리실 직원에게 "에어컨에서 물 떨어집니다"라고 말하니 돌아온 대답은 이랬다. "에어컨에서 물 떨어지는 건 당연한 거 아닙니까?" "아, 이 사람아, 떨어지더라도 머리 위로 떨어지면 되나!"

판을 벌이는 사람도 의외로 많이 봤다. 식사 한 번 사겠으니 4명 같이 가자 하니 주변 누구누구도 불러낸다. 술 한잔 사겠다고 약속을 잡으면 생전 본 적도 없는 자기 친구 1명 데리고 나오겠단다. 자기가 계산하지도 않으면서 마치 자기가 인심 쓰듯이 주위에 베푸는 사람은 무례가 뭔지 모른다. 돈 내는 사람이 기분 좋을 리가 없다. 가르친다고 통하지 않으니 그냥 다음에 베풀지 않으면 기분 나쁠 일도 없다.

불필요하게 온 세상 사람 뒷담화 전문으로 하는 사람도 있다. A는 B, C가 누구인지도 모르는데 A 만난 자리에서 "B란 사람이 있는데~"

"C가 전에 이랬는데~" 하면서 관심도 없고 알지도 못하는 사람들 다 끌어다 놓고 뒷담화한다. 온 동네 사람들에게 소문 다 났다 뒷담화 전문이라고. 아마 지금 이 시각에도 뒷담화하고 다닐 거다.

말재주 부족하거나 에티켓 없는 중장년층이 가끔 보인다. 어린이, 학생도 아니고 그 연세에 말재주 부족하단 건 바로 사람은 안 바뀐단 뜻이다.

● **배우자 찾기**

어렵고도 답 없는 주제다. 어느 정도 타고난 운명이나 복이 있는 듯하다. 그렇다고 운명이니 그냥 내버려두고 포기하자는 뜻도 아니다.

미혼일 때 가능한 다양하고 많은 이성을 만나보자. 연애도 많이 해보고 여러 유형의 사람들을 만나봐야 사람 보는 눈도 생기고 사람 대하는 요령도 생긴다. 사람 보는 눈, 이성관, 결혼관은 나이 들어감에 따라 조금씩 변한다. 일찍 20대 초반에 결혼하거나 결혼 상대를 결정한 경우는 약간 걱정스럽다. 고등학교 졸업해야 세상 물정 배우기 시작하는데, 갓 고등학교 졸업해서 철없는 시절, 감수성 풍만한 나이에 감정으로 결정하면 웬만큼 완벽한 사람을 만나더라도 좋은지 나쁜지 모를 거 같다. 한 사람을 깊이 사귀기보다는 많은 사람들과 어울려 보면 시야가 넓어지겠다.

'6장 자기관리는 별거 아닌 생활습관' 편에서 뇌하수체 호르몬 작용으로 사랑에 빠진다고 적었다. 20대 초반에 아주 감성이 풍부하고, 첫사랑에 빠지면 세상이 다 아름다워 보인다. 사랑의 힘으로 뭐든 헤쳐나갈 거라 믿는다. 그런 감정 한두 번 느끼지 않은 사람 있을까! 스무 살쯤 만난 첫사랑과 10년을 사귀고 결혼하면 역시 살짝 걱정된다. 인생 100세 시대에 연애 기간 포함 80년을 한 사람과 행복하게 보낸다면 그야말로 천생연분이다. 후회하더라도 첫사랑과 결혼해서 70~80년을 후회하기보단 많은 사람 만나보고 나서 결혼했는데 70년을 후회한다면 물론 그래선 안 되지만 전자前者는 운명이 원망스럽고, 후자後者는 사람 보는 눈이 부족했던 자기 자신이 원망스럽다. 결론적으로 후자後者가 덜 후회스럽지 않을까!

결혼을 하고 나면 새로운 인생이 시작되고 좋기도 하지만 반대로 영원히 못 할 일들도 있다. 미팅, 소개, 맞선, 취미생활, 여행, 친구들과 추억 만들기 등. 가족이 생기면 가족이 최우선이므로 포기해야 할 일들이 있다. 그러므로 결혼 후 딴짓 말고 인생 계획을 차분히 세우시라.

'3포 세대' 등 청춘들이 자포자기하는 듯한 현상에 짠하다. 연애/출산/결혼 세 가지만 포기라고 하다가 7포 세대도 나오고 이러면 처음에 아팠던 가슴이 안 아파지기 시작한다. 청춘들 들어보시라. 여러분 윗사람들은 더 어려운 시절을 견뎠다. 결혼해 보고 자녀를 길러봐야 어른이 된다. 안 하고 후회 말고 이왕이면 해보고 후회하자. 결혼이 스트레스고 희생이라서 미리 피하는 사람도 있겠지만, 결혼에 도전해 보고 성공하자. 비슷한 논리로 돈벌이는 노동이고 스트레스다. 그렇다고 돈 안 벌고 대인관계 스트레스 피하려고 무인도로 도망가지 말고.

영악한 청춘들이 많아서 배우자감의 아주 세세한 부분까지 따지는 데 순수성이 사라진 감은 있지만 이것도 좋다. 한 개인은 그 외모나 학벌, 직업, 재산, 부모 등 주위를 둘러싼 모든 조건이 그 개인을 나타낸다. 부모님 경제자립도, 종교, 정치성향도 따지는데, 중요하다. 정치성향 다르면 연애/결혼 불가하다는 대답이 58%이다. 결혼과 동시에 엄연한 현실이기 때문이다. 결혼 전에 따지느냐 결혼 후에 따지느냐 시점 차이일 뿐이다. 속이지는 말자. 범죄 이력 조회, 건강검진 결과, 약물/마약/신경·정신쇠약 이런 큰 문제가 결혼 적령기에 거의 없겠지만 있다면 미리 말하자. 아니면 사기죄에 속한다. 몇 개월 사귀면 많은 부분 파악이 되겠지만 사랑에 빠진 순간에는 눈에 보이지 않는다. 감정을 가라앉히고 주위 사람들 의견도 듣고 차분히 결정하자.

결혼 전에 서로 내가 할 일, 못할 일, 해주길 바라는 일, 절대 안 하길 바라는 일, 실수입, 매월 납부해야 할 지출 내용, 부모님께 드릴 금액 등 적어서 의논하고 가능한 세세한 부분까지 합의를 보자. 얼굴도 모른 채 결혼 결정하던 그런 시대도 아니고 단칸방에서부터 시작하던 그런 시대도 지났다. 여유가 풍부하다면 대충 진행해도 되는데 웬만하면 처음부터 가능한 모든 부분을 의논하고 합의하고 행복한 미래를 설계하자. 이런 의논 과정에서도 사람 본성을 파악하고 수십 년 함께 할 사람이 맞을까 판단하는 데 큰 도움이 된다. 혼자 하는 일도, 회사 일도, 두 사람이 같이하는 인생 설계도 모두 세심하게 의논해야지 눈치 보면서 말도 못 꺼냈다가는 평생 후회한다.

막연히 혼자 생각에 이래야 당연하지, 저렇게 하겠지, 기대만 하고 있으면 안 된다. 결혼식 며칠 전에 파혼한 케이스, 신혼여행 다녀오자마자 이혼한 케이스, 본인들은 마음이 안 그러는데 양가 부모님이 개입하여 대판 싸우고 원수 되는 케이스, 전부 사전 소통 부족이 문제다.

'한방언니' 유튜버에 의하면 부산 사는 신랑 부모가 상견례를 위해

서울 사는 신부 부모를 만나러 갔다. 식사 후 신부 부모는 계산하지 않고 먼저 나갔다. 당연히 신랑 측에서 식사비 계산해야 한다는 논리였다. 멀리서 시간 내고 차비 들여서 찾아간 신랑 부모는 서울에서 만났으니 서울 사시는 분들이 계산해야 한다는 생각에 두고두고 화가 나셨단다. 상견례는 그냥 인사만 하는 자리다. 예식 날짜, 혼수, 집 구하기, 신혼여행 등 복잡한 문제 및 상견례 장소, 식비 계산까지 전부 사전에 결혼 당사자를 통해 조율을 끝내자. 괜히 부모 자존심에 감정 싸움하고 판 깨지 말자. 친한 친구끼리 사돈지간 되더라도 대화하다 보면 사위/며느리 때문에 감정 상한다. 사돈은 평생에 세 번 만나면 된다고 한다. 상견례, 예식장, 그리고 장례식.

● 좋은 배우자감

길거리에서 마이크 들이대고 어떤 이성을 만나고 싶은지, 배우자감으로 어떤 조건을 중요시하는지 물어보면 대부분의 청춘이 키, 성격, 외모, 학벌, 직업을 우선순위로 꼽는데 1, 2순위 안에 거의 '키'를 말한다. 여러 조건을 모르는 상태에서 이성을 본다면 '키'가 중요한 요소다. 여러 조건을 듣고 나서 소개받아 나가더라도 일단 기본적인 배경은 알고 있고 확인할 사항은 외모다. 키 큰 남자나 여자는 첫인상에서 50점 먹고 들어간다. 단, 오직 첫인상이다.

성격, 건강, 학벌, 직업, 수입, 저축/부채, 대인관계, 성실성, 적극성, 화술, 부모님 자립도, 결혼하면 주거 문제 도움받을 가능성, 형제자매 상황, 종교, 정치적 성향, 나쁜 습관, 술버릇, 친구 관계, 자녀 양육에 대한 관심, 절약/낭비, 애완동물, 대략 스무 가지 항목 중에 키라는 조건보다 중요도가 낮아 보이는 조건이 별로 없다. 몇 번 만나보거나, 한집에 같이 살면, 혹은 친한 친구 사이에도 '키'는 안 보인데. 인생 경험상 나이도 안 중요하다. 나이와 성품과 상관관계가 없고 체력과도 전혀 관계없다.

청춘들에게는 키도 인물도 중요한데 대부분의 어른은 이렇게 말한다. 외모는 안 중요하고 인간성 혹은 성격이 제일 중요하다고. 이 말은 흘려듣자. 그렇게 말하시는 분 중에 진짜 자기도 성격으로 사람 평가하는 분이 없다. 다들 학벌, 직업, 재산, 집안, 외모 따진다. 그러면서 아랫사람에게는 원리 원칙처럼 공자왈 맹자왈 하신다. 귀엽게 생긴 유명 남자가수 공연티켓 암표 가격이 엄청나게 치솟는다. 중장년 여성분들도 미남 보면 뻑 간다. 일단 첫인상을 좌우하니까, 뇌하수체에서 호르몬이 나와야 하니까, 외모는 처음에 중요하다. 외모가 통과해야 애프터 신청, 즉 2차 만남 신청이 되고, 2차부터 인물, 키, 나이 이외 다른 점들을 관찰한다.

'7장 일단 공부는 하자' 편에서도 밑밥 깔았는데 배우자감으로 '현명賢明'한 사람을 고르시라. 이거 천성이거나 성장 과정에서 거의 결정되므로 결혼 후 바뀌기가 어렵다.

'여우 같은 배우자와는 살아도 곰 같은 배우자와는 못 산다.'

이 말도 결국 '현명'에 해당하겠다. '눈치'도 되고 '꾀'도 된다. 꾀/꿈/끈/깡/끼/꼴 중에서 하나 고르라면 꾀를 고르겠다. 서로가 부족한 점을 보충해 주고 아껴주고 사랑해 주면 최상이지만, 현실에서는 장점은 당연하고 단점은 싫고 부족한 점은 밉다. 상대에게 바라게 되는데, 꾀

있는 사람과 운명을 같이 하면 어려움 헤쳐나가고 미래를 설계하고 자녀 양육하기가 한결 편하다. 잘생긴 사람 만나면 3개월 즐겁고 현명한 사람 만나면 평생 즐겁다.

'현명'을 분석하자면 배려하고, 성실하고, 진실되고, 재테크 잘하고, 남과 비교하는 허영심과 멀고, 문제 발생 시 해결하는 능력 있고, 성격 깔끔한, 이 모든 점을 하나로 뭉뚱그려서 표현했다. 이런 사람들 제법 많다. 열심히 찾아보시라.

20년 더 넘은, 오래전에 읽은 추억의 문장이 있다.

"여자들은 백마 탄 왕자님을 바라지만 대부분의 여자는 자기가 탈 말을 끌 마부와 결혼한다."

흠, 가슴 찡하다. 백마 탄 왕자나 공주는 백마든 흑마든 타고 있는 왕가의 후손을 만나면 되고, 서민들은 차분히 운전 잘하는 현명한 마부가 되자. 그들만의 리그에 들어가려고 애써도 되고 혹은 큰 부자, 작은 부자 되고 혹은 현실과 타협하면서 마력 높은 차량 운전하는 좋은 마부가 되면 그 또한 아쉽지 않은 인생이다.

과거 '반대되는 사람 배우자로 만나면 좋다.'는 얘기를 들었다. 서로 부족한 부분을 보충해 줘서 좋다나 뭐라나. 이런 초등학생 같으니. 반대인 사람과 만남에 반대한다. 이해를 못 한다. 여윈 사람이 과체중을 이해하겠나, 저축 많은 사람이 부채 많은 사람을 이해하겠나, 수학 백점이 수학 빵 점을 이해하겠나. 바다 좋아하는 사람은 등산하는 사람에게 "내려올 텐데 왜 올라가?"라고 한다. 비슷한 사람끼리 대화가 통하고 다툴 일이 줄어든다.

음주 좋아하는 부부가 술집을 개업했다. 저녁 손님도 없고 술 생각난 남편이 아내에게 "5천 원 줄 테니 술 한잔할게." 아내도 술 생각나서 "나도 5천 원 줄 테니 한잔할게." 이렇게 서로 돈을 주고받으며 밤새워 마셨는데 술은 없어졌고 돈은 못 벌었다. 이러면 부부싸움은 못한다.

이상한 얘기 추가. 여자들은 나쁜 남자에게 끌린다는 이상한 얘기 한 번쯤 들어보셨을 거다. 어떤 남자인가 하면 조건 좋고, 돈 많고, 외모 좋고, 집안 좋고, 잘해주니까 만나는데, 가끔 고집 세면 나쁜 남자다. 그냥 평범한데 고집이 세면 나쁜 새끼다.

미혼여성들이 참고했으면 하는 조언이다.

"현재 내가 이 일을 하고 있지만 계속하지 않을 거고 더 좋은 일을 할 거야" 혹은 "더 좋은 직장으로 옮길 거야"라는 남자들을 믿지 마라. 현재 하는 일에 보람과 긍지를 가지고 그 분야에 최고가 되기 위해 어떤 노력하는지를 설명하는 남자 말을 들어보라. 상대에게 호감을 얻기 위해 자신을 과장하기도 하고 거짓말도 하고 싶겠지만, 지금 잘해야 내일의 희망이 있지 지금은 못 하는데 "내일은 잘할 거야"는 그냥 흘려들으시라. 한마디만 대꾸하면 된다. "잘되고 나서 다시 와." 사장 만나서 연애하기보다는 사장될 사람을 찾아내는 혜안이 필요하다.

미래 운명이 궁금하여 사주팔자, 궁합, 신점도 보는데 필자의 판단으로 도사님들이 과거는 적중률이 높다. 하지만 미래 보는 눈은 '메롱'이다. 미래가 궁금하여 재미로 상담은 하더라도 마음 쓰지 마시라. 단, 관상은 통계라서 부자들 안 부자들 얼굴 보면 일정 부분 맞는 거 같다. 심성이 고운 사람은 얼굴상도 좋고 어려운 환경에서 더욱 빛을 발한다. 좋은 환경에서는 너도나도 다 좋은 사람들이다. 어려운 환경에서 사람의 진가眞價가 드러나며, 살아가면서 누구나 풍파를 겪게 되고, 심성 고운 사람 곁에 있으면 힘이 샘솟는다.

하이브 자료를 보면 여자 아이돌 뉴진스보다 남자 아이돌 가수 수입이 월등하다. 뉴진스 1,100억, 세븐틴 3,200억, 별로 활동도 안 하는 BTS 5,500억. 여성들 눈높이가 자꾸 올라가니 우리나라에서 남자로 태어나면 여러모로 아주 힘들다. 여성단체 485개라고 밝힌 고 성재기 대표가 그립다.

미국 드라마 보면 근사한 레스토랑에서 남자가 여자 앞에 무릎 꿇고 "결혼해 줄래?" 하면 여자는 감동스러워한다. 왜 그런지 아시는가? 서양 남자들이 양아치라서 그렇다. 연애하고 동거해도 결혼을 안 해준다. 독신주의 여자들 입장에서는 편하겠지만 결혼하고 싶은 여자들은 안달 난다. 남녀평등 주장하고 같이 일하고 생활비 반씩 부담하며 맞먹는 상황이 불편한 경우는 많다. 동유럽에서 한국 남자들이 인기 많은 이유가 결혼에 책임을 진다, 결혼 비용 남자가 많이 부담해도 당연하게 생각한다는 때문이다. 한국 여성들의 높은 눈높이를 못 맞추는 총각들은 스마트폰 번역기 들고 동유럽으로 가보자. 러우 전쟁 끝나면 성비가 많이 무너진 동유럽 결혼상담소가 붐비겠다. 여하튼, 우리 남자들이 서양 양아치화될까 염려스럽다.

여성들이시여. 자기 모은 저축액은 3~5천만 원이면서 수도권 아파트 보유한 신랑감 찾지 마시라. 노력한 만큼 소유하고, 공짜 바라다가 탈 난다.

뭐지 이 귀여운 생명체들은!

연애는 감정이고 결혼은 지극히 현실이다. 연애와 결혼을 동일하게 간주하거나 소설, 영화에 등장하는 이상적이거나 독특한 상황이 나에게도 일어날 것 같은 착각은 행복의 장애물이다. 냉정하고 미래지향적으로 계산하시라. 결혼생활 잘해 나가려면 부지런하고 현명해야 한다. 부지런하고 근면·성실하고 깨끗하고 항상 노력해야 상호 신뢰가 생기고 안정감이 있다. 혼자 살아도 깔끔하게 자기관리 하는 사람은 단체생활하거나 결혼생활에서도 언제나 안정감이 있는데, 결혼 전에 대충 지저분하게 살던 사람은 그 버릇 못 고친다. 결혼 전부터 아주 큰 각오를 하자. 좋은 배우자 만나기보다 내가 좋은 사람이 되자.

배우자 인맥을 비난하지 말자. 결혼 전 상대의 인맥은 그 사람의 인생이었다. 나랑 관계가 없어야 하지만 부모님, 형제자매, 친구, 친척 등 결혼 후에도 나에게 계속 영향을 끼치는 사람들이 물론 많다. 즐거운/기분 좋은 영향만 끼치지는 않는다. 이런 경우 슬기로운 방법을 찾아야 한다. 화나더라도 그분들에게 직접 말하지 말고, 배우자와 의논해서 배우자가 풀어나가도록 유도해 보자. 내 인맥을 내가 욕할 순 있어도 내 배우자가 비난하면 기분 나쁜 법이다. "그분이 이렇게, 저렇게 하셔서 좀 섭섭했다" 정도로 가볍게 원투 펀치 날리자.

상대 설득할 능력도 없고 보편타당성도 없고 객관적 시각도 없으면서 무조건 고집부리는 사람들은 현명하지 못하고 격이 낮은 사람이다. 평생 고생한다. 결정의 문제는 상호 의논해서 내 주장만 하지 말고 상대의 다른 의견도 들어보고 인정할 건 인정하고 잘못 알고 있는 부분은 가르쳐 주고 하자. 둘 사이에 의견 일치가 어려우면 지인들과 허심

탄회하게 의논하고 필요한 경우 전문가 상담을 받자.

화가 나면 즉시 말하지 말고, 한 박자 쉰다든지, 글로 정리해 보고 하루 지나서 글을 교환한다든지, 돌려서 말하거나 요령 있는 싸움 방법을 개발해야 하는데 무림 고수의 수준이라서 권하기는 어렵다.

취미는 공유하자. 이거 정말 중요한 내용이다. 산을 좋아하는 사람과 바다를 좋아하는 사람이 결혼해서 주말마다 산으로 바다로 헤어진다면 불륜이 쉽게 싹튼다. 한 명은 묻지 마 관광버스 타고 산 아래 술집 들어가고, 한 명은 바다에서 노출 많은 수영복 입고 쉽게 접촉하며 밤에 모닥불 피우고 영화 한 편 찍을지 누가 알겠는가! 지금은 멀리 떨어져 살고 있는 학생 시절 친구들보다 가까이서 취미생활, 운동모임 같이 하는 이웃이 더 가깝다. 부부도 취미와 운동을 공유하면 좋은 파트너가 되겠다.

결혼하면 다 같아진다. 여성이 나이 어린 연하남과 연애할 때 좋겠지만, 결혼 후 아내에게 의지하고 고가의 신차를 뽑고 싶은데 아내가 반대하면 집 나가고 하면 속 터진다. 남성이 띠동갑 어린 여성과 결혼 전엔 좋겠지만, 결혼 후 계속 자기를 감싸주고 아껴주고 보살펴주기만을 원한다면 불편하다. 물론 다 그렇단 얘기 아니니깐 행복하게 잘 사는 분들은 화내지 마시라. 결혼하면 나이가 안 보인다. 다 동등한 배우자일 뿐이다. 젊어도 마음속에 노인 세 분 들어앉은 사람도 있고, 중장년인데 20대 청춘 같은 분들도 많다. 나이는 숫자에 불과하다. 나도 젊게 살고 배우자도 청춘 같은 그런 사람 만나면 함께 영원한 청춘이다.

결혼은 따로 또 같이 한 지붕 밑에서 사는 동거 형태다. 서로의 다른 인생이 있고 함께 하는 부분도 있다. 충돌 없이 원만한 생활이 가능할지 결혼 전에 서로 확인하는 동거 같은 기간이 있다면 좋을 텐데, 보수적인 사회에서는 어렵다. 독일, 스웨덴 같은 나라의 개방적인 문화가 개인의 행복을 위해 훨씬 유리하다. 물론 동거 1~2년 해봤다고 더 오래 행복하고 잘 먹고 잘사는 비율이 높아지지 않는다. 하지만 상대방을 더 많이 알게 되므로, 상대방에 대해 잘 모르는 상태에서 한 '순간의 결정' 때문에 평생을 후회하며 살아가는 경우보다 불행의 비율이 낮아진다고 생각한다. 사회와 문화가 대략 30년간 정말 많이 바뀌었다. 앞으로 30년 지나면 다양한 결혼 형태, 혼전 동거 같은 문화가 일상적이지 않을까 추측해 본다.

결혼 전에 자녀 계획을 미리 상의해야 하고, 신혼 1년 정도는 임신하지 말고, 신혼을 즐기며 놀러 다니고 운동하고 취미생활 하시라. 임신하고 자녀 양육에 들어가는 순간 많은 생활이 달라진다. 새로운 기쁨이 생김과 동시에 잃는 부분이 많다. 다시는 돌아오지 않을 연애 시절과 다양한 추억과 경험을 만드시라. 노파심에 덧붙이면 신혼 기간에 아니다 싶은 생각이 들었을 때 심각한 결정이 가능하겠지만 자녀 출생 전에 결정하시라. 진실성이 없고 심각한 거짓말이 드러나거나 평생을 같이하기 어려운 나쁜 습관이 발견되면 50년 이상 참고 살 자신이 있는지 고민하셔야 한다.

국제결혼은 엄청난 고민을 해야 한다. 외국에서 한국에 온 사람, 혹은 해외 유학, 해외 취업하러 가서 만난 현지인과 사귀다가 사랑에 빠지면 당연히 임신이나 결혼의 현실이 다가온다. 젊을 때야 뭐든 다 할 수 있고 사랑의 힘으로 뭐든 극복한다. 연애는 몇 년을 지속하더라도 막상 결혼해서 가정을 꾸리면 곧 위기가 찾아온다. 20~30년 다른 문화, 다른 언어, 다른 가치관을 형성했는데, 사랑 하나로 연애는 되지만 결혼생활은 쉽지 않다. 결혼은 본인들만의 문제가 아니고 가족의 연결이고 자녀의 인생이 엮인다.

'독일 사는 싱글맘' 유튜버 내용을 심각하게 청취聽取했다. 국제결혼 하여 독일 살면서 이혼하고 혼자 자녀 양육하는 분이다. 독일 남자의 잘못을 얘기했고, 주목한 점은 반대로 독일 남자들 입장에서 왜 한국 여자 혹은 외국 여자를 이해하지 못하는지에 대한 객관적인 설명이 있었다. 쉽지 않을 거라 생각은 했지만, 현실적인 설명은 여러 국제결혼 검토 중인 청춘들이 참고할 만했다. 만약 국제결혼 후 이혼하면 자녀도 문제다. 다문화가정 자녀는 대부분의 나라에서 차별을 겪는다. 외국 살다가 이혼 후 우리나라 들어오고 싶어도 자녀 교육 때문에 못 들어오곤 한다. 외국에서 사랑에 빠지면, 또 반복하는데 연애만 하시라. 행복한 결혼생활 잘하고 있는 분은 당연히 해당 사항 없으니 저를 때리지 마시라. 필자도 맞으면 아프다. 사랑에 빠져 그 사람 나라에 간다면 힘들다. 그 나라에서의 생활을 평소 동경하고 있었고 현지 사정을 잘 알고 있어야 한다. 외국인도 우리나라 생활을 꿈꾸다가 여기와야 어려움이 적다.

결혼 전에는 간/쓸개 다 빼줄 듯이 친절하던 남자가 남편이 되는 순간 변신하면 아내 입장에서 괘씸하다. 남자 입장에서도 여자가 좋아서 결혼했는데 아내가 되고 나면 얼마 지나지도 않아서 여자는 없고 소파에 누워 TV 보고 있는 사람과 산다는 사실은 슬프다. 아이가 제일 중요하고 하루 종일 스트레스 쌓인 얘기만 하고 남편에게 여러 가지 바라기만 한다. 서로 바라기만 하고 배려하지 않으면 해결책은 없다.

세상의 남편들에게 조언한다. 퇴근했다고 집에서 쉬면 안 된다. 영원히 쉴 날이 온다. 집안일도 하고 운동도 하고 공부도 하고 미래를 위한 자기개발 하느라 잘 시간도 부족한데 왜 쉬는가! 가족에게 부지런하고 성실한 모습을 보여라.

세상의 전업주부 아내들에게 조언한다. 밖에서 돈벌이는 많이 벌든 적게 벌든 다 어렵다. 자존심 내리고 참고 머리 숙여서 8시간 혹은 그 이상 일한다. 퇴근해 들어오면 1시간 정도라도 왕 대접해 줘라. 그리고 8시간 노동해서 벌어온 돈을 착취하면 엄청 남는 장사다. 이렇게 8배 시급을 벌면 재주는 곰이 부리고 돈은 아내가 번다. 그렇게 하지 않으면 재주는 남편이 부리고 돈은 술집이 번다.

맞벌이 해법은 어렵긴 하다. 서로 집안에서 피곤하다고 누워 버리면 답이 없다. 대화를 통해서 집안일 절반씩 나누고 30분씩 왕 대접해 주기 쿠폰을 발행하든지 남들보다 수입이 많으니 여유롭게 주말 외식이나 여행을 통해 스트레스 풀자.

이혼과 재혼은 심각히 고려하시라. 전문가들, 이혼 전문 변호사들의 다양한 사례를 들어보면 이혼 과정에서의 일반적인 실수, 이혼 후 후회, 초혼보다 훨씬 어려운 재혼, 또 이혼, 전부 어렵다. 인생에 쉬운 일은 없지만 그래도 혼자 하는 일들은 단순하고 혼자만의 책임인데, 가족과 법이 얽힌 일은 혼자 결정해도 안 되고 무지하게 복잡하다. 전문가와 상담도 하고 내 자신은 잘못이 없는지 뒤돌아 보고 깔끔한 결정을 하시라.

9

사람 만나서 사용할 요긴한 화젯거리

근원을 따져 보면 다 이유가 있다. 다양하고 재미있는 상식 몇 가지 암기하고 있으면 유머 못지않게 모임 분위기를 즐겁게 만든다. 다음 몇 가지는 사실과 다를지라도 유용하게 활용될 소재라고 판단하여 소개한다.

●   **일부다처제**

유목 민족의 경우, 경작지 차지해서 대대로 눌러앉아 사는 농경 민족에 비해 새로운 오아시스를 찾아 떠돌아다니므로 문화 발생이 어렵다. 먼저 도착해서 살고 있는 부족과 전쟁이 치열하고, 그럼 남자들이 많이 죽고 홀로 남은 여자들이 많아지고 전쟁과 노동을 위한 인구는 필요하고, 돌싱들 구제해야 하고, 결국 남은 남자들이 여러 여자를 거두어야 했다. 우리 역사 고구려, 부여에 형사취수兄死娶嫂(형이 사망하면 형수를 취함) 법도 있었다. 반대로 '다부일처제'도 있다. 당연히 여자가 귀하기 때문이리라.

테러가 흔한 나라는 거의 '일부다처제' 국가라고 한다. 돈 있는 자가 많은 아내를 거느리고 없는 자는 평생 혼자 살아야 하니 어릴 때부터 선동에 넘어간다. 순교를 하면 천국에서 이상적인 배우자 70명을 붙여준다는 말에 폭탄 조끼를 입고 자살테러도 감행한단다. '일부일처제'는 남자들끼리 서로 싸우지 말자는 사회적 약속 같다. 사자, 사슴, 물개 등 동물 수컷들이 메이트에 성공하는 경우는 7% 정도라는 말도 있다. 사람이 이런 상황에서 생존해야 한다면 남자 아이돌 가수, 유명 영화배우나 탤런트들이 수십 명의 여자들과 결혼하고 나머지는 조끼 입자 뭐 이런 시추에이션^{situation}.

필자 옷장에는 조끼가 걸려 있지 않다. 그런데 이상적인 배우자 수십 명이 자꾸 마음에 걸린다.

●   **인도가 소를 숭배하는 이유**

다들 알고 계시겠지만 노동력 때문이다. 지금 배고프다고 소 잡아먹으면 내년에 농사는 누가 짓나! 이제 그만 숭배하면 좋겠다.

여러 나라 사람과 회의하고 나서 식사하러 갈 때 10명 중 1명이라도 인도인이 있으면 그날 메뉴는 고민할 필요가 없다. 무조건 인도 음식 식당으로 간다. 외식의 대부분이 육류인지라 일반 식당에 가면 인도인은 굶어야 한다. 서양에는 채식주의자 메뉴도 좀 있지만, 우리나라에서는 인도인 손님과의 식사는 큰 스트레스다. 검색해도 주변에 마땅한 장소가 없고 대도시 아닌 지역이라면 더더욱 힘들다. 채식 메뉴 찾아 3만 리 해보신 분만 이 고통을 안다. 육해공 전부 즐기는 우리나라 좋은 나라.

필자는 한식, 양식, 중식, 일식, 분식, 그리고 맥주, 소주, 탁주, 청주, 양주, 칵테일, 가리지 않는다. 외면하는 사람이 많은 '홍어'도 없어서 못 먹는다. 미스코리아라도 식성 까다로우면 만나 주지 않겠다.

만나 주지? 다리 붙잡고 매달린다면 고민은 해보겠다.

● 심장의 위치

심장 위치는 어디인가, 왼쪽, 오른쪽, 가운데? 필자는 나이 오십 대에 그 답을 알았다. 왼쪽은 아니다.

좌우에 가장 큰 허파가 자리 잡고 그 사이 인체 중앙에 심장이 있다. 더 상세히 설명하자면 중앙에서 살짝 왼쪽으로 치우친 위치다. 왼쪽보다는 '정중앙'이라고 해야 맞다. 아이들에게는 한가운데라고 가르치자.

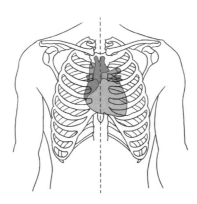

심장 위치 (출처: 서울아산병원)

왜 어린 시절에 우리에게 왼쪽이라고 가르치셨나요, 선생님? 선생님 미워. 요즘도?

● **꼭꼭 씹어야 위장에 좋다**

위에 쓴 작은 제목과 반대라는 말이 있다. 대충 씹고 삼켜야 위장이 튼튼해진단다. 병원에 6개월 입원해서 죽같이 소화 잘되는 음식을 하루 3끼씩 먹었다면 퇴원해서 정상 식사하는데 어려움이 생길 거 같다.

위장이 할 일이 없어 놀다 보니 많이 쇠약해져서 일반 식사는 소화장애가 생길 거다. 운동하고 근육에 부하를 줘야 몸이 좋아지고 튼튼해지는 그런 원리 같다. 그래서 필자는 소화장애가 없는 한 아프다고 죽 먹는 건 반대다.

죽 먹으면 금방 배 꺼져서 배고파 죽겠다.

● **광합성에 필요 없는 색상**

가시광선^{可視光線} 빨주노초파남보 중에서 식물이 광합성에 필요 없는 색상은 무엇일까요? 이거 별로 어렵지 않다. 우리가 어떤 사물의 색상을 본다는 말은 그 사물이 표면에서 그 색상을 반사하고 다른 색상들은 흡수하기 때문이다. 녹색식물들은 초록색을 반사한다. 필요 없으니 흡수하지 않는다. 광합성에는 녹색에서 가까운 노란색도 별로 안 쓰고 적색, 청색, 보라색 계통을 많이 쓴다.

사돈지간에 만나서 손주가 태어나면 화젯거리가 있는데, 손주 없으면 어색한 시간 보내거나, 사람들 모인 자리에서 덕담만 나누느니 이런 정도의 간단한 두세 가지 화제에 올리면 좋겠다. 대학 어디, 취직은, 결혼 언제, 이런 질문을 받으면 유머와 상식으로 화제를 돌리고 상대방 입을 막아라.

● 숲이 울창하면 홍수와 가뭄을 막아준다

진짜로? 우리 학교만 그렇게 가르쳤는지 모르지만, 식목일 나무 심고 나무 가꾸고 숲이 울창해야 홍수도 막아주고 가뭄도 막아준다고 배웠다. 약 20년 전 어디에서 읽었다. '홍수는 막아주지만~' 앗! 이런! 그렇구나! 한 번에 이해했다. 가물 때는 더 가물게 만든다. 나무는 낮에 기공의 증산작용, 모세관 현상, 물의 응집력, 밤에 내피의 근압^{根壓}으로 물을 올린다. 나무는 물을 저장했다가 방출하는 기능이 없다. 더구나 가물다가 비가 오면 목말랐던 나무는 쭉 빨아들인다. 숲이 울창한 산의 계곡이 오히려 말라 버리는 현상이 이해된다.

못 먹어도 초등학교는 좋은데 나와야 한다.

● 새는 물고기 삼킬 때 항상 이 방향

새들이 물고기 삼킬 때 항상 머리부터 삼킨다. 꼬리부터 삼킨다면 발버둥 치며 탈출해 나가기도 하겠지만, 아가미/비늘/지느러미 방향이 뒤쪽으로 나 있어 목구멍에 걸린다. 머리부터 삼켜야 식도를 부드럽게 통과하며, 생선 살이 녹으면서 뼈가 노출되더라도 또한 마찬가지로 식도/

위/창자에 뼈가 걸리지 않고 통과되기 쉽다.

재미있는 다큐멘터리를 본 기억이 난다. 아마존강에 유명한 피라냐 물고기가 건기에 물이 말라서 강줄기 일부가 작은 웅덩이로 변했고, 웅덩이 속에 갇혀 얕은 물에서 팔딱거리고 있으니 황새처럼 생긴 다리/주둥이 긴 새가 집어 먹었다. 우기에 강줄기 물이 풍부해졌고, 나무 위에 살던 동일 종류로 판단되는 아성체亞成體 새가 비행 연습하다가 강 위로 떨어졌고 날아오르지 못하고 물 표면에서 파닥파닥 날갯짓하니 물 속의 피라냐들이 와서 잡아먹었다.

동료의 복수인지 먼저 먹는 넘이 임자인지!

● **약도 작성의 기본**

요즘은 주소만 알아도 내비게이션을 이용해 쉽게 찾아간다. 과거는 약도가 필요했다. 개인적으로 직접 그려주기도 하고 회사, 관공서, 학교 홈페이지에, 혹은 회사소개서 팸플릿 맨 뒤쪽에 약도가 나와 있다. 여러분이 직접 약도를 작성한다면 기본적인 작성법을 고민해 보시라.

만약 조직 생활하는데 주로 총무팀에서 약도를 작성하겠지만 여러분이 약도 작성 지시를 받았다면 어떻게, 무엇을 기재하시겠는가? 상세히 지시하는 선생님 같은 상관도 있지만 간단히 '약도 작성'으로 지시하는 분도 있다. 이런 간단한 정도의 업무 지시는 제대로 수행해야 한다.

첫째, 다른 잘된 약도들을 찾아보고 그 양식을 참고한다.

둘째, 약도/지도의 가장 기본은 위쪽을 북쪽으로 정해야 한다.

셋째, 내비게이션이 없으면 약도를 프린트해서 들고 다니는 경우가 있다. 이 경우를 위해 한 페이지 안에 약도, 주소, 전화번호를 전부 표시하면 좋다.

자동차 사용설명서

요즘도 신차 구매하면 소책자 사용설명서를 준다고 들었다. 어떤 곳은 pdf 파일로 내려받기시키는 듯하다. 여하튼 거의 30년 전 일이다. 모 자동차 메이커에서 신차 양산 개시하기 전에 사용설명서가 완성되면 중년의 여성 운전자 몇 분을 초빙한다. 사용설명서를 드리고 그대로 작동해 보시게 한다. 평범한 일반인들이 설명서대로 쉽게 따라 하면 설명서가 맞다. 아니면 그냥 쓰레기다. 따라 하지 못하면 내용을 쉽게 수정하고 다시 의뢰한다.

모든 설명서, 팸플릿, 보고서 등등 동일하다. 작성자만, 전문가만, 관련된 사람들만 이해하면 안 된다. 일반인이 이해 못 하는 전문적인 내용이라면 그 분야에서 일하는 전문가이거나 동일한 팀에 나중에 후임이 왔을 때 읽어보기만 해도 전체 내용 파악할 수 있는 수준으로 작성해야 한다. 편지, 이메일, 핸드폰 문자 모두 동일하다. 발송하기 전 수신인 입장에서 한번 읽어보고 오류수정 후 발송/프린트하는 습관을 지니자. 습관이 운명을 만든다. 필자도 본 책에 오류가 없도록 아는 내용, 아는 영어/한자도 검색하며 어리석음이 들통나지 않도록 노력 중이다. 글은 증거로 남는다. 작성자 지능지수를 만천하에 공개하는 증거로. 참으로 웃긴 사례가 많지만 공개는 불가하니 안타깝다. 제발 이런 문구는 발송하지 말자.

'급해서 서두르다 보니 잘못 보냈습니다. 다시 보냅니다.'

● **여행용 러기지 무게 재기**

외국 출장이 잦았던 필자는 여행용 러기지^{luggage}(수화물) 무게가 항상 궁금했다. 기내용 가방은 가로세로 높이를 재면 간단한데 기내 가지고 들어가서 선반 위에 올려놓는 과정이 불편하고 작은 사이즈 가방은 2박3일 이상 여행에 부족한 감이 있어 대체로 중대형 위탁 수하물용 러기지를 가져 다녔다.

큰 가방은 운동복, 운동화, 수영복, 책, 자료, 카메라, 기념품, 선물 등 수납은 좋지만, 제한중량 이하인지 측정해야 하는데 문제는 러기지를 체중계 위에 올려놓으면 체중계 눈금이 안 보인다. 인터넷상에서 아주 간단한 꿀팁을 찾았다. 손에 들고 체중계에 올라서고 자기 몸무게를 빼면 된다.

역시 사람은 못 먹어도 배워야 해.

10

행복한 인생을 위한 패러다임 재정립

● **보편타당성**

사고 판단의 기준은 합리적, 객관적이어야 하고 감정적, 주관적이면 안 된다. 뭐가 합리적이냐 하는 문제는 어렵다. 다수결로 결정할 수도 없다. 다수가 올바른 판단을 못 하고 사회가 혼란스러워지며 옳은 소수가 탄압받는 역사는 세계 곳곳에 있다. 정답이 없지만 훗날 70~80세쯤 노후에 후회하지 않을, 그리고 자녀들에게 인정받을 그런 선택을 하시라고 추천한다.

누구나 자기가 표준이고 기준이다. 나보다 키가 큰지 작은지, 나 보다 잘사는지 못사는지로 판단한다. 고등학생이 담배 피우다가 대학생에게 혼나면 기분 나쁘지만 자기 앞에서 중학생이 담배 피운다면 역시 화난다.

나보다 키 큰 사람 머리 위는 안 보인다. 그 사람은 내 머리 위에 뭐가 있는지 다 보고 있다. 고수가 가르쳐 주면 일단 배우자. 이왕이면 친절하게 가르쳐 주는 고수를 만나면 좋지만, 불친절한 고수라도 참고 배우자. 부족함을 지적해 주는 사람이 인생의 은인이다. 안 가르쳐 준다면, 자기도 모르거나, 아니면 가르쳐 주면 금방 자기와 같은 수준이 될지 걱정되어 고의로 안 가르쳐 주는 거다. 그래서 가르쳐 주는 사람은 항상 은인이다.

어리광 부리지 마시라. 어리광은 초등학생까지만 허용된다. 12~13살의 중학교 1학년 정도만 되어도 판단력이 있고 자기 말과 행동에 책임질 정도의 상황 파악은 한다. 가끔은 나이가 많지만, 어리광 부리는 철없는 분도 보이는데, 지나고 나서 보면 부끄럽고 남의 지적을 받으면 굉장히 부끄럽다. 지적받고 화는 내지 말자. 지적받아야 성숙해진다.

독특한 주택 건설, 특수 취미에 돈 쏟아붓기 등 자기만족 순간은 백 점이지만 남의 인정을 못 받는 순간 빵점이 되기도 한다. 지나친 실험정신과 독특한 취향은 남들 외면받는다. 가능한 합리적이고 보편타당한, 그리고 인정받는 방향으로 나가자.

● **애완동물**

공부하는 학생들이나 젊은이들, 특히 혼자 사는 젊은이들은 애완동물 키우지 마시라. 흰 코끼리가 생각난다. 'White elephant'에는 애물단지라는 별칭이 있으며, 과거 태국에서 흰코끼리가 희귀하고 신성한 동물로 여겨졌다. 흰 코끼리에 올라타거나 죽이면 안 됐고 노동을 위해 이용하는 것도 불법이었다. 이렇게 이용 가치는 없지만 엄청난 식사량은 재정적 부담이었다. 그러므로 태국의 왕은 싫어하는 귀족에게 고통을 주기 위해 흰 코끼리를 선물했고, 왕의 하사품을 잘 관리해야 되는 귀족은 흰 코끼리 때문에 재정상의 문제를 겪었다고 한다.

반려견은 초등생 키우기보다 더 힘들다. 뭐든 다 해결해 줘야 하고 아이 키우는 정도의 비용이 든다고 한다. 독거하는 젊은이들은 멀리 교육/출장/파견/해외여행도 못 간다. 반려견 입장에서도 하루 종일 혼자 실내에서 외롭게 지내야 하니 우울증 걸리겠다. 저녁에 들어온 주인이 같이 놀아주고 산책도 나가고 그래야 되는데, 바쁜 주인 만나면 운동하고 산책할 시간도 없다. 주인 잘못 만나서 개고생이다.

필자는 동물을 좋아한다. 가정에서 키운다면 조류, 열대어 같은 사람과 공간 분리되고 자동 물주기, 자동 먹이급여기 설치로 일주일 이상 집 비워도 되는 장점이 있는 동물이 편하다. 그런데, 고급 품종에 관심이 많아서 비용은 반려견보다 훨씬 많이 든다.

실력 부족으로 용궁으로 떠난 애어들

대형견을 마당에 키우려고 전원주택 찾는 사람들이 있는데 전원주택 마당의 대형견과 마당에서의 지인들과 바비큐barbecue(통구이) 파티는 옆집에 측간소음 실례를 범한다.

날이 갈수록 매월 고정 지출 항목들이 늘어난다. TV 시청료, 유선 방송, 인터넷, 무슨 프리미엄, 무슨 영화 방송, 음원 사이트, 자동차 관련해 많은 항목, 교육비 등에 의식주까지 해결하자면 저축하기 힘들다. 한 번씩 가전제품, 컴퓨터, 스마트폰, 태블릿PC 구매하고 애완동물까지 두루두루 관심 쏟으면 언제 부자 되나!

키우시더라도 내 반려견은 예쁘지만 남 반려견은 아닐 수도 있다. 반려견 키우는 아파트에 가보니 냄새가 나는데 별로 유쾌하지는 않았고 짖는 소리에 이웃집 항의 올지 걱정도 되었다. 부탁인데 "우리 개는 안 물어요." 이런 말씀은 마시라. 깨물어 주고 싶다. 임차인이 개, 고양이 여러 마리 키우면서 집안을 엉망으로 만드는 경우도 있다. 벽지, 장판 전부 자비로 교체할 천사 같은 임대인들이 많지 않다.

동물을 좋아하고 다양한 동물을 오래 키워보기도 했지만, 살짝 흰 코끼리 같은 글을 올리겠다. 써 놓고 보니 아주 잔인하게 느껴진다.

경쟁자에게는 사랑스러운 반려견을 선물하시라. 그럼, 당신이 이긴다.

일이 바쁘고 자기개발 하고 운동, 취미, 또 가족에 신경 쓰고 출장/여행/이사 등이 잦은 인생이면 가능한 반려견을 60세 이후로 늦추시면 어떨지 조언한다. 필자와 의견이 다르다고 비난은 마시라. 그냥 다를 뿐이다. 누굴 공격할 의도가 전혀 없음을 알아주시길 바란다.

열대어, 조류 등 관련한 인터넷 사이트에 열심히 들락거렸던 시절이 있다. 매매 장터 같은 코너도 당연히 있다. 이런 코너에 가끔 분쟁이 생기는데 재판매再販賣 관련한 개인적 입장이다. 과거 무료 분양했거나 저가 분양했는데, 가격을 올려서 재판매하는 사람을 발견하면 흥분하시는 최초 판매자들이 있다. 이해는 한다. 다만 내가 판매하는 행위는 괜찮고, 남이 재판매하는 행위는 안 되는 이런 규칙은 없다. 내

손을 떠나면 내 소유가 아니다. 심지어 내 자식도 내 품을 떠나면 남이다. 생물에 애착이 가더라도 타인의 손에 넘어간 이상 잊어버리시면 정신건강에 좋겠다.

● **인생관·가치관**

과거 사냥 다니셨던 분이 "엽총 들고 나서면 발이 땅에 닿지 않는다"고 말씀하셨다. 마음이 들뜨고 흥분된다는 뜻이다. 꿈이 있는 자는 발걸음이 가볍다. 흥선대원군이 어떻게 살아남았고 권력을 잡았는지 되새겨야 한다. 남의 가랑이 밑으로 기어가도 웃으며 기어가면 장난이다. 길 가다가 나보다 덩치 작고 어려 보이는 사람과 어깨 부딪히면 먼저 사과하라. 자존심 때문에 그렇게 못한다면 아직 인생 덜 배운 미성년자다.

아주 오래전 미국 어느 대학교수가 정년 퇴임 후 같은 대학교 미화원으로 근무했다. 청소 중인 교수를 알아보는 학생들이 지나가면 서로 "하이" 하며 인사했다. 이런 사례 읽어보면 그냥 아무 일도 아니다. 우리 사회에서는 거의 모든 사람이 교수하다가 어떻게 청소하냐고 상상도 못 할 일이다. 유교문화, 양반문화가 끼친 영향인지 모르겠으나 과거 전 세계에 계급 없던 사회가 있었을까 싶다. 청소는 부끄러운 일이 아니다. 다만 저임금에 자격 제한이 없는 무한경쟁의 직종일 뿐이다.

영웅과 멘토를 찾아라. 여러분 인생관/가치관 형성에 아주 도움 된다. 인터넷, 책, 신문, 주변에 수두룩하다. 정보가 제한적이었던 과거를 살았던 필자는 피해의식이 좀 있고 요즘 청춘들이 한없이 부럽다.

의사가 사법고시 응시해서 의료사고 전문 검사, 변호사가 되고, 서울대 공대, 의대, 치대 정식입학, 편입을 하며 14년을 다녀서 서울대 졸업장 3개를 획득한 멋진 사람도 봤다. 계속 관심 가지고 배우고 따라 하는 과정에서 조금씩 바뀐다. 지금 내 친구, 지인들과 5년, 10년 뒤에 한번 비교해 보라. 미래를 꿈꾸며 노력한 결과를 즐겁게 만끽하시라.

중요한 거, 안 중요한 거 구별하라. 연예인 프로필, 운동선수 프로필 상세히 알면 자랑 아니다. 전설적인 일화逸話로 과거 수능시험 만점 여학생에게 당시 유명 가수그룹 에이치오티HOT 멤버 중 누굴 좋아하냐고 질문하니 "에이치오티가 뭐예요?"라고 답했다. 바쁠 때는 몰라도 된다. 하지만 필자는 그 여학생 얼굴을 안다. 지금 사진 100장 중에 누군지 찾아보라고 하면 그 얼굴 정확히 찾는다. 그때 감동 먹었기에. 몰라도 되는데 푸하하~.

벼랑 끝에 서지 마라. 가끔 크게 성공한 사람들이나 유명한 사람들이 과거를 흐뭇하게 돌아보며 자랑할 때 나를 벼랑 끝에 세우라고 한다. 말의 의미는 백번 이해하지만 자기 자신을 위험에 빠뜨리면 안 된다. 큰 도전을 할 때 대단한 각오를 하고 내 인생 걸고 도전해도 될까 말까다. 그런 각오도 없이 90% 정도의 집념으로는 안 되고 100%를 쏟아부으란 말이지만 안타깝게도 그렇게 했으나 망한 사람은 성공한 사람보다 훨씬 많을 듯하다.

작은 성공은 노력만으로도 가능하지만, 큰 성공에는 노력뿐 아니라 운도 작용하고 시기도 작용한다. 아니다 싶으면 물러나기도 하고 때를 기다리고 혹은 작은 성공으로 만족해야 한다. 안 될 경우를 생각해서 플랜B(대안, 對案)도 준비하고 빠져나갈 구멍도 만들고 어떻게든 살아

남자. 인생 걸고 모험하지 마라. 성공하기보다 실패 안 해야 하고 생존이 우선이다.

오래된 농담이 있다. 나폴레옹이 100만 대군을 이끌고 알프스산맥을 넘어가다가 병사들에게 저 산을 점령하라고 명령했다. 험준한 산꼭대기에서 "이 산이 아닌가벼." 병사 절반은 지쳐서 죽었다. 다른 산을 점령하라고 명령했다. 다른 산꼭대기에서 "아까 그 산이 맞는가벼." 남은 병사들은 기가 막혀서 죽었다. 일단 살아남아야 다른 산에도 올라가 본다. 누구나 실패는 한다.

살다 보면 실수도 하고 번복도 하고 실패도 하지만 치밀한 준비와 실천으로 어이없는 실수는 피해야 하고 운이 따르지 않은 안타까운 실수는 다음 기회에 만회하면 된다. 쓰러지지만 않는다면 다음에 기회는 온다. 부디 벼랑에서 떨어지지 마시고 생존하여 꼭 성공하시라. 사자 새끼도 벼랑에서 떨어지지 않는다.

이 땅에서나 외국에 나가서나 공통 사항인데 외국인 앞에서 우리말로 인종차별적인 대화를 하지 말자. 얼굴에 표난다. 피부색이 한국인보다 살짝 짙은 동남아시아 출신 사람으로 보이는 누가 들어오는 것을 보고 우리말로 좀 실례되는 대화를 나눴더니 그 사람이 우리말로 "저도 검은 피부밑에 빨간 피가 흐르는 같은 사람입니다"라고 했단 가슴 찌릿한 글을 읽었다. 못 알아듣겠지, 하면서 선입관 가지지 말고, 마음으로라도 차별하지 말자. 나도 차별받으면 기분 나쁘다.

영화나 소설은 평범한 보통 사람 이야기를 잘 다루지 않는다. 나의 일상과 비슷한 그런 인생 이야기는 흥미도 없고 재미없다. 화려하고 극적인 비현실적인, 혹은 화끈한 얘기를 압축한다. 이런 영향으로 인해

굵고 짧은 인생이 한 번씩 멋져 보이지만 현실에 있어서는 가늘고 긴 인생이 더 좋을 때가 많다고 느낀다. 우리는 영화 속의 주인공이 아니다. 젊은 시절 화끈하게 타오른 삶이 빨리 꺼지기도 한다. 소수의 특별한 사람들도 있지만 평범하다고 안타까울 필요는 없다. 멀리 내다보고 장거리 레이스에 살아남자. 강자가 살아남는 게 아니고 살아남은 자가 강한 사람이므로.

더 강해지려고 더 높이 올라가려고 노력하는 삶은 멋있다. 그런 노력은 높이 평가한다. 단, 무리하다가 미끄러지지 않도록 조심하란 조언이고, 목표만큼 올라가지 못했더라도 7부 능선이면 어떻고 5부 능선이면 어떤가! 예나 지금이나 인생이 그렇게 호락호락하지 않다. 위로 가도, 부와 권력을 쥐어도 인생이 더 어려워지는 경우를 우리는 뉴스를 통해 쉽게 접한다. 가진 게 없고 잃을 게 없으면 마음은 편하다. 나보다 어려운 사람도 보고 높은 봉우리도 올려다보고 전진한 만큼 만족하면 행복한 인생이다. 동물에 호르몬을 주입하면 더 왕성하게 영역 확장과 영역 관리를 하며 행동반경이 넓어진다. 그리고 많이 돌아다니면 경쟁과 다툼, 사고의 위험이 커지고 당연히 에너지 소비가 많아지며 평균수명이 짧아진다. 얻는 게 있으면 잃는 것도 있다.

과거에 우리나라 '화병火病'이란 병이 있었다. 사전적 의미로 억울한 마음을 삭이지 못하여 간의 생리 기능에 장애가 와서 머리와 옆구리가 아프고 가슴이 답답하면서 잠을 잘 자지 못하는 병이다. 어느 순간 이 병이 사라져 버렸다. 아주 오래 듣지도, 읽지도 못했다. 대신에 '우울증' '공황장애' '분노 조절' '조현병' 등 다양한 단어들을 접하게 되었다. 과거는 단순하게 한마디로 정의했으나 오늘날 더 세분화시킨 듯하다.

살면서 억울하고 분하고 분노하는 일이 수시로 일어나지만 그래도 우울하지는 말자.

불행하게 태어나신 분, 안타까운 사고를 당하신 분, 자기 혼자 노력으로는 도저히 극복이 안 되는 상황에 계신 분들은 국가와 사회가 도와야 하고 기부와 선행하는 좋은 분들이 도와주시는 아름다운 사회가 되어야 하지만 쉽지 않은 일이다. 현실에서 비록 큰 좌절을 겪더라도 다시 일어서고 무조건 힘내야 한다. 우울하면 군대 가서 훈련받으시라. 스스로 돕는 자를 남이 돕는다. 쓰러지고 포기하면 안 된다. 내 인생은 너무나도 소중하며, 정신적, 체력적, 경제적 여유를 확보하고 사회에서 받은 많은 은혜를 갚으며 살자. 남들이 우울하더라도 적어도 본 책을 읽는 여러분은 결코 우울할 시간이 있어서는 안 된다.

신조어 '헬조선'에 반대한다. 심심한 누리꾼이 단어 만들기 좋아해서 깜놀, 띵작, 안습, 여러 재미있는 단어들도 양산하지만 나와 생각이 다른 그룹을 단체로 공격하는 비겁한 용어들은 불편하다. 그리고 '헬조선'은 많이 불편하다. 우리나라 전체를 비하해 버린다. 이런 용어를 쓰는 자들은 그들만 지옥 속에 있을 뿐 대한민국 국민 전체가 지옥 속에 있지 않음을 생각하시라.

'4장 투자/돈' 편에서 '옛날이 좋았다.'에 대한 의견을 적었다. 약 35년 전과 비교하면 회사원 임금은 3배 이상 오른 듯하다. 소형차 기준 신차 가격이 약 3배 올랐다. 컴퓨터값은 오히려 많이 내렸다. 45년 전 광어회 한 접시에 12만 원인데 입에서 살살 녹는다는 말을 듣고 그 맛이 어떨까 몹시 궁금했다. 지금은 양식 기술 발달 및 빨리 성장하는 암컷을 선별하는 등의 사유로 더 저렴하게 혹은 가장 저렴하게 즐긴다.

아파트 가격이 많이 오르긴 했다. 하지만 절대 비교가 쉽지는 않다. 과거 직장인 연봉 다섯 배의 아파트가 일반적인 서민용이었다면 지금 그보다 더 올랐다는 생각이지만 아파트의 고급화, 고층화, 엘리베이터, 조경 및 주차장 시설을 종합한다면 과거 계단식, 복도식, 단순 주거시설에 불과했던 아파트와 맞비교는 좀 어렵다. 사람마다 눈높이가 워낙 다르므로 서술하기에 고민이 된다. 양평역 부근 일반 아파트를 보면 서울까지 출퇴근도 가능한 곳인데 물론 서울 어디를 말하느냐에 따라 또 다르지만 12년 정도 된 방 3 화장실 2인 아파트 2억 5천만 원 정도로 그동안의 임금상승률 정도 가격 상승한 듯하다. 수원시 좋은 동네 29년 된 구축 아파트 2억 9천만 원 수준이고 물론 서울까지 출퇴근도 가능하다. 이명박 정부 때로 기억하는데 서울 은마 아파트 가격이 14억 원에서 8억 원으로 떨어졌다. 살다 보면 부침은 있고 주거비가 많이 상승하였지만, 전체적인 생활물가가 열악해지지 않았다. 수입에서 기본 생활비를 제하면 과거보다 여유가 생겼고, 과거에 비해서 삶의 질은 비교 안 되게 높아졌다. 단, 씀씀이가 많아졌다.

1969년까지 우리나라는 필리핀, 북한, 심지어 아프리카 어느 나라보다 더 가난했다. 1970년대를 생각해 봐도 엄청나게 슬픈 세상이었다. 광개토대왕 시절이 어땠는지는 몰라도 지금은 한반도 역사상 최고 번영의 시대다. 이런 세상에 살며 온갖 좋은 거 다 누리면서 욕심만큼 소유하지 못한다고 '헬조선'하지 말자. 자기 비하를 말리지는 않겠는데 우리나라 전체를 비하하지는 말자. 어린 시절 일본 동경 중심가에 차 속도는 사람 걷는 속도보다 느리고, 스웨덴 자살률이 높다는 말이 신기했다. 그런데 우리나라도 느리고 높고 그런 나라가 되었다. 느리고 높아서 지옥이라면 말은 된다. 물론 어려운 환경에 고생하시는 분들도 있지만 평균적으로 엄청 풍부하게 산다.

우리나라 경제력은 세계 13위이고 소비지출은 7위로 굉장히 풍부한데 자살률이 1위다. 욕심이 많아서 그렇다. 순식간에 자살률은 위에서 1위, 출생률은 밑에서 1위로 엄청 급한 민족이다. 급해서 좋은 점은 재빨리 바꿔버리고 개선하는 대단한 저력이 있다. 자살은 살인이다. 나를 죽인다. 어떠한 경우에도 자살을 미화하거나 동정하면 반대한다. 이상한 낌새가 보이면 "너 혹시 자살하려고?" 이렇게 물어봐 줘야 방지 효과가 있단다. 어려운 시절을 겪은 사람의 입장에서 약간 이해는 하지만 안타깝다. 감당이 안 될 정도의 고통을 겪는다면 상담을 통해 방법을 찾아보자.

행복은 욕망 분의 소유다. 행복해지려면 분모 욕망을 줄이거나 분자 소유를 키워야 한다. 쉽기야 당연히 분모 줄이기가 쉽다. 돈 안 들고 시간 안 들고 가만히 앉아서 줄이면 된다. 욕망 즉 욕심이 과하지만 않으면 간단히 행복해진다.

● **잔소리**

필자는 유머 주고받고 재미있게 살고 싶고, 얼굴 찌푸린 사람은 멀리하고 싶다. 그래서 농담 실컷 하며 본 책도 재미있게 이어 나가고 독자 여러분도 즐겁게 읽으시길 바라는데, 어쩌다 잔소리만 잔뜩 늘어놓게 되어 송구스럽다. 책 제목을 보셔서 내용은 뻔한데 그래서 잔소리 더 이어간다.

어떤 방송인은 "고등학교만 졸업해도 좋은 직업을 가질 수 있는 그런 나라를 만들어야 됩니다"라고 한다. 누가 어떻게 만들 건데? 나쁜 직업은 뭔데? 나쁜 직업은 중학교 졸업한 사람이 가져야 하나? 이렇게 시비 걸기보다는 다른 방송인 서장훈의 말이 공감된다.

"어떻게 저렇게 무책임한 말을 청춘들에게 할 수가 있는가, 사회 탓하고 아무것도 하지 않는다면 누구도 책임져줄 수 없다, 여러분 지금이 어렵더라도 이겨내세요."

농구선수 출신인 그도 운동할 때 숨이 턱까지 차오르며 가슴 찢어지는 듯한 고통을 느꼈다. 세상에 공짜가 어디 있나, 다 고통의 산물이지.

공짜를 경계하라. 세상에 공짜점심은 없다. 북한에 다녀온 사람들이 북한 관련 발언에 편향성이 강해진다는 말을 들었다. 아마도 공짜 냉면 얻어 드셨나 보다. 재벌들 방북했을 때 유명한 그분들 호텔 한 방에 모여 밤샘했단다. 공짜를 경계하기 위한 고육지책이었을까! 여하튼 만반의 준비를 한 현명한 대처였다. 본인들이 현명했든 현명한 참모들의 조언이었든 잘하셨다. 술 한잔 사줘 놓고 사줬다고 온 동네 소문내고 다니는 피플을 봤다. 살짝 지저분한데 처음부터 누가 지저분한지 확인 불가하니 그냥 조심해야 한다. 얻어먹었다가 사줬다고 떠벌린 피플 때문에 소문나서 회사 사직하는 분도 봤다. 어처구니없는 불명예제대다.

일확천금을 꿈꾸지 마라. 간혹 젊은 나이에 크게 성공하고 자랑하는 이들이 있다. 그런 소수를 롤 모델role model로 삼지 마시라. 그들보다 더 노력한 수많은 실패자는 뉴스에 등장하지 않는다. 좋은 글을 읽은 적이 있는데 어린 나이에 크게 성공한 사람은 평생을 내리막길로 걸어갈 가능성이 크다. 큰 성공이나 큰 부를 일군 청춘들도 두 번, 세 번 연속으로 잘하기는 어렵다. 성공에 도취하지도 말고, 자랑하지 마시라. 성공한 척 거짓말하는 사기꾼은 언제든지 나타난다. 그러고는 남의 돈을 탐한다. 도움 될 유익한 자랑은 들어보고, 그렇지 않은 자랑쟁이는 멀리하시라. 정신건강에 해롭다.

사람은 자기 그릇 크기만큼 성장하고 누린다. 그릇 크기를 계속 키워나가라. 빌 게이츠는 처음 사업을 시작할 때 동업자에게 "우리가 어디까지 성장할까? 연 매출 천만 불(약 130억 원) 정도 될까?"라고 했다. 당시 연 매출로서 평범한 중소기업이다. 그런데 세계 최고부자 타이틀을 장기간 유지했으니 필경 자기 그릇을 계속 키웠으리라. 만약 운명의 정해진 그릇이 키워지지 않는다면 그에 맞는 만큼만 담으시라. 넘치면 화를 부른다.

취미가 직업이 되면 좋다? 천만에. 내 시간과 돈을 들여서 즐기는 취미는 생각만 해도 근육이 생긴다. 내 시간과 에너지를 쏟아서 돈을 벌기 시작하는 순간 근육통이 생긴다. 취미는 즐겁지만, 그 취미로 돈벌이 시작하는 순간 스트레스로 바뀐다. 좋아하는 일은 취미의 영역에 남기시라. 잘하는 일, 남보다 더 잘하는 일, 재미가 없지만 돈이 되는 일을 직업이라 부른다. 장기간 취미생활을 해서 그 분야에 능통한 분들이, 예를 들어 오디오 음악 생활, 인테리어, 동식물 기르기, 요리, 공예품 만들기 등으로 고수의 경지에 올라서 그 분야의 직업을 가지면 고수이기 때문에 쉽게 잘해 나갈 수 있다. 단, 사업적 수완이 더해져야만 가능하다. 이런 경우가 아니고, 다니는 직장이 마음에 안 들어서 취미생활을 직업으로 추진한다든지, 직장에서 장비 수리 담당으로 아주 유능하여 자신을 가지고 내 사업을 시작하는 경우는 좀 위험하다. 사업의 영역으로 가는 순간 많이 알고 유능하다고 잘하지는 않는다.

많은 청춘이 도전하고 창업하고 실패도 하고 그러면서 성장하여 꿈을 이루는 그런 좋은 세상이 되어야 하는데 현실이 어렵다. 조언하자면 가능한 조직 사회에 들어가 배우시라. 일도, 인간관계도, 조직관리도, 사업수완도. 배울 게 많은 곳을 찾아야 하는데, 그리고 잘 가르쳐주는 좋은 상사를 만나야 하는데 쉽지는 않지만, 세상일이 쉽다면 다 부자 된다. 안 쉬운데 이루어야 성취감도 크다. 열 달의 힘든 임신기간과 출산의 고통이 따르기에 모성애도 생긴다. 창업의 기회가 오지 않는다면 모험하지 않고 조금씩 저축하며 사는 인생도 괜찮다. 그냥 평범한 서민으로 살며 작은 행복을 하나씩 쌓아가면 된다.

●   **비교문화**

자기만의 취미생활에 푹 빠져서 소비지출이 많은 남자들이 있다. 적정선을 지켜야 하는데 도를 넘으면 좋게 말해서 마니아, 나쁘게 말해서 질병이다. 그 분야 취미 동호인들과 서로 자기가 옳다고 다투는 일도 허다하다. 취미 사이트에 접속해 보면 소위 고수들이 싸움, 초보자를 멸시, 혼자만의 고립된 세상에 갇힌 외톨이들이 보인다. 상대에게 지지 않으려고 능력치 이상의 과소비도 한다. 취미에 집착하지 말자.

소셜 미디어에 열심이고 거기에 지속적으로 사진 올리면서 은근히 자랑질하는 사람들도 '메롱'이다. 끊임없는 비교는 인생에 도움 되지 않고 상대적 박탈감만 생긴다. 각자 자기 인생 편하게 즐겁게 살면 되지, 남이 얼마짜리 들고 다니는지 관심 가져서 뭐가 좋은가! 그 사람이 500만 원짜리 백을 들었든 가품을 매고 다니든 나랑 상관없다. 자존감 낮은 사람들이 남과 다를까 두려워하고 소비지출로 과시하려는 경향이 있다. 다 그렇지는 않지만.

약 10년 전 사이버 공간에서 본 글이다. 어떤 분이, - 아마도 여성분 - 포르투갈에 살면서 저술하거나 사이버 공간에서 블로그 운영 같은 일을 하는 분으로 판단했는데, 저녁에는 숙소, 낮에는 카페에서 작업을 했다. 현지 생활에 대해 간단히 적었다. "포르투갈에서는 하루 10유로(약 1만 4,000원)에 살아간다. 아침은 과일 한 봉지 얼마, 점심은 카페 나가서 질 좋은 에스프레소 얼마, 저녁은 내가 좋아하는 포도주 한 병과 치즈 얼마, 이렇게 10유로면 된다." 포르투갈은 면적이 대한민국보다 조금 작으며 인구 천만 명 정도에 1인당 GDP가 우리보다 작다. 알려진 산업이 별로 없고 물가 저렴하다. 관광으로 구경하러 가는 건 추천하지 않을 정도로 볼 것도 없다. 커피, 와인, 과일 대부분 저렴하고 임금도 낮다. 궁금해서 아래 달린 댓글들을 읽었다. '부러워요.' '나도 포르투갈에서 살고 싶다.' '멋지다.' 등 친절한 글들이 주를 이뤘다. 아마도 여성들의 댓글로 판단하는데 이유는 '공감'이 엄청나게 중요한 여성 관계 키워드이기 때문이다. 남성들로 판단하는 재미있고 냉정한 글 두 가지를 소개한다.

"우리나라도 그 돈이면 하루를 산다. 원룸에 거주하며 아침은 김밥나라 3,500원, 점심은 김치 무제한으로 주는 라면 4,000원, 저녁은 편의점 닭다리와 소주 1병 6,000원."

"당신이 거기서 그렇게 사는 이유는 남과 비교를 안 해서 그렇다."

이왕이면 따뜻하게 공감하고 칭찬해 주는 댓글들이 아름답지만 위 2가지 글도 곱씹어볼 만하다. 남의 떡이 커 보이고, 외국 생활은 누구나 동경하지만 별로 부러워할 필요는 없다. 굳이 비교하며 경쟁할 필요 없고, 알고 보면 내가 더 나은 경우도 많은데, 특정한 단면을 보고 부러워하지 말자. 외국과 비교는 뒤에서 다루어 보겠다.

참고로 포르투갈 수도 리스본의 오래된 성당이 있다. 1147년 공사를 시작한 이래, 수차례에 걸쳐 수정되었으며 여러 차례의 지진에도 견뎌냈다. 실내 한쪽 벽면에 성당 외관 그림이 있고 성당 높이만큼 키가 큰 천사 2명이 좌우에서 손으로 성당 건물을 지탱하는 그림이다. 가이드 설명에 따르면 대지진에 많은 성당 건물이 무너졌지만, 본 성당은 무너지지 않았는데 이슬람교도들이 건축한 건물이고, 자신들 건축물보다 더 튼튼하게 지었다는 사실을 인정하기 싫어서 천사들이 붙잡아줘 안 무너졌다고 표현했단다. 사실이거나 말거나 재미있는 그림이다.

포르투갈 여행 때 찍은 제로니무스 수도원

청춘들이여, 이다음에 나이 들어서 '요즘 젊은것들은' 하지 마라. 젊은 분들이 훨씬 낫다. 누가 젊은이들을 가르쳤나, 잘못 가르친 부모 세대 탓이다. 그리고 훨씬 더 좋은 환경에서 더 잘 배우고 더 많이 배운 젊은 세대가 훨씬 낫다. 쓸데없는 세대 갈등은 인생에 도움 되지 않는다. 많이 알면 가르치면 되고 나보다 어린 사람에게도 배우고 그러면서 같이 성장하자. 추가로, 젊을 땐 나이 든 사람들 비하하다가 나이 들어선 젊은 사람들 우습게 보는 그런 피플도 있다. 남들이 다 듣고 있는데 온 세상이 다 알고 있는데 부끄럽지도 않은 모양이다.

사람은 성장 과정 약 20년간 형성한 인생관/가치관을 평생 안 바꾼다. 그러니 세대가 다르면 생각이 다르고 다른 부분들이 마음에 안 든다. 분명한 점은 다른 부분이 더 좋은 부분도 많다. 내가 오래전부터 알던 내용보다 새로 나온 내용이 더 정확하고 더 좋은 경우가 많다. 인정할 건 인정하고 배울 건 배우자.

세상 변화에 열심히 따라가면 좋다. 다만 뒤처진 듯하여 고민할 필요는 없다. 남들 신제품 샀다고, 남들 유행하는 옷 샀다고, 내가 그렇지 못하면 나를 남들이 어떻게 볼지 걱정하지 마시라. 필자는 아날로그인 물건들에 애착이 간다. 종이신문, 종이책, 만년필, LP판과 플레이어, 수동기어 차량, 옛 우표는 물론이고 오래전 산 옷을 보면 당시 구매할 때 느낌도 추억으로 떠오른다. 내 옷이 30년 전 구매했다는 사실이 부끄럽지 않고, 내 인성의 그릇이 간장 종지만 하다면 그 점이 부끄럽다.

허영만 님의 만화《식객》한 장면이 생각난다. 큰 음식점에서 직원 채용하는데 많은 후보자가 면접 보러 식당으로 찾아왔다. 대기 시간에 일단 방에 앉아서 식사하라고 권했다. 식사 마친 후보들은 마당에 나와서 잡담하고 담배 피우고 하며 쉬었다. 조금 있다가 음식점 측에서 합격자를 발표했다. 면접도 안 봤는데 무슨 이런 경우가 있냐고 지원자들은 항의했다. 음식점 측에서는 어떤 자리에 누가 앉아서 식사하는지 미리 적어 놨다가 지원자들이 다 나가고 난 후에 식사 마친 식탁 상황을 살폈다. 특히 갈치 같은 생선은 깨끗이 발라 먹기가 살짝 까다롭다. 음식을 깨끗이 비우고 뒤처리가 깔끔한 사람은 신뢰할 만하여 정갈하게 식사를 마친 주인공이 채용되었다.

작은 생활 습관 하나하나가 그 사람의 사람됨을 알려 준다. 식사 습관, 음주 습관, 약속 시간 지키기, 구두 닦기, 공중도덕 준수, 이 모든 작은 일들이 모여 자기를 나타낸다. 자기만 모르고 있다. 자기 일거수일투족이 남들에게 평가받고 있다는 사실을. 위로 갈수록, 소위 방귀깨나 뀐다는 사람들일수록 이러한 사소한 부분도 꼼꼼히 살피는 사람들이 많다. 남과 비교하고 싶다면 이런 모든 평소 생활 습관을 비교하시라. 이런 부분에 고수인 분들과는 거래해도 위험하지 않다.

반대로 사소한 부분에 취약한 분들은 그냥 방생^{放生}, '나가 놀아라.'

●   **판단력**

이번에는 판단의 기준을 논하겠다. 세상일에는 우선순위가 있고 '5장 누구나 작은 부자는 될 수 있다' 편에서 '화장실 들어가기 전에 손 씻기와 나와서 손 씻기는 완전히 다르다. 한쪽은 손에서 비누 냄새가 나고 한쪽은 똥 냄새가 난다'라고 썼다. 결혼 전에 연애 실컷 해야지 결혼 후에 실컷 하면 맞아 죽는다. 이런 간단한 순서를 뒤바꿔서 어려움에 부닥치는 경우가 없도록 주의하시라. 추가하자면 비싼 물건 샀다고 부자 되지 않는다. 부자 되고 나서 비싼 물건 사시라.

과거 충격적인 말을 들었다. 목욕탕 여탕에서는 자기 물건 먼저 놔두면 자기가 잡은 자리이고 나중에 "여기 내 자리인데요" 한 마디에 남을 쫓아낸다고 들었다. 이 무슨 당치도 않은. 요즘도 그런지 관심도 없다 필자가 여탕 갈 일이 없으니 그러든지 말든지. 비교적 최근에 어떤 일주일 한 번씩 하는 교육 수강을 받으러 갔는데 필자 앞쪽에 30대 정도의 여성이 앉아 계셨다. 교육 시작 전에 20대 정도의 여성이 와서 "여기 내 자리인데요" 그 한마디에 먼저 앉아 있던 여성이 웃으며 자리를 비켜 주셨다. 그 교육장 교실 자리는 지정석도 아니고 날마다 같은 좌석에 앉지도 않는다. 겨우 1주일에 한 번 강의다. 그런데 1주일 전 소유권을 주장하겠다니 헛웃음만 나왔다. 아마 요즘도 여탕에서 계속 그럴듯하다. 만약 필자에게 다가와 자기 자리라고 우겼다면 한마디 해줬을 테다.

"이기 니 끼가!"

치사하게 굴지 말고 조급하게 서두르지 말자. 그럼, 복이 안 온다. 평소 판단을 잘해서 운명의 파도를 하나씩 잘 넘다 보면 복이 올 때가 있는데 그때 확실히 잡자. 지나고 나서 후회 말고.

남의 물건은 탐하지 말자. 남의 연인도 탐하지 말자. 순간을 넘기고 나면 그 당시에 왜 내가 탐했을까 하고 후회한다, 영원히. 판단을 잘하시라. 목욕탕 자리도 탐하지 말자. 사용하고 있는 사람이 임자다. 내 자리는 우리 집 욕실에도 없다. 그냥 우리 자리다.

'6장 자기관리는 별거 아닌 생활습관' 편에서 인간의 5대 욕구로 식욕/성욕/수면욕/명예욕/재물욕을 꼽았는데 이 본능을 잘 다스려야 한다. 이 욕구들의 공통점으로는 남들 앞에서 과한 모습을 보이면 많이 추해진다. 한방에 지옥으로 떨어지기도 한다. 순간의 선택이 영원하다. 날마다 판단을 잘하셔서 행복을 누리시라.

연예인/정치인 걱정해 주지 마라. 어떤 여학생이 아이돌 가수들 걱정하며 "오빠들 잘되어야 한다" 하면서 같은 음악CD 수십 장을 사줬다. 여학생 본인의 인생 걱정해야 할 나이에 이 무슨 망동인가. 형편 어려우신 부모님께 용돈 받을 자격이 있나! 1963년생으로 61세인 가수 김장훈이 재작년에 말씀했다.

"연예인 걱정해 주는 거 아니다."

오래전 외화 수입쿼터제 반대 집회 참석 배우들 외제 차, 외제 옷 입고 나왔다는 기사를 봤다. 사람 다 똑같지, 뭐 별다르겠나!

위대했던 에디슨, 아인슈타인, 간디, 이런 분들도 개인 생활 파헤쳐 보면 실망스러운 부분들 있다. 잘한 부분만 인정해 주면 된다. 정치인도 잘한 부분만 인정해 주고 범법 행위로 나라 망칠 행동하면 낙선시키면 되지, 걱정해 주지는 말자.

개천에서 용은 나올 수 없다고 보는데 드물게 용이 탄생했다면 그 케이스는 겉보기에 경제적으로 곤궁하여 없어 보였을 뿐 그 집안의 뿌리가 있었기에 가능했다. 아주 드물게 진짜 개천에서 용 났다면 그 몸에서 구린내가 난다. 온갖 불법적인/편법적인 일에 능하고 소액의 이익을 위해 불법/편법을 동원하고 남에게 큰 피해를 준다. 경제적 수준으로 사람을 판단하지는 말고, 사람 됨됨이를 보자. 본대가 있는 집안이라면 늦어도 빛을 본다. 당대에 어렵다면 자식 대에 잘된다.

몇만 명의 대장이 강의하시는 데 인원 동원되어 간 적이 있다. 약 1시간 듣고 나서 실망스럽게 돌아간 적이 있었다. 뭔가 큰 말씀을 기대했었다. 그분은 필자가 판단하기에 작은 말씀을 하셨다. 그분은 회장님 아래의 비서 같은 분이었다. 한때 중국 10억 명의 최고 권력자 모택동 아래 이인자였던 저우언라이周恩來 씨가 생각났다. 그분은 모택동이 출장 가게 되면 먼저 숙소의 모택동 머물 방에 가서 TV는 잘 나오는지 직접 확인하는 철저한 비서였다. 일인자의 심기를 살피고 조심하고 카리스마가 없고 그래서 숙청당하지 않고 살아남았구나 싶었다. 조직 생활하면 판단을 잘하시라. 명예는 윗사람에 돌려야 한다. 자기 공치사하지 말고, 굽힐 줄 알아야 한다.

'한계내구'라는 용어가 자동차 부품 산업에 있다. 영원히 고장 나지 않고 문제없는 부품을 만들라는 의미다. 그러면 기업은 망한다. 자동차 보증기간 10만 마일 혹은 목표 수명 20만 마일이라면 그 기간에 문제는 없어야 한다. 30만 마일에도 문제가 없다면 과도한 설계, 즉 설계 실수다. 타이어 3만 마일에 교체하고 와이퍼 1년, 엔진오일 6천 마일에 교환하면 전부 불량인가? 과도한 설계는 원가 상승과 중량 증가로 이어진다. 자동차가 무거워지고 비싸지면 연비도 나빠지고 판매되지 않는다. 견적 단가 올라가면 업체 선정에서 탈락한다. 30만 마일에도 고장이 없으면 신차 구입할 이유가 사라진다. 기업 망하라는 이론이다. 이런 이론가를 경계하라. 이론에 매몰되고 현실에 어두운 몽상가에 불과하다.

얕은 재주를 자랑하지 마라. 남이 알아주면 고맙고 모르면 그냥 넘어가라. 잘난 체 있는 체 아는 체하면 나만 손해다. 미움받는다. 잘난 친구를 만나라, 자랑하면 기분 나쁘더라도 들어보라. 뭔가 배울 점이 있다. 하지만 내 자랑은 참으시라.

인천국제공항에서 회사로 전화한다.

"팀장님, 제 퇴직금으로 전체 회식하세요. 저는 복권 당첨되어 지금 세계일주여행 떠납니다."

이런 발칙한 상상 다 해보셨을 듯. 꿈 깨시라 깨몽! 숨어있던 조상 땅이 내 앞으로 등기되거나 부모님 땅 옆에 대형마트, 혹은 전철역 들어서면서, 혹은 서해대교 밑 개펄이 다리 완공 후 천 배 뛰었더라도 소문은 내지 말자. 소문나면 무조건 손해다.

전세 3억 5천만 원에 살고 있는 사람이 4억 원 전셋집에 사는 사람을 비난했다. 3억 5천만 원 전세 이 정도만 해도 충분한 데 왜 돈 더 주냐고 했다. 즉시 자기모순을 깨닫고는 3억 원보다야 3억 5천만 원 아파트가 더 낫지, 그랬다. 항상 자기만 옳다고 자기 기준을 강조하지 말자. 그럼 자기 위나 자기 아래는 다 틀렸다는 이론이다. 그냥 객관적인 상황, 자기 상황만 얘기하면 된다. 자기 자랑을 위해서 남을 끌어 내릴 필요는 없다. 나와 다른 남을 비난하지는 말자.

아랫사람과 윗사람 싸우면 누가 손해인가? 나이 많다고 혹은 상대방보다 내가 나이 더 들어 보이니 무조건 이겨야 한다는 생각은 유교적 바탕에서 혹은 자존심 때문인데 공자님이 그렇게 가르치시진 않았다. 져도 되고 자존심 깎이지 않는다.

맞벌이 부부가 아내 수입으로 생활비, 남편 수입으로 자산 증식/투자 이렇게 분담하는 경우가 있다. 이러지 마시라. 지출을 나누려면 생활비도 절반씩, 투자도 함께, 이렇게 하시라. 잘되든 결과가 나쁘든 간에 공동책임으로 의논해야지, 한쪽은 뭘 하는지 돈을 펑펑 쓰고 다른 쪽은 알뜰히 살고 이런 전개가 뻔해 보인다.

해외 유학 다녀오면 일류대학 진학한 내 친구와 동급 된다는 착각은 말자. 다녀온다고 세상 변하지 않는다. 중요한 점은 내가 변해야 한다. 국내에서 열심히 공부하지 않는 사람은 외국에서도 열심히 안 한다. 어학 공부가 목적이라면 국내가 더 나을 수도 있다. 국내 어학원에 다니면 수업 마치고 저녁에 강사들과 놀러 다닐 수도 있다. 국내에 단기간 들어와서 어학원 강사로 일하는 원어민들은 여유시간에 놀러 다니고 싶은데, 학생들이 놀러 가자면서 이런저런 제안 하면 좋아한다. 수업 시간 50분 중에 개인에게 돌아오는 시간이 5분 정도일 수도 있다. 그렇지만 몇만 원 쓰면서 몇 시간 같이 놀면, 몇 시간 동안 말할 기회가 온다. 학원 수업 시간보다 훨씬 알차고 경제적이다. 인터넷 강의, 전화영어, 기타 저렴하거나 공짜로 공부할 기회도 많다.

하지만 외국에서 공부하면 수업 종료와 함께 혼자가 된다. 외국인 강사가 놀아주지 않는다. 한국 와서 심심한 외국 강사들처럼 함께 놀러 다니지 않고 자기 집으로 퇴근한다. 그럼, 한국 학생끼리 모여 놀러 다닌다. 놀려고 부모님 돈 써가며 멀리 외국까지 나갔는가! 결국 도서관에 앉아 공부한다. 한국 도서관보다 좋지도 않은데 엄청 비싼 도서관이 된다. 유학 자체를 반대하지 않는다. 단지, '유학은 빛 좋은 개살구'란 말 안 듣게 열심히 하시라. 부모님 노후 자금 낭비하고 나서 난 왜 재벌 자식이 아닐까 한탄하지 말고.

동성 간에 친구 이상의 관계는 어떻게 생각하시는가? 사실혼 관계인 동성 배우자를 건강보험 피부양자로 등록할 수 있다는 대법원 전원합의체의 판결이 나왔다. 민법상 인정되지 않는 동성 부부의 법적 권리를 일부 인정한 최초의 대법원 판단으로, 대법원은 동성 부부를 "부부 공동생활에 준할 정도의 경제적 생활공동체"라고 봤다. 동성이라는 이유만으로 배제하는 것은 성적 지향에 따른 차별이라며 인간의 존엄과 가치, 행복추구권, 사생활의 자유, 법 앞에 평등할 권리를 침해하는 차별 행위라고 했다.

지극히 개인적인 의견이다. 선천적인 정신적/신체적 문제로 평범하지 않은 사람들이 동성 간 연애하는 경우는 소수란 글을 봤다. 대부분은 욕망이며 양성애를 하는 경우가 많다고 어떤 동성애자가 썼다. 뉴욕 거주 동성애자 50%가 에이즈 보균자란 글도 봤다. 애꿎게 타인과 공용사용 물품을 통해서, 간호사가 실수로 떨어뜨린 주사기를 통해서, 수혈로, 싸우다가 상처를 통해, 양성애자를 통해, 심지어 모기를 통한 감염도 가능하다. 개인의 성적 취향은 자유이며 소수자라고 차별해선 안 된다. 다만 청소년들이 관심 가질까 두렵다. 아주 큰 문제는 결혼을 인정하는 법제화이다. 약 30년 전 독일에서 들었다. 변호사들이 승리하여 동성결혼이 합법화되었고 그러면 자녀 입양이 가능하다. 이렇게 입양된 아이들은 청소년기에 거의 가출한단다. 그들은 부모 선택권이 없었다. 사회적 소수자/약자를 보호하자는 주장이 뭔가 선(善)한 의도로 보이지만 부작용이 없는지, 불합리한 부분이 없는지 생각해 보자.

순간 판단력은 매우 중요하다. 실제 있었던 사례 하나를 판단력 훈련용으로 제시한다. 군대에서 어느 추운 겨울날 전체 사병들이 운동장에서 체조 시간을 가졌다. 제일 높으신 분이 단상에 올라가서 팬티만 남기고 다 벗으셨다. 당연히 사병들도 몽땅 벗고 함께 체조했다. 문제는 1명의 병사가 군대 지급 속옷이 아닌 빨간 팬티를 입어서 아주 적나라하게 표시가 났다. 여러분이 그 빨간 팬티 병사라면 어떻게 하시겠나? 참고로 그 병사는 나중에 군기교육대 다녀왔다.

제일 마지막 페이지에 필자 의견을 적고 싶지만, 정답은 없는 문제이므로 여기에 적겠다. 만약 필자가 이런 황당한 경우에 맞닥친다면 바지 벗지 않고 '급똥'인척 배를 잡고 뒤로 나가면서 화장실로 뛰어 가겠다. 오만상 쓰면서 도망가다가 안 통하면 어쩔 도리가 없고. 밑져야 본전.

순간의 재치가 운명을 좌우한다.

● **패러다임의 전환**

패러다임의 사전적 의미는 어떤 한 시대 사람들의 견해나 사고를 근본적으로 규정하고 있는 테두리로서 인식의 체계, 또는 사물에 대한 이론적인 틀이나 체계다. 독자 여러분의 사고 전환 및 의식 향상을 위해 엄선(?)한 생각해 볼만한 주제들을 나열한다.

아주 오래전 읽은 내용인데 기억을 되살려 소개한다. 알래스카 시골의 한 고등학생이 미국 하버드 대학교에 지원했다. 면접을 보러 비행기를 타야 하는데 폭설로 인해 가지 못해서 대학교에 전화 걸어 자초지종을 설명했다. 학교 측은 너희 집 근처 공중전화 번호가 무엇이냐, 면접일 몇 시에 그 전화기 앞에서 기다려라 이렇게 전화 면접을 약속했다. 면접 당일 공중전화로 면접에 참여한 면접관들은 학생과 간단한 대화를 했고, 한 가지 질문을 했다.

"너희 동네에 대학 졸업자가 있는가?"

"아직 한 명도 없습니다."

"그럼, 합격!"

이게 무슨 연유인지 짐작하시겠는가? 그 사유는 바로 '미래의 알래스카 지도자를 양성한다'는 것이었다. 이것이 대학교의 사회적 의무다. 요즘 우리나라는 대학 진학률이 70% 이상이니까 전부 지도자가 될 수는 없지만. 엄청 오래된 내용인데 지금, 이 내용을 타이핑하면서도 울컥할 정도로 아주 감동적인 짧은 내용이었다. 우리나라에서 이런 합격생 나오면 학부모들 머리에 띠 두르고 난리 나겠다.

역시 아주 오래된 내용 기억을 되살린다. 아마도 필리핀에서 발생한 에피소드다. 고등학교 3학년이 우리나라 수능시험 같은 대학 입학을 위한 시험에서 수석을 했다. 그 학생은 의대에 지원했다. 결과는 불합격. 너는 머리가 좋으니, 공대에 가라고 했다. 의대와 법대는 높은 지능지수보다는 성실성과 도덕성이 요구된다. 수재는 성실성보다는 일단 머리 좋은 사람이므로 좋은 머리로 창조적인 일을 해서 국가 경제/산업 발전에 이바지해야 한다. 국가 분위기는 중장기적으로 이렇게 가야 된다. 중국의 경우 자녀들이 의대 진학을 희망하면 부모들이 반대한단다. 고생하고, 돈 안 되고, 환자나 환자 가족들이 거칠게 항의하면 봉변당하기 때문이다.

아쉽게도 우리나라 현실은 어떤가! 머리 좋은 학생들은 의대, 법대, 사범대, 교대 가려고 하고 공무원 시험 준비한다. 뭔가 개발하고 발명하고 창조하고 도전하는 일보다, 안정적이고 노후에도 문제없을 직업 우선이다. 물론 개인으로서는 현명한 판단이다. 사회가 변할 좋은 계기가 있거나 변화를 위해 지도자들의 고민이 요구된다.

우리나라 사람들 취미를 조사해 보면 조사기관에 따라 등산과 낚시가 1위, 2위를 차지한다. 낚시 손맛 짜릿하다. 비록 방생하더라도 손맛을 못 잊어서 다시 간다. 혼자 낚시 가면 집안 식구들이 싫어하니까 일단 잡은 물고기들 집안 욕조에 풀어 놓고 며칠 키우면서 하는 말이 다음 주말에 얘들 방생하러 다시 간단다.

낚시보다 더 짜릿한 취미가 '작살질'이다. 물속에서 보면 물고기 한 마리도 안 보이고 지렁이 꽂아 드리운 낚싯바늘만 보이면, 물고기 있는지 없는지도 모르고 세월 낚고 있는 낚시꾼들에게 말해줘야 하나 고민된다. 한번은 물질하다가 방향감각을 잃고 갯바위 쪽 수면 위로 올라갔더니 낚시꾼이 "여기서 이러시면 어떻게 합니까?" 하고 따지길래 미안하다면서 먼바다 쪽으로 헤엄쳤다. "바다 물속에 물고기 좀 있던가요?" 묻는 그에게 못 들은 척 그냥 먼바다 쪽으로 헤엄쳤다. 한 마리도 없단 말을 차마 못 했다. 바닷속에서 물고기 발견하고 작살을 쏘면 동물적 쾌감이 있다. 한번은 우럭이 어슬렁거리는데 약 2m 뒤에서 작살을 쏘았다. 옆구리를 스치며 불발되는 순간 '에잉' 하며 허리 틀어서 피한 우럭이 뒤돌아 그 자리에서 필자를 노려보았다. 아~ 미안하다. 미안해서 다시 작살을 쏠 수가 없었다. 물질 안 한 지 30년인데 요즘은 작살이 불법화된 듯하다.

낚시, 작살보다 더 짜릿한 취미가 사냥이고 특히 맹수사냥이 짜릿하단다. 경험은 못 했지만 이해 간다. 아차 하면 목숨 내놔야 한다. 목숨 걸고 하는 도박이므로 스릴 만점이겠다. 이보다 더 극강의 짜릿한 일이 뭐라고 생각하시는가? 인간 사냥이다. 무기 없는 동물 상대는 조금 비겁한 감도 있지만, 같은 무기를 들고 같은 지능을 가진 사람과의 전쟁이, 폭탄 없이 밀림에서 총만 가지고 전쟁한다면, 아마도 무서워서 도망가거나, 전쟁 미치광이가 되거나. 주인공이 항상 천하무적인 전쟁영화 말고 상당히 사실적으로 재현한 〈지옥의 묵시록〉 같은 전쟁영화 보면 이해 간다.

전쟁 체험하는 서바이벌 게임이 있다. 실내 서바이벌 10분을 해봤는데 어찌나 몰입했던지 마치고 나오는 사람마다 전부 땀으로 목욕하고 에어컨 앞에서 찬바람 샤워를 했다. 달리기, 등산보다 살 빼기에 최상의 게임이었다. 야외 서바이벌도 해봤는데 총알 맞으면 양손 위로 들고 나가야 하는 규칙 무시하는 사람들 때문에 실망스러운 부분은 있지만, 이 또한 잠시 긴장과 집중하는 데 있어서 최고였다. 진짜 전쟁이라면 어떨지 상상만 해도 대충 짐작은 된다. 공부를 이렇게 집중하면 전부 우등생이다.

조직 생활, 회사 생활, 군대 생활은 어쩌면 단체 서바이벌 게임 같은 느낌이다. 각양각색의 인간군상을 다 경험한다. 윗사람이 실망스러울 때 힘들고, 남들 보다 인정을 못 받을 때 힘들지만, 나 또한 윗사람 위치에 앉았을 때 완벽하지는 않다. 사람 스트레스에 내성이 없으면 상당히 힘들기는 하지만 그러면서 성장한다. 이겨내야 한다. 서바이벌 같은 짜릿함이 있다. 마지막까지 생존하면서 목숨 걸고 즐겨라. 나만 안 죽으면 짜릿하다. 스트레스 혼자 짊어지는 상사는 무능하다. 여러 형태로 직원들에게 나눠줘야 한다. 이왕이면 깔끔하게 가르쳐 주면서 나눠야 하는데 업무 과중에 자기 능력도 부족하면 그냥 막 던진다.

직장 상사가 마음에 안 드는가? 그렇다면 회식 후 2차 꼬셔서 실내 서바이벌 게임장에 가라. 총으로 쏴 죽여라. 단, 백병전白兵戰(칼, 창, 총검 같은 무기로 적과 직접 몸으로 맞붙어서 싸우는 전투)은 금물이다. 흥분해서 개머리판으로 찍고 찌르고 정강이뼈 차고 이런 짓 하면 뒷일 책임 못 진다. 부부싸움도 여기서 하면 좋겠다. 막 죽여 버려라. 단, 남편은 모래주머니 차든지 어린아이 업고 뛰든지 해야 공평하겠다. 생존한 사람은 즐겁게 맥주 한잔 사고 죽은 사람은 죽을죄를 지었다며 빌며 화해.

오래전 미국 유명 신문 기자가 '상원의원들은 전부 바보다' 이런 기사를 작성했고 편집국장은 수정 지시했다. '상원의원들은 한 명만 빼고 전부 바보다' 이렇게 수정했고 그대로 내보냈다. 상원의원들이 발끈했고 소송 걸겠다고 했지만 결국 참고 넘기기로 했다. 송사 들어가면 어떻게 될까? 상원의원들은 자기가 바보 아니란 점을 증명해야 한다. 간단하다. 그럼 기자는 어떻게 해야 할까? 상원의원들이 바보란 점을 증명해야 한다. 이것도 간단하다. 상원의원들이 초점을 자기에게 맞춰놓고 싸우면 이겨도 피해 본다. 한 명은 아니라고 했으니 가만있으면 그 한 명이 자기가 될 수도 있다.

유명한 강 변호사가 있다. 그 변호사에 대한 사심 빼고 쓴다. 2010년 저녁 식사 자리에서 농담을 했다. 특정 직업군에 대한 명예훼손으로 불구속기소 됐다. 그 농담은 심했다. 당사자들이나 그 직업에 진출하고 싶은 희망자가 들으면 화낼 내용이었다. 하지만 사석私席이었고 농담이었다. 농담이든 진담이든 그보다 심한 말 하는 사람은 낙동강 모래알만큼이나 많다. 공석에서 심한 말 하는 사람들, 대통령 욕하는 사람들, 어떤 직업군이 아니라 구체적 개인을 욕하는 사람들 등 방송이나 사이버 공간에 차고 넘친다.

신중치 못한 농담도 문제이긴 하지만 송사로 끌고 가는 사람들은 더 문제다. 이러면 농담 못 하고 재미없어서 어떻게 사는가! 그래서 개그 프로들 다 사라졌나! 농담 수위 조절은 사법고시보다 어렵다. 기분 나쁘면 적당히 맞받아치고 넘기자. 송사訟事 만능주의 바뀌길 바란다. 판사들 일 많아서 재판 전부 지연된다. 업무 부담 줄여주자. 미국 상원의원들의 본의는 아니었지만 웃고 넘긴 아량을 본받자.

2009년 예능 프로그램 〈미녀들의 수다〉에서 한 여학생이 "키 180㎝ 미만의 남자들은 루저"란 발언으로 곤욕을 치렀다. 물론 그냥 키 180 이상 남자를 만나고 싶다, 정도면 좋았을 텐데 아쉽긴 하다. 그 후 코미디가 시작된다. 언론중재위원회에 162㎝였던 남성이 KBS를 상대로 1천만 원의 손해배상을 청구하기 위한 조정 신청을 하였으며 10만 원에서 32억 원까지 180여 건의 조정 신청이 접수되었다. 언론중재위원회는 해당 발언이 개인적 의견이므로 조정 신청을 모두 기각하였다. 정 소송하고 싶으면 법원에 가라는 듯.

이러면 진짜 루저loser(패배자) 된다. 배상 청구한 남성들에게 묻고 싶다. 어떤 여성을 만나고 싶은가 하는 질문에, 예쁜~ 하면 세상 모든 안 예쁜 여성들이 가만있지 않는다. 날씬~ 하면 세상 모든 안 날씬 여성들이 가만있지 않는다. 그 여학생 그냥 키 큰 남자 만나서 알콩달콩 잘살게 빌어줘라. '빌어먹을' 하면서. 키 큰 넘들만 인정받는 X러운 세상이다. 선천적으로 결정된 운명에 집착하지 말고, 후천적으로 가능한 자기 그릇 키우자.

어떤 프랑스인이 말했다. 이런 일이 프랑스에서 발생했다면 아무도 관심이 없고, 키는 180㎝ 이상인데 여자들에게 인기 없이 솔로인 남성이 그 여학생에게 연락했을 거란다. 톰 크루즈는 이 추세에 힘입어 '톰 크루저'라고 불리기도 했다. 이후 관련 상품까지 나왔다. 일명 '루저티'인데 의외로 잘 팔렸다. 송사(訟事) 만능주의 바뀌고 미국 상원의원들 본받자.

'7장 일단 공부는 하자' 편에도 언급했지만, 자식 편하게 키우면 나약하고 불효자 된다. 온실 속의 화초처럼 키운 자식은 사회에서 남들 싫어하는 존재가 되고, 결혼해도 배우자가 속 썩는 철없는 존재가 된다. 만약 부모님이 "학생 시절에 공부만 열심히 하면 된다"라고 하신다면 한마디 하자.

"그런 생각하시는 거 아닙니다."

미성년 시절이 어렵다면 막말로 부모 원망해도 된다. 단 속으로만. 20세가 되면 그때부터 자기 인생 자기가 책임져야 한다. 태어날 땐 운명이지만 죽을 땐 자기책임이다. 멋진 인생 살고 웃으며 마무리할 자신이 있는지 날마다 생각하시라.

필자가 아이돌 스타 비스무리하게 잘생기고 키 크고 날씬하지는 않아서 좋은 점은 외모 가꾸는데 옷 사는 데 돈 안 들고 어쩔 수 없이 공부했다는 점. 제대로 하는 게, 할 수 있는 재주가 공부밖에 없었다. 연예인 했다면 1% 이하만 성공하는 그 동네에서 인생의 쓴맛을 보고 방황하다가 쓸쓸히 퇴장했을 가능성이 99%다.

어디서 봤는데 대충 기억을 살린다. 90세 할머니가 살면서 가장 후회했던 점은 마지막에 웃는 넘이 좋은 인생인 줄 알았는데 자주 웃는 넘이 좋은 인생이라 하셨다.

일본 기자가 탈레반에 잡혀 참수당했을 때 그 어머니가 기자들에 둘러싸여 한 말이 있다.

"폐를 끼쳐 죄송합니다."

한국의 어느 교회는 입국하면서 오히려 큰소리쳤다. 그분들은 정부가 위험지역 해외여행을 금지하자 정부 상대로 고소하겠다며 강경하게 아프가니스탄 지역으로 선교활동 나갔다가 스물세 분 중에 두 분이 참사를 당했다. 정부가 거액의 몸값을 지급하고 석방되었다. 탈레반에 의해 납치 살해된 희생자 유족이 "정부의 재외국민에 보호 의무 위반에 대해 책임을 묻겠다"라며 국가를 상대로 3억 5,000만 원의 손해배상 청구 소송을 냈다. 법원은 "국가가 배상할 필요 없다"라고 판결했다. 위험지역에 무리한 출국을 했는데 왜 이러셨을까? 무슬림이 한국교회에 들어와서 이슬람교 포교 활동을 하면 기분 나쁘셨을 거다. 입국장에서 "폐를 끼쳐 죄송합니다"란 말씀하기 그렇게 어려우셨나!

● **이성과 감성**

이성과 감성은 다른 단어들일 뿐 좋고 나쁘고는 없다. 예술인, 작가, 연예인 등 감성이 풍부해야 하는 사람들도 있고, 수학, 공학 같은 이성이 풍부해야 유리한 분야도 있다. 누구나 마음속에 이성의 영역과 감성의 영역이 공존하고 있으며, 때에 따라 한쪽의 영역이 더 강화된다. 여기서 '감성'이란 단어를 마치 이성적 판단이 부족한 분을 나무라는 듯이 사용하겠으니 필자의 짧은 어휘력을 이해하여 주시길 바란다.

'통영의 딸'은 2011년 5월 통영에서 열린 전시회를 통해 북한 수용소에 수용된 사실이 밝혀진 신숙자 씨와 오혜원·규원 모녀를 가리키는 말이다.

1942년 경남 통영에서 태어난 신숙자 씨는 20대에 독일로 건너가 간호사로 일하다 현지에서 경제학을 공부하던 유학생 오길남 박사를 만나 결혼해 두 딸을 낳았다. 신 씨는 1985년 작곡가 윤이상 등의 월북 권유를 받은 남편을 따라 북한으로 갔으나, 1986년 체제의 실상을 깨달은 오 박사가 독일 유학생 포섭 지령을 받고 독일로 가던 중 탈북하는 사건이 일어난다. 이후 신 씨는 두 딸과 함께 정치범 수용소인 함경남도 요덕 수용소에 수용된 것으로 알려졌다.

이들 3인에 대한 송환 촉구 서명운동이 전 세계로 확산했고 구출 청원이 이어지자, 북한 당국은 2012년 4월 스위스 제네바 주재 북한 대표부 명의로 유엔UN에 신 씨가 간염으로 이미 사망했음을 서한으로 통보하였다. 그러나 남편 오 박사는 북한 측 서한에서 신 씨의 구체적인 사망 시간과 장소, 거주지 등에 대한 언급이 없었다며 믿을 수 없다는 입장을 밝혔다.*

오 박사는 속았고 감성이 풍부했다. 이처럼 한순간의 오판으로 인생이 송두리째 바뀌는 사례들이 있다.

지인이 인터넷상에 떠도는 글을 퍼줘서 읽어봤다. 요약하자면, 연로하신 아버지와 사는 아들 내외 그리고 손주들이 있다. 아이들이 우

---

* 출처: 네이버 지식백과 통영의 딸, 시사상식사전, pmg 지식엔진연구소

선이고 노인은 뒷전이었다. 외로운 노인이 어느 날 말도 없이 가출하셨다. 몇 달 만에 아버지 방에 들어간 아들은 엉망인 방 상태를 보고 놀랐다. '내 아내가 이렇게도 아버지 방을 정리해 드리지 않았단 말인가!' 대충 이런 내용이다. 지인은 몹시 흥분하여 들어오는 사람들, 즉 며느리, 사위 같은 사람들이 좋은 사람들이어야 된다며 글을 마무리했다.

첫째, '몇 달 만에 들어간' 몇 달 동안 아들은 아버지 방에 안 가봤을까!

둘째, 아버지 방은 누가 정리해야 되나, 아버지가 정리해야 된다.

셋째, 섭섭하다고 가출하나. 애도 아니고.

넷째, 사이버 공간에 거짓말이 난무한다.

감성이 풍부한 사람은 이런 글에 속기 쉽다. 터무니없는 주작做作이다.

2023년 12월 14일부터 수족관이 돌고래를 전시 목적으로 새롭게 들여오는 것이 금지됐다. 돌고래 올라타기나 만지기 등 체험도 금지다. 수족관에서 '고래목'을 보유하는 것이 금지된다. 현재 국내 수족관에는 돌고래 16마리와 벨루가 5마리가 있는데, 이들 21마리가 마지막이다. 하지만 돌고래만 불쌍한가! 돌고래 방류 주장하는 분들, 그럼 동물원 동물 전부 자연에 보내자. 가정에서 키우는 동물들은? 식용 가축은? 경주마 은퇴하고 할 일 없거나 부상 입으면 바로 도축이다. 모르니까 무시하는가! 돌고래가 귀엽게 생겨서 사람들 감성 자극한 결과로 보인다. 사람 중에 고생하는 분도 많다. 좋은 환경 만들어 주면 돌고래 포함 동물들 키워도 되는 그런 세상이면 좋겠다. 어항과 새장도 일정 크기 이하는 제작 불가하면 좋겠다.

미인대회 반대하는 분들께 말씀드린다. '성 상품화'라는 이유가 주된 이유라면 생각을 바꾸시면 좋겠다. 그렇다면 여자들 비키니 수영복 금지하고 전부 래시가드로 바꾸자. 미용 목적 성형수술 불법화하자. 여자화장품 최저가로 통일하자. 여성복 최저가로 통일하자. 잡지/인터넷에 수영복/속옷 차림의 남자/여자 등장을 금지하자. 남자 아이돌 가수 좋아하는 여자들 구속해라. 나랑 생각이 다르다고 틀렸다는 그 기준이 틀렸다.

김밥 장수 할머니 얘기를 쓰겠다. 단속반원이 광주리를 뒤엎는 장면의 사진이 신문에 크게 실렸다. 여러분이 이 사진을 보는 순간 어떤 생각이 들까? 단속반원이 잘못했을까? 이 사진에 분노했다면 당연히 약자를 보호해야 한다는 인간 본성의 아름다운 마음씨였다. 그 할머니 뒤에 '김밥○○' 가맹점이 장사하고 있다. 거기는 영업권을 샀고 임차인으로 월세를 내고 세금을 내고 아마도 정식 유통된 식자재를 사용했고 식중독이 발생하면 책임을 지고 아르바이트생을 고용해서 고용 창출과 월급을 지급한다. 김밥 할머니 때문에 합법적인 영업에 방해받는 셈이다.

단속반원의 입장을 보자. 아침에 단속할 때는 할머니가 즉시 정리하고 피하셨다. 나중에 불법영업 신고 들어와서 나가 보니 또 얼른 피하셨다. 날마다 숨바꼭질이다. 관리감독자는 자꾸 신고 들어오는데 단속 안 하고 어디서 놀다 오느냐고 질책한다. 이러면 다음에 연장 계약 물 건너가니 알아서 하란다. 집에 가면 어머니, 아이들, 부부 포함 5명의 가장인데 실직하면 어머니 병원비, 아이들 학원비, 생활비, 거기에다 키우는 반려견 사료는 무슨 돈으로 해결하나. 한숨 쉬고 또 순찰 나가는데 할머니가 슬슬 장사 접으며 자리 피할 모양새였다. 할머니와 실랑이하다가 언성이 높아지는데 마침 근처에 있던 기자가 실랑이를 보면서 카메라 준비하다가, 화난 단속반원이 광주리 뒤엎는 장면을 찍었다.

감성적으로 보면 단속반원은 천하의 XXX다. 이성적으로 보면 할머니는 어떤 식자재를 어디서 구매했는지도 모른다. 경주마 사료용으로 수입된 당근인지, 유통기한 한참 지난 계란인지, 식중독에 책임질 능력도 없으실 거다. 세금 내지 않으실 거고. 단속이 무효하다면 여기저기 세금 안 내는 불법 노점상만 넘쳐나고, 정식으로 세금 내고 월세 내고 위생 검사 받는 업주들이 피해 본다. 합법적인 공권력 행사에는 이성적으로 접근하자. 할머니도 불쌍하지만, 단속반원도 불쌍하다.

서양 중세 시대를 배경으로 하여 전쟁 장면을 보여주는 영화가 많다. 칼, 창, 방패를 가지고 힘으로 싸운다. 어떤 영화였는지 기억은 안 나지만, 빛나는 갑옷을 입고 투구를 쓰고 제일 선봉에서 칼을 휘두르며 왕이 싸웠다. 그 장면을 보고 어떤 분이 "외국에서는 왕이 저렇게 제일 앞에서 싸우네." 하셨다. 아마 감동 받으셨던 때문이리라. 이런 영웅담 액션영화는 뭔가 화끈하고 재미있다. 하지만 실제로 왕, 고위 관료, 장군이 제일 앞에서 칼을 휘두르는 일은 인류 역사에 없다. 더군다나 표시 잘나게, 남들보다 멋있게 보이기 위해, 혼자 빛나는 갑옷을 입으면 제일 먼저 죽는다. 지도자가 후방에서 지휘하면 비겁하다기보다는, 전방에서 싸우다가 먼저 죽는 지도자가 어리석다.

지인과 술자리에서 약간의 논쟁이 있었다.

"경찰은 시민을 폭행하면 안 된다."

이 말에 필자가 반박하면서 논쟁이 시작됐다. '무고한 시민을 폭행' 하면 안 된다. 그런 당연한 말은 아니지 않나! 그냥 힘 있는 자가, 혹은 공권력이 힘쓰면 안 된다는 식의 감성 풍만한 표현일 뿐이다.

"미국 농산물 수입에 반대하여 극렬 시위하던 사람들이 전투경찰 때리고 파이프 휘두르고 그러다가 미국 백악관 앞에서 시위하자며 단체로 비행기 타고 갔다. 거기서는 폴리스 라인 금 밟은 사람 하나 없었다는 기사 봤다"라고 대꾸하니 지인은 "미국 경찰은 총을 가지고 있으니 그렇지"라고 말했다. "아, 그럼 우리나라 경찰도 총 가져야 하는구나, 너 금 밟았어, 빵." 이렇게 놀렸다.

필자가 말했다.

"우리가 지금 술 마시고 있는데 옆자리의 주폭이 와서 당신을 폭행하고 나는 경찰 불렀고 출동한 경찰이 무력을 못 쓰고 주폭을 제압하지 못하고 말로만 '야 그러지 마! 그러면 안 돼', 이럴 경우 당신 기분이 어떻겠는가?" 공권력 행사에 반대하면 치안유지는 누가 하나!

술 취한 자가 파출소 들어와서 말 안 듣고 경찰 의자에 앉았다가 일어나서 난동 부리니 경찰이 전부 도망 나가는 이것도 나라냐? 남성/ 여성 2인조로 순찰 나간 경찰이 길에서 범인을 제압하는데 여성 경찰은 옆에서 동영상 촬영만 하고, 남성 경찰은 경찰 제복이 다 찢어지면서 마치 유도하듯이 힘으로 범인을 제압하는데, 경찰이 힘없거나 범인 덩치가 크면 제압도 못 하는 이것도 나라냐? 미국에서 덩치 큰 험상궂은 남성이 큰소리치다가도 경찰이 오면, 그 경찰이 아주 덩치 작은 여성이라도 꼼짝 못 하고 순한 양이 된다. 이게 나라다.

약자 보호본능은 이해한다. 그러나 감성적으로 접근하기 전에 이성적으로 판단해야 할 일들이 참 많다. 부정한 일을 저지른 경찰 관련 기사가 가끔 보이더라도 고생하는 경찰 전체를 비난하지 말자. 세상에 부정한 일은 정치인, 법조인, 의사, 교사, 교수, 택시 기사, 아파트 동대표, 종교인, 자선사업가, 거의 모든 집단에 다 있다. 그렇지만 좋은 일을 더 많이 한다. 과거 나카무라 순사는 치안유지라는 좋은 일도 했지 싶다.

시민으로서 경찰에게 맞기 싫은가? 그럼, 법을 지키고 말 잘 듣고 차근차근 논리적으로 설명하면 된다. 죄짓고 까불면 맞자. 경찰에게 맞거나 주폭, 조폭에게 맞거나.

모택동은 권력 유지 강화를 위해 어린 학생들을 이용했다. '홍위병' 그때 그들은 중장년이 되어 무슨 생각을 할까? 어떤 중국 변호사였다고 기억한다. 학생 시절 잘못을 고백했다. 자기와 아버지는 공산당을 지지했다. 어머니는 모택동을 지지하지 않는다고 하셔서 자기와 아버지가 어머니를 신고했다. 어머니는 잡혀가서 고생하시다 옥사^{獄死}하셨다는 그런 고백이었다. 감성 충만하면 실수 가능성이 크다. 단순히 슬픈 역사의 한 부분이라고 잊어 버리거나 왜곡하거나 숨기면 안 된다.

모택동과 홍위병에 관한 기사는 우리나라 청춘들도 읽어보시기를 바란다. 인터넷 검색으로 잠깐 읽어보는 데 30분도 안 걸린다. 인간이 무식하거나 감성만 충만하여 한쪽으로 쏠리면 얼마나 무서운지 역사를 배우자. 정치깡패 홍위병들이 어떤 극악무도한 짓을 했고, 나중에 토사구팽당하고, 시골 가서 어떤 보복을 받았는지 읽어 보자. 바른 생각 가지신 어머니를 틀린 생각 가진 부자^{父子}가 처벌한 만행과 어이없는 역사를 알자.

11

생각 그릇 키우기

법과 제도 중에서 개정되고 바꿔었으면 하는 부분들 역시 지극히 개인적인 의견을 제시한다. 반복하지만 생각의 다름을 틀렸다고 하지 마시고 이런 의견도 있다는 정도로 봐주시면 감사하다. 지나간 일들이지만 다양한 관점을 읽으면 생각 그릇을 키우고 다른 토론을 할 때 도움이 된다.

● **사법고시(사법시험)와 로스쿨 제도**

잠잠해지긴 했지만, 논란 많았던 사법고시와 로스쿨 제도를 연구하지 않으신 분들을 위해 나름 정리해서 알려 드린다. 주로 인터넷 서핑과 '나무위키'에서 참조했고, 양쪽 모두 장단점이 있으며 결론부터 말하면 필자는 로스쿨 제도에 찬성한다.

사법고시 부활을 주장하시는 분들 주장은 간단히 세 가지이다.

첫째, 로스쿨 제도는 신분 수직상승 사다리를 걷어찼다.

둘째, 로스쿨 제도는 음서제로 변질된다.

셋째, 고시처럼 점수만으로 결정하면 공정하다.

수십 년간 지속된 사법고시(정식 명식은 사법시험)는 과다한 응시생들이 장기간 고시 공부하는 폐해가 있었고 응시 자격 제한이 없어 법학, 인문사회계열, 이공계열, 고졸 등 많은 우수한 인재들이 고시에 매달렸다. 법학전문교육을 받지 않아도 아무나 시험에 합격만 하면 되었다.

OECD 변호사 수에서 미국이 1만 명당 42명, 영국이 32명, 프랑스가 10명, 한국 5명, 일본 3명으로 변호사가 적다 보니 판검사들 퇴임하면 대형 로펌, 재벌 법무팀으로 전관예우를 받고 가는데 많이 받을 때는 100억 이상도 받았다.

사법시험의 본질은 변호사 자격증을 주는 변호사 자격시험이며 문제는 변호사는 나라에 소속된 게 아닌데 뽑아서 2년 동안 사법연수원에서 먹여주고 재워주고 월급까지 줘가며 법무를 가르쳤다. 사법연수원생이면 심지어 5급 공무원 수준의 대우를 받았다는 말도 있는데 확인은 못 했다.

애초에 로스쿨이 도입된 까닭은 사법고시에 너무나 문제가 많고 아무리 이를 지적해도 개선이 되지도 않았기 때문이었다. 그토록 눈 감고 개선 안 했으면서 막상 로스쿨 도입되니 신규 제도의 문제만 공격하면 설득력이 떨어진다. 필자가 생각하는 가장 큰 문제는 젊은, 혹은 어린 나이에 고시에 붙기만 하면 '영감님' 소리 들으면서 평생 소수의 특권을 누린다는 점이다. 법대 재학생들이 학교 수업에 관심도 없고 고시학원 수업을 들었다.

의사 국가고시는 의대 졸업생에게만 응시 자격을 주는데, 사법고시는 법대 졸업하지 않아도 아무나 응시 자격 준다는 불합리가 있다. 로스쿨 도입으로 변호사 숫자가 폭증하여 일반인들은 쉽게 법률 서비스를 이용하게 되어 좋아지긴 했다.

고시생들의 고시원비, 학원 수강료, 교재비 등을 평균 준비기간으로 곱하면 드는 비용이 로스쿨 3년 등록금 및 비용보다 더 많으며, 로스쿨은 하위 5~20% 자녀들에게 장학금을 지원하니 지원 못 받는 고시생보다 신분 수직상승 사다리란 측면에서 로스쿨이 더 유리하단 주장이 있다. 필자는 동의하지 않는다. 요즘 인터넷 동영상 강의가 발달하여 연간 500만 원 정도면 되니까 로스쿨 등록금 2천만 원씩 3년 합계 6천만 원보다 고시 공부가 더 저렴하다. 로스쿨 다니면서 역시 고시원 생활, 학원 강의 수강하면, 사법고시 시절 대비하여 등록금만큼 추가 비용이 들어간다. 대학 4년 등록금에 더해 대학원 등록금까지 들어가는 로스쿨은 사회적 배려 대상자 특별전형이 있다고 하지만, 이들은 하위 5~20% 자녀들일 뿐이고, 경제적으로 어려운 집안 자녀들은 로스쿨 진학률이 극도로 낮다는 말이 사실일 것이다. 중위권 자녀들은 지원을 못 받는다.

고시 선호자의 '개천의 용' 주장은 합격을 전제로 해야 하는데 그런 경우가 매우 희박하다. 어려운 형편일수록 공정하게 경쟁한다면 합격 확률이 안 그래도 낮은 평균 합격 확률(3~5%)보다도 더욱 낮아진다. 희망의 사다리라는 주장 대신에 '희망 고문의 사다리'란 비아냥도 있다. 이선애 헌법재판소 재판관, 노무현 전 대통령을 제외하면 '개천의 용'은 거의 없다. 용이 될 확률은 로또 수준인데 고시가 상승 사다리란 주장은 무리다. 그러나, 로스쿨 재학생 중에도 흙수저는 분명히 존재한다. 그래서 위 첫째 '신분 수직상승 사다리' 주장은 반대한다.

둘째 '음서제' 이게 문제다. 로스쿨 입시에서 면접과 스펙의 비중이 매우 높다. SKY 로스쿨이 교육부가 '느그 아부지 뭐 하시노 하고 묻지 마라'라고 한 데에 대해 히스테리적인 반응을 보였다고 하니 살짝 의심스럽다. 또, 로스쿨 시험이나 성적에 대한 관리가 엄격하지 않다는 주장이 있다. 아주 공정하고 잘 관리하지는 않는 거 같다는 데 손모가지를 걸지는 않는다.

셋째 '고시처럼 점수만으로 평가하면 공정' 이는 지극히 당연한 말이고 어떤 시험이든지 점수만으로 결정하면 응시자 모두 결과에 승복한다. 단, 사법고시도 사법연수원 평가 시험이 문제 소지가 있었다고 한다. 이는 동일한 교재에서 동일한 내용을 동일한 방식으로 가르치고 평가 방식을, 연습을 통해 미리 알려 준 후에 그 학습성과를 평가했기에 공정성에 문제가 있었다는데 뭔 말인지 모르겠다.

완벽한 제도는 없다. 운용을 잘해야 된다. 그토록 문제 많다고 지적받았던 고시제도 때문에 많은 전문가들이 연구해 낸 로스쿨 제도가 잘 정착되길 바란다. 하지만 현대판 '음서제'란 의심받을 만한 여러 사건도 있었고, 아직 불안하지만 부디 관련된 분들이 개선해 주시길 바랄 수밖에 없다.

이선애 헌법재판소 재판관이 사법시험 수석 합격 당시 언론이 자신자신을 추어올린 데에 대해 한 말씀이 심오深奧하다.

"언론은 나의 수석 합격 소식을 불우했던 과거와 연결해 '아무리 힘들고 괴로워도 누구든지 노력만 하면 출세할 수 있고 잘살 수 있다'는 식의 미담으로 널리 다루었다. 이러한 보도 태도는 긍정적인 측면도 있겠지만, 몇 가지 역기능도 있다. 이러한 미담이 사회에 확산할수록 사회의 빈부격차나 소외계층의 문제와 같이 구조적인 문제를 개인적 노력의 문제로 환원해 버리는 잘못된 문제해결 방식이 사회적으로 번지는 부정적인 측면이 있을 수 있다."

별도로, 일정 계급 이상 진급한 판검사들은 퇴임하면 변호사 활동을 금지하는 법안이 필요해 보인다. 대형 로펌, 재벌 법무팀으로 가서 전관예우를 받으면 사법 정의 실현은 물 건너간다. 일정 계급 이상 진급할 시점이 오면 권력을 택할지 돈을 택할지 선택하면 된다. 입법부, 행정부, 사법부 삼권 분립하듯이 돈, 권력, 명예도 몽땅 차지하지 말고, 분리하면 좋겠다. 나누면서 없는 사람들도 좀 먹고삽시다.

● **대입제도**

약 50년간 다양한 대학 입학 제도를 봤다. 역시 개인적, 지극히 개인적 소회所懷는 신분 수직상승 사다리를 걷어찬 제도야말로 현행 수능시험 제도라고 생각한다. 온 국민의 지대한 관심으로 말도 많았던 대입제도를 많은 권력자와 전문가들이 줄기차게 다양한 제도를 시도해 보면서 현행 제도를 만들었다. 바로 위 주제에서 서술했듯이 완벽한 제도는 없고 운용을 잘해야 된다. 현행 제도의 장점도 있고, 수십 년 연습해 온 다양한 평가의 최종산물이니까 마련한 전문가들의 심오한 전문성을 높이 사야 하지만, 감히 왕초보 같은 짧은 소견所見을 털어놓고자 한다.

첫째, 사법고시 같은 전문가 선발시험이 아니다. 고교생들 평가하는 시험이다. 제도가 왜 이리도 복잡한가! 학생과 학부모도 이해될 간단한 제도가 답이다. 과거 사이버 공간에서 읽었던 내용인데 가슴에 깊이 와닿은 내용을 소개한다. 고등학생 자녀를 둔 고교 3학년 교사인 분이 학원 입시설명회에 가서 상세한 설명을 들었다. 자기도 입시제도가 어려워 설명을 듣고 난 후에 개인 상담도 했는데 30분간 지극히 친절하게 잘 상담해 줘서 감사했다. 자기는 학교에서 학생들에게 그렇게 꼼꼼하게 30분 동안 상담해 주지 못한다고 썼다. 사실일 것이다.

고등학교 3학년이면 부모님, 선생님과 상담하고 스스로 결정할 정도의 쉬운 제도가 답이다. 제도가 복잡하면, 자녀에게 신경 써줄 시간이 없고 경제적 여유가 없고 충분한 지식이 없는 부모님을 둔 자녀들은 손해 본다. 제도가 복잡하면 학원은 좋다. 사교육이 번성한다. 대한민국 엄마들이 전부 교육학 박사가 된다. '엄마의 정보력, 아빠의 무관심, 할아버지의 경제력'으로 학생들 운명이 결정되는 슬픈 현실이다. 제도가 복잡하단 말은, 대학입시 제도가 그만큼 어려운 문제이고 사회적 관심이 집중되고 말이 많아서 고민을 많이 했단 뜻도 되겠지만, 학생들에게 어려운 제도를 강요하지 말자.

둘째, 농어촌특별전형으로도, 학생부종합전형으로도, 학생부교과전형으로도, 정시로도, 특기자전형으로도, 논술전형으로도, 추가 모집으로도, 다양한 방법으로 진학할 수 있는 제도라고 한다. 반대로 생각하면 다양한 방법에 특별한 해당 사항 없는 많은 학생은 다양하게 떨어지는 제도가 아닐까!

물론, 제도가 문제는 아니고 학부모들의 잘못이긴 하지만 농어촌지역에 위장전입, 학생부를 잘 꾸미기 위한 사교육, 교내 수상 등 다양하게 지원해 주고, 초등학생 때부터 장기간 자녀 스펙을 만들어줄 능력이 되는 부모는 엄청나게 유리하다. 자녀 사랑이 과도하여 학생부를 무단 정정하거나 조작한 사례도 수백 건 이상 발견되었다. 유명 정치인, 재력가, 대학교수 자녀들의 부정 입시 의혹도 많았다. '아빠 찬스' '금수저 전형'과 같은 단어들이 보일 때마다 미리 여기저기 지뢰를 매설해 놓은 듯한, 빠져나갈 구멍 만들어 놓은 듯하여서 마음이 편치 않다.

차라리 학력고사 시험 성적 하나만 가지고 지원하면 좋겠다. 유명학원들이 발간한 예상 커트라인 정보지에 따라 80% 이상 합격 여부 추측이 가능했고, 안전 지원/배짱 지원 둘 중의 하나 선택했던 단순한 과거 제도가 그립다.

우리나라는 '아인슈타인' 같은 물리학자가 나올 수 없다는 글을 오래전 읽었다. 아직도 그런지 대입제도를 분석하다가 뇌세포 용량초과로 포기했다. 수학 등 한 가지 과목에 아주 특출한 학생은 대학에서 그 과목 전문가로 키우기 위한 개별 평가 등을 통해 다른 특별한 문제가 없다면 특기자전형 입학이 가능한지 궁금하다.

● **법이 일방적이면**

완벽한 법과 제도가 없겠지만 그래도 아쉬운 부분들은 항상 개선해 나가길 바란다. 미국 이혼 제도 관해서 다양한 글들을 읽어 본 경험이 있다. 부부간에 불협화음으로 아내가 자녀 데리고 나가면서 소송 제기하고 변호사 선임한다든지, 이런 행동에 들어가기 전에 심각하게 고민하며 상담한다든지, 여러 사례를 봤다.

개인적 느낌은 많은 남자들이 의무를 다하지 않고 가정을 쉽게 버리는 사례들이 있었고, 경제적 약자인 아내와 아이들 보호, 가정 안정을 위해 남자들에게 엄격한 의무를 강요하는 쪽으로 법 제정이 되지 않았을까 싶다. 남자들의 '바보같이 왜 결혼했냐, 혼자 살아라' '이혼하면 거지 되니까 무조건 참아라'와 같은 의견이 주를 이룬다. 적지 않은 흑인 남자들은 아내의 이혼소송에 도망간다고 한다. 자녀가 18세 이상이 되면 그때 나타난다. 아마도 그때는 자녀 양육비 지급 의무가 사라지는 모양이다. 생활비, 자녀 양육비 매월 지급하면 거지 된다는 말이 맞는데 그러면 이혼하지 마라, 잘못하지 마라, 이런 단순한 논리로 접근하는 방식은 바람직하지 않다. 고민 사례들을 보면 당연히 한쪽 주장만으로는 불확실하지만, 아내 쪽의 큰 문제가 있음에도 불구하고 이혼소송에서는 남편들이 무조건 당하는 듯한 모양새다.

남편은 결혼 전부터 모은 돈과 결혼 후에도 소형차 타고 다니며 절약해서 10억 원 정도 자금이 있다. 아내는 좋은 차 몰고 다니며 '죽을 때 가져가지도 못하는데' 하면서 소비지출이 과다해 저축을 하지 않는다는 하소연 남자가 이혼을 생각하였다. 주위 조언들은 '당장 금괴를 사고 땅에 묻어라' '당장 아주 비싼 고급 차와 손목시계를 사라.' 이런 부류의 이혼소송 전에 돈 낭비를 추천하는 어이없는 상황이다. 그리고 '어리석게 결혼한 너 잘못이다'는 덤이다.

결혼해서 잘 살고 있는데 자녀도 사랑하고 만족하는데, 결혼 전 아내가 결혼 날짜 잡아 놓고도 사귀던 연인과 놀러 다녔던 사실을 알게 되었다. 가정의 평화를 위해 남편은 내색하지 않고 덮었는데, 아내는 비밀 발각된 정황을 직감하고 아이들 데리고 멀리 도망갔고 변호사 선임해서 이혼소송 걸었다. 남편이 일 나간 사이 집에 와서 통장, 신용카드 등 중요 물품을 다 가져갔다는 내용과 아이들이 너무나도 보고 싶다는 하소연을 읽었다. 주위 조언들은 별다름이 없었다. '결혼한 바보야 무릎 꿇고 싹싹 빌어라.'

상황이 이러면 미혼의 남자가 부유한 경우 여자가 가져오길 바라는 최고의 혼수품이 뭔지 짐작 가시는가? 그건 바로 '위자료 포기각서'다. 이거 없이는 연애만 한다. 한때 세계 최고 부자였던 미혼의 빌 게이츠는 방송에 나와서 "나는 위자료 포기각서를 받지 않겠다"라고 말했다. 그 말 1년도 채 되지 않아서 친구를 시켜 멜린다에게 각서를 내밀었다. 나 대신 친구.

한때 뉴질랜드의 이혼 관련 법은 더 심각했다고 한다. 아내들이 꼬투리 잡아 소송 걸면 거의 승소했다. 아내가 알코올중독, 마약중독, 정신질환 등의 문제가 있어도 법정에서는 유리했고 자녀 양육권을 가져갔다. 남편은 쫓겨나고 거지 되고 아내는 매월 돈 받아서 외국인 남자들과 놀러 다니는 일도 있었다. 이러니 소위 괜찮은 남자들은 결혼을 안 하고 연애만 하고, 외국 나가버렸다. 아주 멋진 여자들만 결혼이 가능했다. 결혼하고 싶은 평범한 여자들은 능력 안 되고 벌이 못 하는 남자 먹여 살리면서 결혼하고, 사회적인 문제가 컸다고 한다.

부부 사이, 가정 문제를 법에 의존하면 무조건 불행이고 막장 드라마 한 편 찍게 되지만 그런 상황이 오더라도 잘잘못을 따지고 합리적인 조정을 해야지 불합리하다고 생각되는 순간 사람들은 빠져나갈 구멍을 먼저 찾는다.

● 사법적 처벌에 관해

대중 매체를 보면 범죄자의 인권을 강조하는 사람들이 꽤 많다. 법관도 인자하시고 법률도 피의자와 피고에 지나친 관용을 베풀지 않나 싶다. 그럼, 피해자와 피해자 가족은 누가 지키나! 그들의 억울함은 어떻게 해결하고 피해보상은 어떻게 하나!

과거 일단의 고교생들이 여학생 2명을 심하게 수차례 농락했다. 법정에 참관한 기자의 기사를 봤다. 그 기사 제목은 '그들은 악마였다.' 당연한 얘기 아닌가! 법정에 들어가기 전 대기할 때 가해 학생들은 웃고 떠들고, 피해 학생과 부모는 죄인처럼 고개를 떨구고. 법정에선 "판사님 잘못했습니다" 울면서 할리우드 액션하고. 최종적으로 인자하신 판사는 개전改悛의 정情이 보이므로 감형해 주신다. 안 봐도 비디오다.

반성문 열심히(?) 써서 여러 번 제출하면 감경 사유가 된단다. 왜 판사가 용서해 주시나? 제출하려면 피해자와 그 가족에 제출하고 날마다 찾아가서 무릎 꿇고 빌고 그 집 앞 청소하든지 세차하든지 집안일 돕든지, 용서받을 때까지 무기한 빌고, 그래서 피해자가 용서할 경우 감경 사유가 되면 아주 조금 이해하겠다. 이 또한 할리우드 액션일 가능성이 크다. 홧김에 길을 가다 돌을 걷어찼는데 지나가던 행인이 맞아서 다쳤다, 이런 종류의 의도하지 않은 범죄(?)라면 '용서'란 단어도 등장하고 '감경'도 가능하지만, 의도한 범죄에 대해서 감경은 이해하지 못하겠다. 할리우드 액션 하라고 조언하는 변호사가 없다면 불리하다.

미궁에 빠진 범죄 수사에서 범인이 양심의 가책으로 자수했거나, 수사에서 드러난 사실 이외에 범인이 추가로 자백했다면 반성이라 인정하겠지만, 만약 잡히지 않았다면 반성할까! 법정에 서지 않았다면 판사에게 반성문을 썼을까 싶다.

영아를 고층아파트 밖으로 던져 살해했는데 7년 형, 음주 운전 뺑소니 살인이 집행유예, 사귀던 여학생 폭행으로 수차례 잡혀가도 전부 풀려나고, 결국 스무 살의 꽃다운 나이에 여학생이 폭행으로 죽었는데 직접적 인과관계가 있느니 없느니 하며 또 풀려났다. 이런 기사 보면 화가 나서 누워도 잠이 안 온다. 입법기관의 업무태만인가, 사법기관의 판단 실수인가, 일반 국민 정서와 많이 다르다.

과거 유명인의 아들이 서울 모 지역 술집에서 폭행당했고 그 유명인이 사적 제재制裁를 가해서 떠들썩했던 사건이 있었다. 억울하게 당한 사건인지, 맞아도 싼 사건인지는 모르지만, 억울한 사건이었다면 신고했어도 처리가 시원치 않았을 가능성이 있다. 그러므로 그 유명인의 보복이 시원하다고 느꼈을 사람이 많다. 나에게도 그런 아버지가 있었으면 할 국민이 참 많을 것이다. 여러분, 힘을 기르셔야 한다. 아무도 여러분을 지켜주지 않는다.

작은 제목 '배려'에서 짚었지만, 범죄자 인권 보호 지나치게 강조하지 말자. 그보다는 피해자와 그 가족 인권이 우선이다. 주취 감경, 심신미약 감경, 촉법소년, 맹견, 우발적 범행, 유전무죄 등 이렇게 인자한 법이 많은지 이해가 어렵다. 개에게 물려 상해 입거나 사망했다면 그 주인이 직접 상해 입혔거나 살해한 수준의 책임을 져야 하지 않을까? 단순히 물린 사람 재수 없었다, 사람도 아니고 개인데 어쩌나, 개인데 봐줘라 식은 곤란하다. 참고로 개가 덤비면 왼쪽 팔을 포기하고 물린 상태에서 급소인 코와 눈을 찔러라. 뾰족한 물건이 있다면 더 좋다. 죄 없는 사람이 당하면 안 된다. 착한 사람은 취해도 착하다. 취해서 동물로 변신하는 사람은 원래 그런 사람이다.

명백한 과실이 아니라면 고의적인, 계획된 범죄에 대해서는 탄원서도 없으면 좋겠다. 탄원서로 감경 사유가 되면 피해자의 원한은 누가 풀어 주는가! 힘이 있거나 큰 조직, 큰 회사에 속했던 사람은 탄원서 한 바퀴 돌리면 수십 명, 수백 명도 서명해 준다. "내가 아는 그 사람은 그럴 사람이 아니다." 이런 말씀은 안 하시면 좋겠다. 사람을 보지 말고 상황을 보라. 필자도 사흘 이상 굶으면 남의 빵 안 훔쳐먹는다고 지금은 큰소리치지만, 그런 상황이 닥치면 큰소리 못 친다. '정상참작'이란 누가 봐도 딱한 사정에 처한 슬프고 안타까운 피의자에 대해 아주 드물게 사용할 단어이다.

● **돈 관련 법**

잊을 만하면 대형 경제/금융 비리/범죄가 터진다. 추정 피해 금액 4~5조 원대의 최대 사기꾼 조희팔은 여러 기관에 뇌물을 뿌린 것으로 드러났고, 중국에서 장례식 치렀다는 영상이나 투명한 관뚜껑은 조작으로 보이며, 과연 수사 의지가 있었을까 하는 의심을 살 만하다. 이런 대형 경제사범에 관한 기사를 보고 나면 그 뒤가 흐지부지 넘어간다.

탈세, 고의 부도, 사기범들이 재산 명의를 변경해 두면 어쩔 도리가 없는 듯하다. 방송을 보면 호화주택에 찾아가서 숨겨 논 현금, 귀중품을 찾아 압류하는데, 못 찾으면 그뿐이고, 그 주택은 명의가 다른 사람이라서 압류 불가한지 불가사의하다. 집도 압류당하고 단칸방에 가서 참회해야 맞는데 상식으로는 이해가 불가하다.

현 정부 초창기 개인회생을 위해 10억 원이 넘는 부채라도 거의 80% 정도 탕감해 주는 정책 추진했다. 필자 기억이 정확하지 않을 수도 있다. 부채에 이자가 붙고 계속 불어나면 헤어날 방법이 없고 절망만 남으니, 개인회생을 국가적 차원에서 해결 방법 제시해 주면 좋다. 하지만, 이자 경감, 상환일 연기 등의 방법이라야지 부채 자체를 대부분 탕감해 주면 누가 성실히 살겠는가? 장사한다고 업소 개업했는데 대충 하다가 일찍 퇴근하고 놀러 다니고 은행 돈, 개인적으로 빌린 돈, 여기저기 아무 생각 없이 쓰고 그러다 파산한 사람도 있다. 허리띠 졸라매고 악착같이 살아서 빚을 다 갚고 이제 겨우 제로상태에서 새출발하는 사람도 있다. 똑같이 제로상태에서 새출발하게 국가가 나서서 도와준다면 도덕적 해이로 막 사는 사람이 더 똑똑하고 성실히 산 사람은 어리석은가?

내가 낸 세금은 누굴 위해 써야 하나? 나를 위해 써야 하고 정말 어려운 사람들을 위해 써야 한다. 아파트 관리비 50만 원 이상 펑펑 쓰고 체납하고 중대형 승용차 몰고 다니며 외식하고 그러면서 파산한 사람들을 위해 쓰면 곤란하다. 세비 받고 세금으로 월급 받는 분들이 합리적인 세금 사용을 연구해 주시길 간곡히 부탁드린다.

예금자보호한도는 원리금 합계 5천만 원으로 22년째 묶여 있다가 2024년에 1억 원으로 상향 조정 검토한다는데 아직 제대로 진행되지는 못한 듯하다. 이런 금액들은 5~10년에 한 번씩 적정성 검토에 들어가야 한다. 입법기관이 부지런해야 하는데 입법 활동보다 더 중요한 일들이 많은 모양이다. 저축은 적당히 하고 소비지출 늘여서 경제를 살린다는 취지라면 이해는 된다. 하지만 저축률이 낮아지면 소비 위축으로 이어지며 내수 부진으로 경제성장이 어려워진다. 기본적으로 일정 금액 이상의 저축을 한 이후에 소비를 시작해야 각 가계의 안정감이 있고 마음 편하게 소비한다. 요즘 임금수준, 물가수준과 부동산 가격을 감안하면 보호 한도 원리금 합계 금액의 조정은 많이 늦었다.

부정 청탁 및 금품 등 수수의 금지에 관한 법률(일명 김영란법)은 줄여서 '청탁금지법'이라고 한다. 2015년 국회를 통과했고 금품수수 금액 제한, 외부 강의 수수료 제한, 식사비 3만 원, 선물 5만 원, 경조사비 10만 원으로 제한하는 등 바람직한 법률이라고 생각한다. 다만, 2017년, 2022년, 2023년 일부 조금씩 상향 조정한 개정안이 시행됐다. 이 법률 금액 조정하듯이 다른 법률들도 잘 살펴서 필요한 경우 조정해 주시길 바란다.

참고로 당시 신문에서 읽은 내용을 소개해 드린다. 청탁금지법은 미국 25불 법을 참고했다. 워싱턴 부근 식당에 22불 메뉴가 많다. 세금 포함하면 25불에 맞춰진다. 로비스트가 손님과 식당에 들어와서 22불 음식을 주문하면 소고기 스테이크, 랍스터(바닷가재) 등 푸짐한 접시들이 많이 나온다. 겨우 이 금액에 푸짐한 이유를 상상해 보시라. 로비스트는 워싱턴 근교 저택에 살면서 가끔 파티를 개최한다. 출장뷔페, 출장 요리사 등으로 비용을 쓰고 200불 이상의 후한 팁을 준다. 평소 이렇게 뿌려놓으니 사람 봐서 22불에도 푸짐한 한 상이 나온다.

팁은 25불법에 제외된다. 다 빠져나가는 구멍이 있다.

구멍 잘 보고 다니시라.

● 부동산 관련 법

온 국민 관심사 부동산은 말도 많고 탈도 많고 상황에 따라 최적의 법안을 준비하기는 불가능하지만, 단기 땜질 처방이란 평을 듣지 않게 중장기적으로 합리적인 제도를 만들어 나가길 희망한다.

1가구 2주택 혹은 다주택자 중과세율 적용을 재검토해 주시길 희망한다. 주택이 절대 부족한 시기에나 가능한 법안이다. 요즘 미분양, 빈집, 매도 물량 쌓여도 거래가 안 되는데 다주택자에게 상이라도 줘야할 판이다. 부동산 경제는 우리나라 경제의 20% 정도를 차지하고 수치뿐 아니라 국민 실생활에 가장 높은 비율을 차지한다. 거래가 마비되면 세금도 안 걷히고 이삿짐센터, 공인중개사, 인테리어, 가구, 전자제품 판매 전부 마비된다. 더욱이, 취업, 학업, 이직으로 인한 이사, 실직, 자영업 개시, 신규 분양 받은 아파트 대금 납부, 부채 청산 등에 필요한 자금조달, 이 모든 활동이 중단된다. 영혼까지 끌어모았는데 상투 잡으신 분들은 일부 청산해야 숨통이라도 트인다.

다주택자 규제하지 말자. 상황에 따라 현재는 다주택을 장려해야할 상황이다. 그리고, 1가구에 구성원이 혼자인 경우도 있고, 1가구에 가족이 5명 이상인 세대도 있다. 이걸 전부 동일하게 간주해도 무리다. 한 가정에 TV 2대 이상, 컴퓨터 2대 이상, 스마트폰 2대 이상, 승용차 2대 이상 보유한다고 규제하면 어떻게 될까? 중소 건설회사들,

전원주택 건설회사들, 관련 모든 직업 다 무너지는 마당에 다주택자 중과세는 아닌 듯하다. 다주택자라도 2억 원, 3억 원, 5억 원 3채 합산 10억 원의 재산이면 중과세 대상이고 초고가 주택 1채 보유하면 대상 아니고 이것도 오묘하다. '똘똘한 한 채'만 똑똑하고, 작은 여러 채는 어리석은 세상을 바꾸고자 최근 재검토한다는 발표가 있었으니 곧 변화되길 기대한다.

무주택자 입장에서는 과도한 부동산 상승기에 박탈감 느끼고 하락기에 통쾌하겠지만, 규제로 시장개입을 하면 집값 내리겠다고 경제가 어려워질 가능성이 있다. 인구 줄어들고 경제 어려워지면 집값은 저절로 내려간다. 억지로 집값 내리면 부자는 버티고 영끌족들, 포장이사, 공인중개사 사망한다. 집값을 내리더라도 거래 중단은 없도록 살펴주시면 좋겠다.

양도소득세 차익 환수도 생각해 봐야 한다. 자기자본 거의 없이 은행융자와 전세보증금으로 집을 샀는데 3년도 안 돼서 큰 수익이 났다면 양도차익에 높은 세금을 부과해도 합리적이다. 하지만 30년 보유한 낡은 주택이 주변 재개발로 인해 아파트 1채 소유하게 되었거나, 25년 전에 50%씩 투자해서 매입한 쓸모도 없던 작은 땅이 주변 재개발로 아파트 0.5채 지분을 받은 경우를 보자. 지금 살고 있는 아파트 1채 있는데 앞의 사유들로 인해 전체 2.5채로 불어난다. 이때 다주택자라고 중과세하면 죄 안 지었는데 징벌적 과세를 맞는 형국이다. 장사하다 망하고, 사업하다 부도나고, 부동산 거래에서 손실 보고, 주식 투자 실패하고, 가상화폐 날리고, 회사에서 해고당하고, 손해만 보다가 겨우 이익 났는데 몽땅 가져가는가? 양도차익 계산에서 보유기간에 따른, 즉 물가상승률 감안한 장기보유 공제 등의 조정은 합리적이다. 무성의하고 무능해서 장사 망한 경우라도 보상해 주는 경우가 있는데, 큰 노력과 많은 실패 끝에 장기간 관리해서 겨우 수익 낸 사람들 세금으로 벌주면 형평성의 문제가 있다.

또 다른 사례로써, 재개발 가능성을 보고 한 지역에 2채의 주택이나 아파트를 구매한 경우인데 1인당 아파트 1채만 분양권을 준다는 법을 만들었다면 법안 발효 시점 이전에 구매/보유한 사람에게 소급 적용하면 안 된다. 이미 낡은 2채는 구매했고 그중에 1채는 새 아파트 분양권의 자격이 없게 되었다. 그래서, 이제 팔려고 내놔도 자격 없는 그 집이 안 팔리는 억울함이 발생한다.

4년 전쯤에 '양포(양도소득세 상담 포기) 세무사'라는 용어가 들려서 씁쓸했다. 누더기 부동산 세제로 전문가도 어렵다. 대학입시제도보다 더 어려워 보인다. 입법기관 전문가들도 어렵겠지만, 중장기적으로 개정하지 않아도 될 미래지향적인 법을 만들어 주시고, 새 법안 10개 만들면 구 법안 10개는 없애주시고, 전문가 아닌 개인 혼자 공부해도 이해가 어렵지 않도록 만들어 주시면 좋겠다. 과도한 부동산 가격 상승으로 많은 문제가 야기되고 너도나도 관심 집중하며 평범한 근로자의 일할 의욕을 손상하면 안 된다. 다만, 부동산 보유로 손해는 봐도 되고 이익은 뺏어가는 듯한 모양새도 좋지 않다. 정부 차원의 심오한 정책과 조율이 필요하지만, 정확한 영향 평가를 거친 후 합리적인 제도와 법이 요구된다.

지방자치단체가 시행하는 건설공사들은 많은 규제를 하면 좋겠다. 우리나라만의 문제가 아니다. 공공사업으로 대형 쇼핑몰 단지를 완공했는데 손님은 없고 영업이 어려운 원인을 분석해 보니 그 이유 중 하나가 공무원 담당자가 공사 기간 5번 교체됐다고 한다. 무슨 책임 의식이 있겠나? 만약 기업이 시행했다면 목숨 걸고 사업 성공시켜야 한다. 실패하면 목숨 날아간다. 돈과 책임이 연관되지 않으신 분들은 목숨 걸지 않는다.

생물학적으로 자녀는 양친의 유전자를 반씩 받는다. 미토콘드리아는 엄마 쪽 100%다. 대리모 난자에 수정란 핵을 주입한 출산의 경우 양친 유전자 반씩 플러스 대리모 미토콘드리아를 받는다. 염색체 46개 중에서 2개의 XX, 혹은 XY가 성 결정 염색체인데 여기서 X에 대부분의 유전물질이 들어있고 Y는 남성을 결정하기 위한 최소한의 정보가 들어있다. 아들은 엄마에게 물려받은 X(엑스)와 아빠에게 물려받은 Y(와이)를 가진다. 딸은 양쪽에서 각각 X 하나씩을 받는데 이러면 아들보다 딸이 2배 정도 많은 유전정보를 가지므로 딸의 X 둘 중에 임의의 1개는 불활성화된다. 이렇게 불균형을 막기 위해 불활성화되는 X염색체를 '바소체'라 한다. 결과적으로 딸과 아들의 유전 정보량은 거의 같아진다. 엄마에게 X를 물려받은 아들이 엄마를 많이 닮게 된다.

어릴 때 부뚜막 근처 고양이가 들어오고 박스로 집 만들어 주면 출산하고, 새끼들을 보면 다섯 마리가 각각 색깔이 달랐다. 그 이유는 아비가 다 다르다고 한다. 그래서, 고양이 새끼들은 엄마 성을 따르면 된다.

점차 이동, 이민, 결혼, 이혼, 재혼, 다양한 사회, 그리고 다양한 가족 형태가 생기는데 이혼하면 자녀는 거의 엄마를 따라간다. 재혼해서 새 가정에 새 자녀가 출생하면 첫 아이와 둘째의 성姓이 달라진다. 엄마와 두 자녀, 이렇게 세 사람의 성이 다 다르다. 이런 경우 엄마 성을 계승하면 세 사람의 성이 같다. 성姓이란 한자도 여자女에서 태어났다牝는 뜻이다. 아마도 세월이 지나 이런 생각에 동조하는 국민들이 많아지면 엄마 성을 따르는 법이 제정되리라 믿는다.

● **미성년자 과잉보호**

애들도 알 거는 다 안다. 특히나 심각한 범죄를 우발적으로 저지르지 않는다. 필자가 우발적으로 공부하지 않고, 우발적으로 운동하지 않고, 우발적으로 침대에 눕지 않는 것과 동일하다. 그리고 음주하면 안 된다는 점을 잘 알면서 술만 마시는 게 아니라 술 마시고 협박 범죄까지 저지른다. 많이 주문하고, 실컷 마시고, 계산대에서 미성년자에게 술 팔면 돼요 안 돼요 하면 이런 엄청난 비열한 협박범을 업어치기 하지도 못하고 영세상인들 불쌍해서 어떻게 하나! 미성년자, 청소년을 협박범으로 누가 만들었나! 바로 어설픈 미성년자 보호하려는 법이 그렇게 만들었다. 보호하지 마시라. 술 마시고 담배산 청소년 자진 신고 시 업주가 처벌받으면 안 된다.

단골손님이 어느 날 정장 입고 고가 핸드백에 짙은 화장한 여성과 함께 왔는데 미성년자 확인 못 했다가 당한 업주, 업주 자리 비운 사이 직원이나 가족이 청소년에게 술이나 담배 팔았다가 벌금에 영업정지 된다. 경쟁업소가 미성년자 이용해 상대업소 영업정지를 꾀하는 경우 등 웃지 못할 사연은 넘친다. 한창 바쁜 날, 바쁜 시간에 성인 몇 명이 먼저 앉아서 많이 주문하고 나중에 미성년자가 슬그머니 들어와서 합석한다. 정신없이 바쁠 때 어떻게 업주에게만 책임을 묻나!

외국은 미성년자만 처벌하는 나라, 그 부모에 책임을 묻는 나라 등이 있다. 우리나라 처벌 기준은 업주에게 지나치게 가혹하다. 특히나 우리 사회는 음주에 엄청 관대하지 않나! 먹는 거 가지고 치사하게. 60일 영업정지는 지나친 감이 있다. 어릴 때부터 자기가 한 말과 행동은 책임져야 한다. 미성년자도 형사미성년자(촉법소년)도 다 안다. 특히나 엄청 주문해서 많이 드시고 업주 협박하는 애들은, 물론 법이 그렇게 만들었지만, 60일간 군대 보내자.

아니면 19세 생일날 잡아가자.

●   **사이버 공간 단속**

필자는 항상 인터넷 실명제를 찬성한다. 무기명이기 때문에 평등하고 밝혀야 할 비리도 비밀도 용감히 공개하는 장점도 있겠지만, 다들 아시다시피 이름, 얼굴 숨기고 막강 천하무적 키보드 워리어keyboard warrior 들이 독버섯처럼 존재한다. 토론 질서 깨뜨리고, 특정인 혹은 불특정 다수에 정신적 고통, 트라우마, 혹은 극단적 선택까지 고민하게 만든다. 악인 보호는 항상 반대하고 피해자를 보호하자. 죄를 지으면, 남에게 고통을 주면, 그 대가代價를 확실히 받아야 재발하지 않고 모방범죄도 막는다.

개인적으로 흥분했던 사례 하나 적는다. 아마 많은 분 보셨겠지만, 동대문상가 어디였던 거 같은데 대형 도둑고양이가 들어왔고 주인이 내쫓았다. 이에 분노한 일부 애묘인愛猫人들이 사이버 공간에서 난리 났고 불매운동 운운했다. 아이고 웃겨라. 이분들 실명제라도 난리 났을까! 추적해서 차례대로 이분들 집 앞에 몰래카메라 설치하고 그 집에 대형 고양이 1마리 밀어 넣자. 어떻게 대응하는지 촬영해서 모음집으로 만들면 재미있는 방송 한 프로 나오겠다.

군필자 우대

휴전선이 그어진 휴전 중인 국가이든 아니든 의무병역제도를 유지하는 나라에서 의무를 한 사람에게 어떠한 형태의 보상이라도 주어져야 마땅하다. 겨우 하나 있던 공무원 시험 군필 가산점 제도는 사라졌고 아무도 챙겨주지 않는 현실이 안타깝다. 2022년 출생아 수는 24만 9,186명으로 남아가 12만 명 정도라고 가정하고 군대 갈 나이에 10만 명이 입대한다면, 2023년 1월 55만 5,000명인 우리 군인 수를 감안해서 부족하고, 북한 군인 수 120만 명에는 턱없이 부족해 보인다. 이제 여성 병역의무를 진지하게 논해야 할 시점이다.

정치인들이 경쟁적으로 병역의무 기간을 축소하고 사병 월급 인상을 추진했는데 그 자체는 찬성한다. 하지만 진지한 고민 없이 그냥 인기영합주의로 추진하는 느낌이라 걱정스럽다. 국가채무 1,100조 원에서 계속 상승 중인데 빚을 줄이려는 노력은 전혀 없고 복지 향상 공약은 난무하고 세금은 누가 부담할지 안타깝기만 하다. 상황이 이러하니 출생률 떨어져서 문제란 핑곗거리 만드는지 답답하다. 영원히 강조하고 싶은 말은 세금 많이 내는 국민과 군필자는 우대하자.

양심적 병역거부란 용어를 도대체 누가 만들었나 한심하다. 군대 가면 양심도 없는 사람인가! 평화와 자유를 공짜로 누리겠다는 사람들이 비양심자들이다. 무기로 사람 공격 못 하겠으면 행정병, 상황병, 의무병, 취사병, 운전병, 작업하는 공병 등 많다. 전쟁 나면 가만히 앉아서 당할지, 조폭/주폭이 때리면 그냥 맞고 있을지, 내 가족이 옆 이웃에게 당할 때 그냥 잠자코 있을지 궁금하다. 심지어 논산훈련소 첫날 직접 본 상황이다. "자기 정신이 이상하다고 생각하는 사람들 앞으로 나와." 이 말을 듣고 앉아서 웃고 있었는데 희한하게도 여러 명 앞으로 나갔다. 하루 종일 신체검사 받고 오후에 연병장(운동장)에 모였다. 앞 화단에 여러 명이 앉아 있었다. 그들은 검사 결과 정신이상으로 평가받고 바로 첫날 귀가 조치되었다. 내가 이상한지, 세상이 이상한지, 그들이 영악한지, 알쏭달쏭, 긴가민가, 어이가 없다.

맷돌 손잡이를 '어이' 라고 하여 이게 빠진 꼴이 '어이없다'는 영화 대사로 유명한데 맷돌 손잡이를 일컫는 말은 '맷손'이 맞다.

●   **군필 가산점 제도**

군필자에 대한 보상을 찾아볼 수 없는 안타까움에 폐지된 공무원 시험 군필 가산점 제도를 논해 본다. 다시 생각해 봄으로써 다른 어떤 보상 제도를 검토할 때 반복될 논쟁을 예상하고 해결하는 데 도움이 되겠다. 아래 내용은 ibric.org 커뮤니티 소리마당 2008. 2 .20. '군필 가산점 제도에 대한 생각'을 참고했다. 우선 군필 가산점 제도에 반대하는 측의 입장이다.

공무원 채용 시 가산점은 장애우를 포함한 병역 미필자와 여성들에게 상대적 피해를 준다, 국민연금 혜택을 군필자에 조금 더 주는 방식 등 다른 방안이 있다, 공무원을 원치 않는 사람은 혜택을 못 보는 형평성의 문제가 있다, 여성은 출산과 양육 부담, 조직(회사)의 기피로 인해 병역보다 피해가 더 크다, 여성의 취업 가능 직종이 남성보다 제한적이므로 이런 측면에서 여성들의 취업에 평등성이 보장된 공무원 영역에 군 가산점 적용은 여성들에게 가혹하다.

헌법재판소의 군 가산점 위헌 결정문에 의하면 '실질적으로 성별에 의한 차별', '결과적으로 여성과 장애인 등 이른바 사회적 약자들의 희생을 초래'가 주요 사유였다.

찬성하는 측의 입장이다. 군필자들 가산점 대신 군대 안 가길 원한다, 전 국민이 국방세 엄청나게 내고 그 돈으로 모병제 하는 편이 낫다, 아니면 여성들도 공익요원으로 공공기관, 양로원, 보육원 등에서 의무복무 하든지, 장애우들이 군 가산점에 반대하는 게 아니고, 여성계에서 가산점을 반대하는 건데, 꼭 엉뚱한 장애우 핑계 댄다, 장애우 가산점도 검토하면 된다, 국민연금 고갈되는데 그걸로 혜택 주면 안 된다, 자격증 보유로 3~5% 가산점 부여되는데 군필이 그보다 못한가, 병역 기간 수천만 원 수입의 기회를 놓치고 취직하면 미필자보다 진급

늘어지는 등 장기간 직장 생활로 따지면 수억 원의 손해를 본다, 한국처럼 나이 사회에서는 나이 제한에 걸리는 등 손해를 본다, 국가를 위해 국방의무 하지 않은 사람은 공무원이 되기보다 사기업에서 이윤추구 하면 된다, 미필자는 다른 세율 적용해서 평생 국방세 부담하면 된다, 직업군인은 양성평등 주장하면서 의무병인 사병의 영역만 불평등으로 남았다, 국가유공자 자녀 가산점도 폐지할 건가, 군필 가산점 유지하고 다른 혜택도 찾아봐야 한다, 출산과 양육은 개인 선택이고 개인 행복 문제이며 병역은 의무와 희생이다, 여성이 사회에서 차별받는다면 그걸 해결해야지 가산점 제도와 치환하면 안 된다, 여성 중에 출산과 양육 기피자도 많다, 공로가 있고 희생한 사람에 대한 예우, 업적이 있는 사람에 대한 권위의 인정도 필요하다.

양측 모두 합리적이고 틀린 내용은 없다. 사기업에 군필자 우대를 강제하지 못하므로, 국가 공무원 채용에 혜택이 있으면 좋겠고 이를 차별, 피해의 논리로 보면 해결법이 없고, 정치인들은 나서봤자 논란의 중심에서 손해만 보니까 손을 놓아버렸다. 군필자에 대한 다른 혜택을 만들면 좋겠다.

아주 간단한 제도로는 미필자에 대한 평생 국방세 검토가 있다. 이러면 미필자들 전부 우리 집에 항의하러 올지 모르니까 다른 방법이 있다. 군필자들의 갑근세 차별화(낮은 세율) 방법도 있다. 군필자들의 평생 수입 손해 보는 금액을 보충하기에 부족해 보이지만. 입법기관의 심오한 고민을 재차 요청드린다. 미국은 직업군인으로 복무했더라도 여러 혜택을 준다.

대한민국 출생률이 세계 최저 수준인데 여성단체에서는 여성의 출산을 사유로 주장하기보다 합리적인 접근을 해주시면 좋겠다. 1명 출산에 1%씩 가산점을 준다면 20대 초에 결혼해야 하나, 30대에 공무원 시험 응시해야 하나? 군필자 혜택이 전혀 없고 출산 여성 혜택 없으면 선진국이 아니다.

병역기피자는 처벌받지만, 출산 기피자는 문제없다.

● **출생률 높이려면**

학창 시절 어디서 본 자료에 의하면 우리나라 가용면적 인구밀도는 1위이며 일 인당 14평 정도의 땅을 차지한다. 지금 인터넷 검색해 보면 도시국가 제외하고 인구밀도는 방글라데시, 대만, 르완다에 이어 4위로서 매우 높고 OECD에서는 1위이다. 그래서 '둘만 낳아 잘 기르자'고 하다가 출생률이 급격하게 낮아지니 정책이 정반대가 되었다. 그래도 냉정하게 따져 보자.

일할 사람이 없다: 이런 거짓말은 하지 말자. 지금도 놀고 있는 사람이 엄청 많다. 20대의 태반이 놀고 있다. 20대 백수 이름을 불러 보겠다. 재수생, 반수생, 휴학생, 졸업 지연생, 유학생, 취직이 안 되어 대학원 진학, 또 취직 안 되어 박사과정, 고시 준비생, 공시 준비생, 단기 알바생 등. 중장년층은 말할 것도 없고 주부들도 적절한 일자리만 있으면 취업하고 싶은 사람이 많다. 건강한 노년층 역시 마찬가지다. 젊은이가 부족하면 정년퇴직 나이를 조정하면 된다. 아니면 아예 정년퇴직을 없애자. 건강한데 일 안 하고 놀면서 연금 받겠다는 분들은 야단치자. 일하고 세금, 국민연금, 의료보험 내셔야지 벌써 이상한 생각

하시면 안 됩니다 하면서 심하게 야단치자.

노인 비율이 높아진다: 여기에 별로 동의하지 않는다. 아동 비율이 높을수록 피라미드 구조의 후진국이다. 우리도 항아리 구조의 선진국이 되었단 말이다. 요즘 60대, 70대 건강하신 분 수두룩하다. 노인 기준 연령 65세를 조금씩 높이면 노인 비율 줄어든다.

젊은이의 국민연금 부담이 늘어난다: 이러면 젊은이들 다 도망간다. 연금이란 젊을 때 내고 늙어서 받는 거다. 젊을 때 적게 냈으면 적게 받으면 되지 왜 젊은이 보고 책임지라 하는가! 정치인들 선심성 복지정책을 못 막으면 연금도 출생률도 밑 빠진 독에 물 붓기일 뿐이다. 줄줄 새는 복지정책이 문제인데 애꿎은 출생률 탓은 말자.

아주 오래전 로마 시대에도 출산하지 않아서 사회문제가 됐단다. 점령지에서 거둬들이는 수익과 노예로 물자 풍부하고 삶이 풍요로워지니까 인생 즐기는데 관심이 많고 출생률이 낮아졌다. 당시 정치인들은 아주 확실한 정책을 썼다. 여자가 3명 이상 출산해야 남자와 동등한 사회적 권리를 누리도록 했다. 젊은 여성이 남자 나이 55세인가 어느 정도 나이 많은 사람과 결혼하면 돈 때문에 결혼하는 경우이므로 출산은 안 하거나 적게 한다. 이런 경우 결혼의 자유를 통제하지 않았지만, 유산상속을 금지했다. 오늘날 우리나라에 이런 정책은 불가하지만, 당시로서는 아주 현명한 조치였다.

출산하면 200만 원 준다: 소용없다. 200만 원 벌려고 출산할 사람 없다. 그냥 복지 차원으로만 좋다.

인구가 계속 늘기만 하면 엄청난 인구밀도에 식량 수입, 에너지 수입, 주거 문제, 일자리 문제 전부 어떻게 해결할 건가, 인구가 줄어도 문제없다. 다만, 단시간에 급격히 줄어들고 대한민국 소멸론까지 등장하는 마당에 각종 지원책을 하나씩 발표해도 변할 낌새는 없고, 수백조 원 쏟아부어도 안 되고 해서 좀 심한 처방을 제안해 본다.

유럽의 많은 선진국들 소득세율이 높다. 45~56% 정도에 물가도 높다. 부가가치세는 15~27% 수준의 나라가 많고 우리나라 10%는 낮은 편에 속한다. 우리도 복지 확대로 인해 세금과 국민연금 납부액이 계속 오르면 올랐지, 내리지는 않을 거다. 그럼, 미혼자와 기혼자를 확실하게 소득세율 차별하는 방법이 있다.

미국은 결혼하면 2% 낮춰주고 첫째 출산하면 또 2% 낮춰주는데 우리는 미혼자 세율을 35% 정도로 정한다면 결혼, 출산에 각 5% 정도 화끈하게 낮춰주면 어떨까! 결혼해서 두 명 출산하면 35→20%까지 낮아진다. 복잡하게 연말 정산할 필요 없다. 자녀 교육비, 교복, 병원비 등 상세히 조사하지 말고, 자녀가 있으면 돈 쓴다. 그러니 소득세 낮춰주면 된다. 자녀로 인해 소비하면 부가가치세 내게 되고 자녀로 인해 학교도, 학원도, 옷, 신발, 스마트폰, 가구도 필요하고, 자녀 방을 위해 원룸 탈출하고 아파트 구매해야 하고, 식당에 가고, 유원지에 놀러 가고 하면서 국가 산업이 발전한다. 국방의무 할 사람도 생기고 미래에 세금 낼 사람도 생기고, 국가소멸론이 소멸하니 결혼해서 출생률 높이면 애국자라서 소득세율 낮춰줘서 그만한 혜택을 주면 된다.

독신들이 고가제품 구매를 자랑하고 해외여행 자랑하고 고급 식당에서 찍은 사진을 소셜 미디어에 올리면, 자녀 키우는 친구들 의기소침해지고, 솔로 생활 유지하는 사람들의 결혼 의지가 약해진다.

자녀 양육에 돈 많이 든다고 하나만 키워서 '몰빵'하겠다는 부부들이 많지만 바람직하지는 않다. 남들 둘 키우면서 교육비 한 명당 30만 원씩 합계 60만 원 쓸 때, 자기들 외동에게 60만 원 써서 더 멋지게 키우겠단 생각인데, 자매 형제 없이 홀로 자라서 사회성이 결여되거나, 사랑받기만 했기에 효도를 모르거나, 여러 단점이 생긴다.

'돈 많이 든다'가 아니고 '돈 많이 쓴다'가 맞는 표현이다. 필자는 자녀 둘에 별로 돈 안 들이고 키웠고, 넉넉하지 않은 형편에도 고가의 유모차 구매하는 사람 보면 놀랐고, 아이 돌잔치에 가보면 벌써 엄청난 책을 사놓은 부모에 놀랐다. 너도나도 내 자식 영재교육 시키고 싶지만, 아이가 글 배우고 난 후에 수준에 맞는 책들 사면 될 듯한데 여하튼, 공부는 부모가 해야 한다. 작은 제목 '크게 되는 아이의 아버지' 편에서 주장했지만 아동학대 하지 말고 공부는 부모가 하자. 교육학 박사급의 부모로 인해 스트레스받아서 어린 아동이 머리카락 빠지거나 병원 다니기도 한다. 돈 많이 써서 일류대학 보냈다고 자랑하는 부모가 있다고 주눅 들지 말자. 돈으로 자식 농사 망친 부모들도 많다. 평균으로 친다면 우리나라 자녀 양육비와 교육비는 국민소득 대비해서 전 세계 1위라는 자료도 봤다. 결국 비교문화로 인한 이 시대의 슬픔이다.

2022년 통계에 의하면 남성 미혼율이 40세에 40%, 35세에 73%, 30세에 96.5%다. 30대로 확장해서 본다면 남자의 50.8%, 여자의 33.6%가 미혼이다.

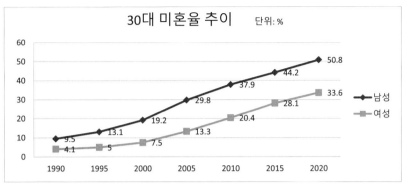

	1990	1995	2000	2005	2010	2015	2020
남성	9.5	13.1	19.2	29.8	37.9	44.2	50.8
여성	4.1	5	7.5	13.3	20.4	28.1	33.6

30대 미혼율 추이 (출처: 통계청)

결국 출산 기피가 아니고 미혼이 문제다. 결혼을 하면 하나든 둘이든 낳는다. 과거 남자 평균 30세, 여자 평균 27세에 결혼하던 시절 주위를 보면 대체로 2자녀 가정이 많았다. 결혼을 35~40세 정도에 하면 부모가 60대에 자녀대학 공부시킨다. 둘째 가지기 어렵다. 가능한 30대 초반에 결혼하면 좋은데, 취업이 어렵고 돈이 없어 결혼 못 하고 단칸방부터 시작하는 세대가 아니니 어느 정도 자금을 모아야 한다. 서로 보는 눈은 높고 결혼이 필수가 아니라는 사고방식 변화에 총체적인 난국이다. 쉽지는 않지만 다양한 결혼 형태를 인정하고 다양한 아이디어와 제도로 결혼을 시키자.

12

비상할 대한민국, 희망을 품자

신조어 '헬조선'에 반대하는 글은 앞에 썼는데 실제 그런 생각하는 청춘들이 많을 듯하여 본 장에서 외국과 비교 및 우리 역사를 다루고자 한다.

● **경제적 측면**

2022년 기준 세계 GDP 순위는 1위 미국, 2위 중국, 3위 일본, 4위 독일, 그리고 우리나라 13위다. 2018년 OECD 자료에 의하면 국가별 평균 가계 순자산은 우리나라 28만 5,980달러로 이탈리아, 프랑스, 핀란드, 노르웨이, 독일, 네덜란드, 독일보다 높다. 미국의 경우 63만 2,100달러로 발표되었으나 중산층만 계산하면 19만 달러 이하라는 말도 있다. 미국 중산층은 간단히 말해서 돈이 없다. 우리보다 세금 많이 내고 생활물가 겁나게 높다. 미국 거주하는 사람들 대체적인 평가는, 한국에서 월 500만 원 연 6천만 원 정도 수입이 있었다면, 미국에서는 1억 2천만 원 정도 수입이 있어야 동일 수준 생활 유지가 된단다. 우리나라가 어떤 나라인가 북한보다 필리핀보다 못 살았던 나라다. 1950년대에 전 세계 최악의 국가 중 하나였다.

국가별 중위 60%의 소득 점유율은 선진국들과 비교해도 비슷하다.

(단위: %)

	한국	일본	미국	영국	독일	프랑스	이탈리아	스웨덴	핀란드	OECD 평균
~50%	15.1	9.1	17.9	9.4	10.3	7.2	14.5	10.2	7.1	11.4
50~75%	15.9	18.1	16.8	21.0	18.4	18.2	18.2	19.6	19.8	18.1
75~200%	61.1	65.2	51.2	58.3	63.9	68.3	58.6	65.2	68.3	61.5
200%초과	7.9	7.5	14.0	11.3	7.4	6.2	8.6	5.0	4.8	9.0

주: 자료 내 가장 최신의 수치를 활용하고 있으나, 국가별 기준연도가 다름. 일본은 2009년, 우리나라는 2012년, 영국, 프랑스, 스웨덴, 핀란드는 2013년, 이탈리아는 2014년, 독일은 2015년, 미국은 2016년 기준임; OECD 평균은 자료가 가용한 35개 OECD 국가들의 평균을 의미함.

국가별 소득 점유율 (자료출처: OECD)

통계마다 조금씩 다르고 개인마다 평가는 극과 극이라서 쉽지 않은 데, 복지 천국으로 알려진 스웨덴을 예로 들겠다. 어떤 블로거는 스웨덴 사람들은 피곤하지 않다, 의료보험이 잘 발달해 있다, 대다수 국민들 49~59%의 소득세를 내지만 공공부문의 지출이 매우 투명하고 복지제도가 잘되어 있다, 등의 예찬론을 펼친다. 완전 반대 의견도 있다. 소득 6,800만 원 이상이면 56%의 세금을 내고 - 월 250만 원 정도의 세후소득 - 남는 게 없으니 맞벌이가 필수며, 의료보험은 아주 기본적인 것만 해당하고 임산부가 초음파 검사하면 동네 자랑거리다. - 남자인 필자도 몇 번 초음파검사 받았음 - 부가가치세 높고 당연히 물가 높고 꿈과 희망이 없는 서민들은 복권 구매가 유행이란다. 사람마다 시각 차이는 있지만 정말 엄청 다르니 판단은 여러분이 하시라.

　동일한 스웨덴을 평가하는데 이렇게 큰 차이가 있을까 싶다. 누구는 천국으로 묘사하고, 또 누구는 꿈과 희망이 없는 국가로 묘사한다. 그 나라에 몇 달 살아봤더라도 정확히 알지 못한다. 사람은 자기가 본, 겪은 일들만 알고, 경험하지 못한 일들은 당연히 모른다. 이래서 한 사람 말만 들으면 안 된다. 15장 세계에서 가장 '진실'한 한국을 꿈꾸며 편에서 다양한 화제를 올리겠지만, 세상에 거짓말도 많고, 한쪽 면만을 강조하는 말도 많다. 똑똑한 사람은 논리 싸움에서 지기를 싫어한다. 무지하게 자존심 상해서 자기 생각이 틀렸음을 인정하지 않는다. 이기기 위해서 자기 논리를 방어하기 위한 또 다른 논리를 만들어 내면서까지 물러서지 않는 경향이 많다. 대화하고 토론할 때, 주위 사람들의 인정을 받으려면, 가능한 다양하고 합리적인 내용들을 많이 알아야 논리가 강해진다. 독서와 신문 사설 읽기를 재차 강조한다.

　2024년에는 한국 1인당 GDP가 일본을 추월했다는 발표도 있었지만 계산 기준을 변경했기에 그 자료는 여기에 올리지 않았고 2023년 예측을 보면 2024년에 우리 GDP는 거의 일본과 동등하다. 일본이 어떤 나라인가! 러시아, 중국과 대결한 전쟁해서 이기고, 2차 세계대전 당시 항공모함, 전투기들 보유해서 미국과 맞짱 뜬 나라다.

　세계 강대국이라면 미국, 일본, 중국, 러시아, 독일 정도에 복지 천국 스웨덴까지 포함해서 중산층 기준 생활 수준과 소비 수준을 비교하면 감히 말하는데 우리나라가 더 낫다고 본다. 외벌이 혹은 맞벌이로 가계소득 월 400만 원 정도면 우리나라에서 살 만하다. 스웨덴보다 낫다. 생각이 다르다고 필자에게 돌 던지지 마시라.

맞는 개구리는 목숨이 왔다리갔다리 한다.

여러분은 만약 이민 간다면 어느 나라로 가고 싶은가? 조사마다 조금씩 다르지만 대체로 캐나다, 호주, 뉴질랜드, 미국, 스위스가 상위권이다. 실제로 간다면 직업, 유학, 자녀 교육 등의 사유로 미국이 제일 높을 듯하다. 가시더라도 꼭 많은 분의 정보를 살펴보고 가시라. 그런데 정보도 정보 나름이라서 위의 스웨덴처럼 사람마다 극과 극으로 나눠지니까 어려움은 있다. 각자 자기 입장에서만 주장하는 여러 의견 파악하다 보면 전체 그림이 보인다.

미국 살고 있는 한인 중에 '한국 집값 비싸서 살 수 없다' 이런 분들이 가끔 보인다. 미국 대도시에서 비행기 타고 또 차량으로 갈아타고 몇 시간 떨어진 지역에 2~3억 원 정도 주택 - 물론 마당은 넓지만 - 에 살면서 강남 아파트와 비교한다. 강남은 맨해튼, LA, 샌프란시스코 등과 비교해야 한다. 강남 출퇴근 가능한 경기도 지역에 2~3억 원 정도의 아파트, 마당 딸린 주택도 있다. 객관적으로 미국 시골보다는 강남 출퇴근 가능한 경기도 여러 지역이 살기에 편하고 장점이 더 많다.

도서 《2018 대한민국 부동산 트렌드》에 의하면 최고가 아파트 평당으로 환산한 가격 비교에서 서울은 7~8천만 원 정도인데 런던, 뉴욕, 상하이, 도쿄, 홍콩은 평당 2~5억 원이다. 국가경쟁력 차이와 북핵 위험 때문에 평가절하되지 않았을까 싶은 느낌이다.

미국의 경우 주거 형태가 단조롭다. 자가 아니면 월세. 맨해튼에서 화장실 딸린 2명 정도 생활 가능한 원룸이 월 3천 달러 정도(약 400만 원)에 가스/전기/물/인터넷 등 약 500달러, 식비 등 생활비 쓰려면 월급 1,000만 원 정도에 실수령 700만 원이라도 생활이 어렵다. 앨라

배마, 조지아 시골에서는 원룸 1,500달러 정도에 유틸리티 약 500달러라면 실수령 700만 원에 살 만하다. 우리나라는 서울 시내 직장 있어도 월 40~100만 원 정도의 고시원, 원룸 월세/반전세/전세 등 다양한 선택권이 있고, 가스/전기/물/인터넷 등의 유틸리티가 상대적으로 저렴하고 외식비는 절반도 안 된다.

● **다양한 비교**

미국 어떤 기관에서 미국의 정년퇴직자를 상대로 '한국 이민'을 권했던 기사를 본 적이 있다. 상당히 재미있어 기억나는 대로 소개한다.

한국은 나라는 작지만, 가볼 만한 곳이 많다, 대중교통이 잘 발달해 있다, 대중교통을 타면 노인에게 자리를 양보해 준다(정년퇴직자 대상임), 치안이 좋다, 음식이 저렴한 메뉴에서 비싼 메뉴까지 다양한데 전부 먹을 만하다, 시골에 살아도 별로 불편하지 않다. 미국 연금 받아서 그 돈으로도 살 만한 물가이다(당시 기사에 매월 약 160만 원 정도의 생각 외로 적은 금액이었음), 그리고 영어 교사자격증을 따서 가면 돈벌이도 한다. 이 기사만 봐도 미국보다 한국 생활의 장점이 많다. 기사에는 없었지만 추가한다면 '미국에서 왔다면서 영어 쓰면 대체로 친절하다' 정도이지 않을까?

보험회사의 자료에 의하면 정년퇴직 이후에 부부 생활비 400~500만 원 정도 드는데 각종 보험 가입을 많이 하도록 권장한다. 노후 부부 골프 비용만 해도 매월 얼마씩 들고 해외여행 한 번씩 가야 되고 이런 상세 설명이 있다. 이런 분들도 있고, 탁구 치며 동호인들과 어울렸던 분들은 노후에도 골프 안 치고 탁구 친다. 골프 좋아하면 미국이 저렴하지만, 우리 생활물가가 더 저렴하니 한국 이민을 추천한 그 기사에 크게 공감한다.

어린 여학생들이 밤 12시 이후에 시내, 주택가를 혼자서도 걸어 다니는 나라, 커피전문점 테이블 위에 노트북컴퓨터, 태블릿컴퓨터, 스마트폰, 이렇게 삼층 석탑 쌓아 놓고 자리 비워도 훔쳐 가지 않는 나라는 세계에 별로 없다. 단돈 1달러(1,300원 정도)에 취할 수 있는 나라, 하루 10유로에 살아갈 수 있는 포르투갈만큼 물가 괜찮다는 얘기는 앞에 썼지만, 사람마다 생각 차이는 크다.

우리는 웬만한 대도시에 살아도 1시간 이내에 바다/강/산 등이 도처에 있다. 나라는 넓지 않은 대신 가까운 거리에 많은 볼거리가 있다. 미국과 비교하자면 미국은 나라 전체에 볼거리는 많겠지만 한 도시, 한 주를 놓고 보면 2~3시간 이내에 갈 만한 곳이 별로 없다.

우리는 웬만한 시골에 살아도 가까운 거리에 각종 병원, 약국, 식당, 술집, 마트, 학원, 노래방 등 편의시설, 쇼핑 시설, 유흥시설이 많다. 북미, 유럽 쪽 여행 가면 유심히 보시라. 시내 쪽도 한산하고, 주택가로 가면 상가들이 어디로 숨었는지 안 보인다. 아프면 어디로 가는지, 불편하고 살기 어려워 보인다. 대체로 공원은 많은데 그래 봤자 나무와 숲, 간혹가다 그네와 미끄럼대 정도만 있다.

미국은 모든 식당의 메뉴가 똑같다. 중국은 특이한 식자재를 많이 쓰고 요리 종류가 많다는 장점이 있지만 먹거리는 우리나라 최고다. 전문점이 발달하여 소고기, 닭고기, 돼지고기 등 가축 종류별로 나뉘며, 돼지고기 전문점 중에서도 삼겹살, 막창, 족발, 머리, 꼬리 등 부위별로 나뉜다. 또한 생으로도 먹고, 삭혀서도 먹고, 구워서도 먹는 요리법에 따라 전문점이 분류된다. 미국에서 별다른 음식을 먹으려면 한국/일본/중국/멕시코 음식 등 나라별 식당에 가야 된다. 중국은 전문점보다는 한 식당에 앉아 수백 가지 반찬 중에 고르는 식당이 많이 보인다. 중국 대도시 중심부는 우리와 비슷하지만, 인구 2,500만 명의 상해시의 경우 중심부를 살짝 벗어나면 아주 한적해 보이고 상가도 별로 없다.

우리의 다양한 밤 문화는 또한 장점이다. 낮에 집 안에 있다가도 해만 지면 슬금슬금 나가는 올빼미족이 사는 곳이 우리나라다. 많은 외국은, 특히 유럽은 해지고 나면 깜깜하고 갈 곳이 없다. 돈이 없어 다들 집안에 앉아 TV만 보는 모양이다. 한번은 유럽의 유명한 관광지이며 큰 도시인 곳에 놀러 갔다가 필자가 저녁에 호텔 방에만 있기 싫어서 8시쯤 외출 나갔다. 세상이 깜깜했다. 지나가는 경찰에게 불 켜진 곳 없는지 물었다. 왼쪽 오른쪽 꺾고 한참 가면 햄버거집이 불 켜져 있을 거란다. 중심가 상가 거리 양쪽 가게들을 봐도 저녁에 불 켜진 곳은 2곳이었다. 미국 교외는 더 심하다.

보통 미국은 심심한 천국, 한국은 재미있는 지옥이란 표현을 쓰는데, 아마 한국 부모님이 부자이시거나, 부모님 보내주시는 돈 매월 쓰며 유학 생활 하거나, 미국에서 2억 원 이상의 연봉 받으며 좋은 단독 주택에 살거나 이런 경우는 인정. 아니면 미국은 심심한 지옥인데 한국 돌아와도 할 일이 없으니 그냥 사는 분들도 많다. 먹거리뿐 아니라 생활 자체가 단순한데 저렴한 골프 말고는 집 안팎 수리, 잔디 깎기 정도가 할 일이다.

사이버 공간에서 쉽게 찾는 '나라별 중산층의 기준'을 보면 많이 들어보셨겠지만, 우리나라의 경우 부채 없는 아파트 30평형, 월 급여 500만 원 이상, 2천cc 이상의 중형차, 잔고 1억 원 이상의 예금, 1년 1회 이상의 해외여행이다. 영국, 프랑스, 미국의 기준을 보면 단 하나도 돈 관련된 내용이 없다. 이 점이 문제다. 우리는 어렵던 시절에서 급속한 경제발전 하며 천지개벽했다. 물질적 풍요는 짧은 시기에 이루었으나 정신적 풍요가 따라오지 못했다. 물질로 평가하고 비교하는 기준 때문에 상대적 빈곤에 허덕이고 더 가져도 더 행복해지지 않고 오히려 불행해지는 사례가 빈번하다.

어떤 분이 '시간이 멈춘 세상' 이런 유사한 제목으로 쓰신 글을 봤다. 1970년대 스위스에서 유학하신 분인데 40년이 지난 후 그 동네를 다시 방문했다. 유학생 시절에 갔던 음식점이 그대로 있고, 당시 탔던 번호의 버스가 그대로 같은 노선을 운행하고 있었다는 내용이다. 우리나라도 서서히 그렇게 된다. 세상 변화의 속도가 느려지고 가치관 혼돈의 시대가 서서히 지나가면 큰 변화 없는 안정의 시대가 온다. 그러면서 사람들 행복지수가 높아지길 고대한다.

●   **역사**

16세기까지는 서양과 비교해 중국을 대표로 하는 동양 문화가 더 앞선 부분도 많았다. 수학, 천문학, 건축학, 의학 등은 서양보다 이슬람 문화권이 더 앞섰다고 한다. 16세기 말 현미경 발명과 18세기 말부터 시작된 산업혁명의 영향으로 서양이 치고 나가기 시작한다. 생물, 화학,

약학, 의학, 의학 기구, 기계혁명 등이 함께 발달하며 시너지 효과를 만들었다. 검증, 실험, 해부로 통일안을 만들고 의회민주주의를 발전시켰다. 예절 중심의 동양적인 정신세계보다 도덕 중심의 서양적인 종교가 더 실용적이었다. 동양은 서양처럼 합리적이고 과학적인 접근을 못 했고 왕정王政을 오래 유지하며 민주주의 발전이 늦었다.

오늘날 도로 양옆의 건물에 각종 상가가 있는데 가만히 살펴보면 어느 하나 동양적인 상가는 없다. 바둑, 한복, 서예, 갓, 짚신, 국악, 전통차 등은 안 보이고 전부 서양적인 제품을 취급하며 한식 음식점과 일부 한의원이 남았다. 정신세계에 관련되는 종교, 철학 또한 마찬가지고 정치제도, 군사제도, 교육제도 등 싹쓸이 서양식이다. 후발주자의 슬픔 같기도 하지만 이런들 어떠하리. 우리는 단기간에 따라잡았다. 2차 세계대전 이후 신생 독립국 중에 거의 유일한 성공 신화를 썼다. 이스라엘과 대만은 예외적인 신생국들이다.

일본의 식민 지배 기간을 지나치게 부끄러워할 필요는 없다. 전 세계에 식민 지배를 하거나 지배당한 나라들이 거의 전부이고, 지배당하지 않은 나라는 네 나라밖에 없다. 힘이 있어 독립을 지킨 경우가 아니고 강대국 사이에 끼어 완충지대로 살아남았다고 한다. 단, 잊지는 말자. 약소국은 서럽고 이런 역사가 절대 반복되지 않게 정신 바짝 차리자.

부끄러워할 일은 우리 지도자들이 국방을 소홀히 했고 백성의 행복은 안중에도 없었단 사실이다. 일본은 원자폭탄 두 방 맞고도 미국에 찰싹 달라붙는다. 우리는 어디에 붙어야 하나? 일본이 미워도 객관적인 면을 생각하자. 한국 근현대사 연구회 이도영 님의 의견을 보시라.

조선시대 구덩이에 버린 음식물 쓰레기로 장마에 국물이 우물로 흘러 수인성 전염병으로 병들어 죽는 이유도 몰랐다. 도로는 비 오면 펄로 변해 하인들이 가마를 들었다. 당시 중국/일본도 바퀴 손수레로 사람을 날랐다. 상놈이 70%였다. 양반은 훈민정음을 무시했다. 일본이 신분 해방했고, 한글 보급했다. 35년간 인구는 2배 늘었다. 상하수도 보급, 의료, 양반 착취가 없었고, 유아사망률 낮고 수명 늘었다. 오키나와는 일본으로 사는 편이 독립국 류큐국으로 사는 것보다 낫다. 아니면 쿠데타, 부정부패, 부정선거로 지금보다 힘들었다. 하와이는 근대화 시켜주던 제임스 쿡을 죽였다. 미국은 와이키키에, 본토에서 모래를 실어와 관광지로 만들었다. 하와이는 미국 시스템에서 사는 편이 좋다.

일본이 잘못한 부분도 많다. 그러나 저수지, 상하수도, 철도, 도로, 병원, 발전소, 공장을 만들었다는 사실은 인정하자. 일제 강점기를 경험한 노인들 말씀이 일본 애들은 친절했고 학교 만들어 줘서 교육받았다고 회고하신다. 또한 세계적으로 노예제도는 전쟁에서 이기고 그 나라 사람들을 노예로 삼는데, 조선의 노비는 같은 민족을 착취한 슬픈 역사다. 미국은 우리를 도와주려고 가축을 배에 싣고 장거리 운송도 했고, 꿀벌을 비행기에 싣고 폐사를 막고자 저고도^{低高度} 비행하며 몇 곳의 중간 기착지를 거친 후 우리나라에 왔다. 지금, 이 나라에 미군이 주둔하지 않는다면 우리 운명이 어땠을까? 북한도 남쪽에 미군이 있어야 자기들에게 유리하고, 미군이 없다면 벌써 중국의 속국이 되었다고 생각한다.

조선을 오래 지배한 중국의 만행을 아는지. 일본군 성노예보다 훨씬 많은 병자호란 환향녀還鄕女를 아는지. 지켜주지 못했던 이 땅의 못난 남자들이 절개를 잃었다면서 손가락질했다. 슬픈 역사라고 덮어버리면 안 되고 잊지 말자.

자주국방 외치는 분들이 가끔 있다. 자주국방이 가능한 나라는 몇 나라일까? 아마도 세 나라 정도이지 않을까! 그 외 모든 나라들은 서로 제휴한다. 혼자 지켜내기는 불가능하다. 절묘한 줄타기 중립 외교로 생존하는 방법이 항상 가능하지는 않다. 줄에서 떨어지는 순간 어느 쪽으로 떨어져야 할지는 명확하다. 미국에 바짝 붙여서 큰형님 대접하며, 중국을 멀리하는 일본을, 난징대학살이란 아픈 역사가 있지만, 중국이 바라보는 시각은 일본을 선진국으로 보며, 일본을 부러워한다. 서울에서 북경까지의 거리는 오키나와, 필리핀, 괌에서의 거리와 비교 못할 정도로 가깝다. 미군 철수가 불가능하다고 판단하는 주요 근거다.

펜타곤 출입 기자 김동현의 저서 《우리는 미국을 모른다》(부키, 2023)를 소개한다. 미국의 외교·안보 정책과 세계 경영 전략의 새로운 패러다임을 이해하고, 우리가 나아가야 할 길을 제시하는 지침서가 되겠다.

미래전망

한국/일본/미국 포함하여 대부분의 예언가가 일본의 침몰과 한국의 굉장한 발전을 예언했다. 섬 크기로 세계 4위인 일본의 침몰 같은 엄청난 일이 과연 가능할지 의구심이 강했다. 2011년 일본 앞바다의 대지진과 지진해일로 후쿠시마 원전 사고가 발생했을 때 느꼈다. 아, 땅이 가라앉지 않아도 바다가 위를 덮치면 일정 지역의 침몰에 해당하겠단 생각이 들었다. 그럼 벌써 예언이 실현된 것인지 2025년 여름이 위험하단 예언이 아직 남았는지 모르겠으나 우리나라가 크게 뜬다는 예언도 믿고 기다려 보자.

사실 이미 떴다. 난 아직 못 떴지만.

북핵 불안, 정치 불안, 갑질 문화, 비교 불행, 그리고 거짓말. 이렇게 다섯 가지 문제가 점차 개선되길 바라며, 앞서 작은 제목 '역사'에서 보았듯이 슬프고 어려웠던 과거가 있지만, 단시간 급속한 성공을 이루어낸 이 땅에 살고 있는 우리는 복 받은 세대다.

우리나라에서 도저히 자리 잡지 못하거나 삶에 만족하지 못하는 젊은이들에게는 미국진출을 권한다. 빈곤층 숫자가 4천만 명에 육박하고, 위험하고, 서민들 삶이 별로이지만 트럼프 대통령의 미국 우선주의로 인해 일자리 증가는 세계 최고가 아닐까 싶다.

13

깨지고 부딪히고 성취하고

●   **일반론**

"나의 선한 점을 말해 주는 자는 곧 나를 해치는 사람이고, 내 허물을 말하는 자는 내 스승이다."

명심보감明心寶鑑에 나오는 말이다. 가까운 사람, 날마다 보는 사람은 다정다감하고 이해심, 배려심 많은 사람이 최고이지만 직장 상사는 그러면 내 인생에 도움이 되지 않는다.

필자의 경험이다. 남 앞에서 필자를 가리켜 "아무개 씨는 뭐든지 잘해요"라고 추켜세워 주신 어떤 상사가 계셨고, 하루 종일 플러스 자정 지난 술자리에서까지 욕한 상사가 계셨다. 전자는 나를 잠깐 흐뭇하게 만든 분이고 후자는 나를 키워 주신 분이다. 여러분의 발전을 위해 지독한 상사를 만나야 한다. 온 세상 욕 다 듣는 악인이 되면서까지 나를 키워 주시는 분은 희생정신이 강한 분이다. 안 가르쳐 주는 분은 몰라서 안 가르치거나, 나를 키우지 않겠다는 분이다. 첫 직장, 첫 사회생활 시작부터 인간성 좋은 형님/오빠 같은, 부모 같은 상사를 만난다면 지독한 불운이다. 이런 불운한 친구와 장기간 독한 상사 밑에서 성장한 나를 비교해 보면 확실한 차이가 난다. 그 친구는 나를 봐도 내 머리꼭지에 뭐가 있는지 모른다. 나는 그 친구 머리 위에 말똥이 있는지 쇠똥이 있는지 다 보인다.

한번은 여러 손님과 필자, 경력사원으로 들어온 아래 직원, 이렇게 룸 있는 식당에 갔다. 여러분이 일행 중에서 제일 아랫사람이라면 어디에 앉아야 하겠는가? 문가에 앉아서 주문도 하고 필요한 거 있으면 사람 부르고 해야 하는데 그 직원은 제일 안쪽 창문가에 손님보다 먼저 앉았다. 그 직원은 회사 회의실에서도 자기가 안쪽에 앉고 손님 좌석을 문가로 배치해서 그 손님이 바로 "손님을 문가에 앉히네"라고 지적하셨다. 인자한 상사 밑에서 장기간 일한 경력사원이 분명했다.

필자는 생활 예절, 보고서 작성 요령, 대인관계 예절 등을 적어놨다가 회의 시간에 하나씩 가르쳤다. 가르쳐 주는 사람이 없으면 스스로 독서 등을 통해 배워야 한다. 일 년 지나면 나이만 한 살 더 먹는 게 아니고 일 년 치 실력이 더 쌓인다. 사람은 고생한 만큼 큰다.

상사는 지시할 때 직원에게 뭘 원하는지 그 결과물을 구체적으로 알려 줘야 아래 직원이 시간낭비 하지 않는다. 일 다했는데 "무슨 일을 이렇게 했어!" 하면 상호 간에 시간낭비다. "제가 당신 속을 어떻게 압니까?" 하고 따지지 말고 미리 알려 주지 않을 때는 이렇게 저렇게 처리하면 되겠는지 미리 상담해야 한다. 선보고, 중간보고, 후보고 하면서 의견 청취, 변경된 상황에 따라 작전 변경해야 할지 의논, 완성도 높임, 낭비 방지를 하게 된다.

회삿돈을 내 돈 같이 써라. 앞서 서술했지만, 필자는 복잡한 서울 시내 출장 갈 때 대중교통 이용한 적이 많았다. 승용차로 가면 더 빠르고 편하고 당연히 정산 처리된다. 시간상 큰 차이가 없으면 버스를 탈 때 인터넷 검색도 하고 신문도 보고 비용 절감하는 장점이 있다. 외국 출장 갈 때 현지 지사의 어떤 물건을 면세점에서 구매해 달라는 부탁을 받았다. 경비 처리되는 물건이었다. 회원가입 하면 몇만 원 할인된다는 말에 탑승 시간 쫓기는 와중에 안내데스크로 뛰어가서 회원가입 등록하고 다시 면세점으로 뛰어갔다. 추가적인 할인을 받으려고, 회사 규정상 얼마 이상이면 결제가 안 되는데 좋은 방법이 없겠느냐고 문의했다. - 사실 결제 한도 걸리지 않는 범위였고 거짓말에 죄송하다. - 휴대용 계산기 두드려 보던 면세점 직원이 추가로 몇만 원 정도 할인해 주셔서 10만 원 이상을 낮췄다. 면세점에서 가격 협상될 줄은 몰랐고 50회 출국에 면세점 가격 협상 시도는 처음이었다. 개인 돈이었으면 협상하지 않았다. 아직 개인 돈 쓰면서 면세점 가격흥정은 없었다.

외국 출장 가서 현지 지사의 임직원과 호텔에서 만나기로 약속을 잡았다. 약속 시각을 정하지는 않았고 비행기 도착 시각을 알려줬으며 저녁에 통화하기로 했다. 공항에서 시내로 철도 이용, 시내에서 호텔까지 세 차례 정도 환승하면서 전철 이용, 전철역에서 호텔까지 바퀴 달린 러기지와 백팩 메고 계단, 보행 도로를 걸었다. 먼저 호텔에 도착해 있던 임직원이 예상보다 늦게 도착한 필자가 대중교통 이용했던 사실을 알고는 "택시 타면 회사에서 정산 처리해 주잖아요." 안다, 나도 안다. 저녁에 고객 면담 약속이 없는데 굳이 편하기 위해 경비 더 사용할 필요는 없다.

한때 전국 수많은 자기소개서에 등장한 문구다.

'포기는 배추 셀 때만 쓰는 단어입니다.'

당시 이력서, 자기소개서 쓰는 요령 관련된 책에 등장했는데 베낄 때는 신경 써야 한다. 요즘 인공지능 프로그램으로 뭘 베꼈는지 검사하기도 한다.

세월이 흐르며 물가는 인상되고 급여도 인상되고 진급하면 또 인상되어야 하니 업무 처리량이 계속 많아진다. 컴퓨터, 인터넷의 발달로 편해짐과 동시에 업무 속도가 빨라지고 처리량이 더 많아지고 더 높은 수준을 요구하고 참 쉽지 않은 세상이다. 이메일 처리와 업무량 과부하로 인해 발생하는 큰 문제는 실수도 많아졌다는 점이다. '수신인 지정 실수' '첨부가 누락되어 다시 송부' '엉뚱한 파일 첨부' 이런 실수 다들 경험한다. 이런 실수가 잦은 사람은 습관이며 평소 인정받지 못하는 직원들이다. 최악의 실수는 내부 보관용 원가자료 같은 중요 자료를 고객 등 외부로 발송하는 경우다. 첨부한 견적서는 1억 원이었는데, 1시간 뒤에 잘못 보냈다면서 1억 5천만 원 견적서를 재송부하면 받는 사람이 엄청나게 기분 나쁘다.

평소 파일명 생성할 때 '내부보관용_원가계산_A품목 20250105' '고객제출_원가계산_A품목 20250105'처럼 파일명을 보면 추측 가능하도록 만들어야 한다. 아래와 같이 한 파일 안에 서브 파일 여러 개 만드는 습관도 실수를 유발하는 위험이 있다.

한 파일에 몰아 넣는 위험한 습관의 예

작성한 이메일은 보내기 전에 반드시 다시 읽어보고 오류, 오타 점검하고, 첨부한 파일도 열어보고 또 점검하는 습관이 본인의 운명을 만든다.

● **마음가짐**

일본 일류대학교 수석 졸업자가 대기업 입사 시험에 탈락한 줄 알고 자살한 적이 있다. 사실 수석 합격했는데 인사팀에서 수석은 별도 발표한다고 빼놓고 전체 합격자 발표를 하는 엉뚱한 짓을 했다.

첫째, 나중에 수석 합격자 별도 발표 같은 엉뚱한 짓을 '4차원'이라고 부른다. 상식이 허용되지 않는 말이나 행동을 하면 안 된다.

둘째, 그 기업 회장은 안타까운 일이 발생하여 유감이나, 회사 차원에서는 잘된 일이다. 조직에 몸담고 진급해서 높은 자리에 갈수록 책임을 지고 고난을 헤쳐 나가야 하는데 힘든 일이 있다고 쉽게 좌절해 버리는 상사가 있다면 그 아래 직원들은 어떻게 하겠느냐는 취지의 말을 했다.

공부 잘한다고 자기가 똑똑한 줄 착각한 사례다. 일 잘하는 사람 따로 있고 현명한 사람 따로 있다. 직장 생활이든 개인사업이든 끊임없는 스트레스의 연속이다. 지혜를 배우고 모두 극복해야 한다. 세월 지나서 뒤돌아보면 그 많은 시련들을 내가 다 이겨냈다는 자신에 대한 대견함도 느낀다.

급여 명세서는 다른 말로 '욕 값'이다. 머리 조아리고 한 소리 듣고 조직의 쓴맛을 보고 참았고 했기에 월급을 받는다. 교육비 내지 않고 일 배우고 사람 상대하는 법도 배우고 하면서 성장한다. 월급 주는 사장의 입장에서 생각하시라. 태풍이 몰려온 일요일 새벽에 회사 창문들 다 닫혀있고 태풍피해는 없는지 회사로 달려가 본 적이 있는가? 여러분이 사장이면 새벽에 걱정되어 회사로 달려갔을 때 먼저 나와 점검하고 있는 직원 얼굴 보는 순간 어떤 생각이 들까? 주식 1주도 없는 주주가 아닌 신분이라도 일하는 곳은 '내 회사'이고 내가 주인이다.

세상의 모든 창업주는 다 대단한 사람들이다. 그분들이 보면 자기 아래의 임직원들이 부족해 보이기도 한다. 그럼, 여러분들은 윗사람보다 한 수 높은 아이디어를 궁리하면 된다. 윗사람에게 배운 내용에 2% 추가하면 윗사람보다 고수가 된다.

배울 점 많은 상사를 못 만나면 불행이긴 하다. 그래도 자세히 보시라. 뭔가 있기에 그 자리에서 근무한다. 그분은 여러분보다 더 어려운 상황에서 회사를 키웠거나, 뭔가 한 방이 있다. 여러분에게 이익을 주지는 못할지언정 손해를 줄 가능성은 있다. 안 좋은 점을 보면 나는 그렇게 안 하면 된다. 흉을 보면 5분 뒤에 그 사람 귀에 들어간다. 술자리에서 윗사람 흉을 보고 있으니 바로 뒤에 앉아 있던 그 상사가 "이제 그만해라" 하셨다는 실화도 있다. 여러분은 윗사람이 되었을 때 더 멋진 상사가 되고 더 멋진 기업을 창업하시라.

튀지 마시라. 윗사람들이 싫어한다. 세월이 지나면 여러분도 결국 그런 윗사람이 된다. 차분하고 꾸준하고 안정감이 느껴져야 한다. 갑의 위치에서 일하는 사람들은 단기적으로 편하다. 중장기적으로 본다면 불리한 점이 있다. 세상 물정 모르고 철이 없는 경우가 있다. 간단한 예로 비행기 안에서 소위 '라면 갑질' 사건이 있었다. 아마도 그분은 오랜 시간, 갑의 위치에서 큰소리치는 자리에 익숙하지 않았을까 합리적인 의심을 해본다. 결국 그분은 회사를 그만두게 되었다. 이렇게 을의 사정을 모르면 나중에 개인사업을 창업할 경우 실패 가능성이 높다. 혹은 조직 사회에서 한순간 무너지는 경우도 생긴다. 을의 위치에서는 배울 점이 더 많고, 항상 조심하고, 요령도 생긴다. 지금, 을의 위치라서 힘들다고 느끼는 청춘들은 결코 실망 말고 멀리 내다보면서 전진하시라.

을의 위치는 쉽지 않은데 특히나 영업, 판매직에서 실적을 올려야 되면 스트레스가 일상화되고 그에 따른 정신적 육체적 병이 생긴다. 100명을 상대하고 나서 1명에게 100만 원짜리 상품을 판매했다면 100명에게 1만 원씩 판매한 셈이다. 구매해 주지 않은 99명에게도 감사하고 친절해지자. 내가 베푼 친절은 나중에 그 일부가 나에게 돌아온다.

내 인생의 주인은 '나'다. 남 눈치 보지 말고 떳떳하고 충실하게 살자. 그렇다고 진짜 눈치 안 보면 절대 안 되고. 직장이란 조직 사회에서 저녁에 유흥을 즐기면 괜찮은데, 밤늦게 남아 자기개발 하거나, 저녁에 학원 다니며 자기개발 한다는 소문이 나면 다들 싫어한다. 배 아파하거나 도망갈 준비하는 사람으로 낙인찍기도 한다. 그러니 미움받지 않게 눈치껏 소문 안 내고 자기 개발하고 자기 관리하자.

● **비판에 능한 사람을 멀리하라**

회사에서 새 프로젝트를 추진하려고 팀을 꾸리는데 이 프로젝트에 반대한 직원이 있다. 유능한 직원이라서 새 팀에 포함할 생각을 했는데 어떻게 하면 좋을까 하고 어떤 분이 문의했다. 컨설턴트는 그 직원을 제외하라고 조언했다. 새 프로젝트가 성공하면 반대했던 자기가 틀렸다는 게 증명되니까 열심히 일하지 않고 오히려 방해할 가능성도 있다.

'입만 똑똑이'들이 있다. 말을 잘하니 들어보면 그럴듯한 내용들도 많다. 다만 항상 화살을 남에게 겨냥한다. 자기는 관전자일 뿐 앞에 나서지 않는다. 운이 좋아서인지 재주가 좋아서인지 정시에 퇴근하며 '책임과 일정'에서 벗어난 듯이 보이는 직원들이 있다. 남의 업무에 비평은 잘하지만, 자기가 직접 몸으로 해결하지 않는 관망자는 부가가치 창출하지 않는다. 비판만 하면 똑똑해 보이지만 중요한 점은 솔선수범과 문제해결 능력이다. 죽어라 일하고 사생활 피해당하고 개인 돈도 쓰며, 회의 시간 싸우고 욕먹고 책임지는 사람들이 부가가치 창출하면서도 인정 못 받고 보상 못 받고 지쳐서 먼저 사직하는 경우가 있다. 이렇게 먼저 사직하면 하는 말이 있다.

"회사에 오래 살아남은 사람 중에 유능한 사람 별로 없다."

굳이 나보다 생존력 강한 사람을 흥볼 필요가 없다. 하루에 열 가지 업무처리 하며 시간 부족으로 각 80점 수준의 일을 해서 하루 종일 800점을 하는 사람과 다섯 가지 업무처리로 여유롭게 100점 수준의 일을 해서 하루에 500점을 하는 사람이 있다. 전자는 바쁘고 스트레스 쌓이는데 완성도 부족하다고 지적받는다. 후자는 칼퇴근하며 남 비평하는 전문이고 뒷짐 지고 다닌다. 어떤 생활을 할지 운명과 자기결정인데 후회 없는 길을 선택하시라.

'입만 당수 8단이다.' 그런 사람과 친하게 지내지 마라. 동료, 다른 팀, 상사, 회사 흥보면 습관 되고 다른 데 가서 내 흥보고 있을지도 모른다. 홍보기 전문가와 어울리기보다는 조직이 싫으면 열심히 일한 당신 떠나라. 여기서 성공 못 하면 다른 데서도 마찬가지다.

고생을 많이 할 이유는 없지만 안 해도 별로 좋지 않다. 조직 생활에서 '책임과 일정'이 중요한데, 문제 발생 시 귀책 사유를 뒤집어쓰면 안 되고, 정해진 일정을 반드시 맞춰야 하고, 이 두 가지를 날마다 관리하며 성장한다. 업무처리 결과가 나쁘면 자기 잘못을 인정해야 하는 경우도 있지만 무조건 그러면 안 된다. 업무가 해결되거나 성공하려면 자기 능력에 맞아야 하고, 해결 가능한 환경이 조성되어야 하고, 주위 도움이 절실한 경우도 많은데, 혼자 책임을 뒤집어쓰면 손해다. 적당하게 고생하면 체력이 강해지고 실력이 올라가고 진급도 하고 창업하더라도 성공의 가능성이 높다. 책임과 일정에서 자유롭고 부가가치 창출을 하지 않는 직종이나 위치에 있는 사람들 유유자적한 일상이 좋기도 하지만 이러면 어떤 어려움이 닥칠 때 헤쳐나가지 못하고 자기 사업 하기에는 불리하다.

창업이 목표라면 중소기업이 일반적으로 유리하다. 재무, 총무, 영업, 자재, 생산, 품질, 납품, 보전 등 회사조직 전체가 보인다. 고생은 더 하지만 짧은 시간에 더 배우기도 한다.

"월급 받는 만큼 일한다"는 표현이 있다. 그러지 마시라. 회사매출액에서 노무비(직원들 월급)가 차지하는 비율은 당연히 업종마다 회사마다 천차만별인데 제조업의 경우 지속적 임금 상승으로 과거 5% 미만에서 요즘 10~20%도 많다. 노무비가 10%라고 가정한다면 월급의 10배 일해야 한다. 보상은 후행後行한다. 즉, 사원에서 대리 진급이나 조장에서 반장으로 진급하려면 대리급의, 반장급의 능력이 됨을 보여야 한다. 받는 만큼 일하지 말고, 월급보다 더 많이 일하시라.

주의할 점

회사에서 자기를 인정해 주지 않는다고 느끼는 유능한 직원, 가게 오너가 자기를 인정해 주지 않아서 불만인 헌신적이고 실적 많이 올리는 직원, 이런 직원 중에 회사/가게 물건을 절도하는 경우가 있다. 차량 밑에 고가 물건을 테이프로 붙여서 가져 나갔는데 하루는 여름에 테이프가 아래로 처지면서 경비실에 발각된 사례도 있다. 열심히 일한 당신 교도소 간다.

직원이 물건 빼돌려서 소매상에게 저렴하게 판매하다가 발각됐는데 그 소매상 주인도 장물취득죄에 걸린 사례가 있다. 훔친 물건인지 모르고 샀다는 변명이 안 통한다. 시세보다 현저히 저렴할 경우 당연히 의심해야 한다는 판결이었다.

어떤 증권회사로 기억한다. 회사 전산 조작 실수로 인해 근무시간 중에 직원들 계좌에 적지 않은 주식을 나눠주게 되었다. 실물 주식이 아니고 전산상에 생성된 가상의 주식이었고 즉시 회사 내부 방송을 통해 "이런 오류가 발생했으니 회수 조치할 때까지 절대 거래하면 안 된다"고 수차례 안내 방송을 했다. 그러나 일부 직원들이 그 방송을 듣고도 본인 계좌에 들어온 주식을 그날 바로 매도하였다. 회사는 사법 조치 들어갔다. 처벌 결과는 모르지만, 순간의 실수로 교도소 체험한다.

"제가 뭐라고 했습니까"라는 나는 처음부터 다 알고 있었다는 식의 말은 하지 말자. 일이 잘못되어 머리 아픈데 불난 집에 부채질하는 꼴이다. 수습하고 후처리하는 데 적극 참여하여 최선을 다하자.

좋은 학교를 졸업했으면 취직 면접에서 유리 혹은 불리한 경우도 있다. 학벌 좋은 청춘이 취직이 안 되고 세월 보내다가 어떻게든 일단 붙고 보자 하는 마음에 지원한 경우는, 일단 취직되면 '더 좋은 데 없나' 하며 두리번두리번거리고 업무몰입도가 낮아진다. 할머니 아프시다는 핑계로 다른 회사 면접 보러 다닌다. 이래서 면접관 관점에서 일류대학 졸업한 후보자 채용을 꺼리게 된다.

일반적으로 일류대학교 출신은 좋은 학교 입학했으니, 아마 하기 싫은 공부를 참고 열심히 했고, 회사 업무도 열심히 하겠지, 하는 선입관을 가진다. 만약 본인의 학벌에 조금 자신이 없다면 학벌 따지는 그런 조직은 무조건 피하자. 취직에 성공하더라도 일상이 피곤해진다.

그리고, 조직 생활 스트레스 쌓인다고 술로 풀지는 말자. 술자리에서 오가는 대화에 영양가는 없다. 푸념, 비난, 한탄 등 전혀 인생에 도움 되지 않는다. 그런다고 내가 바뀌지 않고 세상이 바뀌지 않는다. 그럴 시간에 공부하고 운동하고 취미생활하고 주위를 둘러봐라. 미래의 나는 현재의 나보다 확실히 더 행복한 시간을 보내도록 준비하라. 지나고 나서 보면 과거 고민하고 시름에 잠겼던 시간은 낭비였다. 웃으면서 하나씩 극복하라. 그러면서 나 자신을 대견하게 소중하게 생각하라. 술은 즐거울 때 마시면 약이고 괴로울 때 마시면 독이다.

일은 내가 하는데 돈은 술집이 버는 모양새다.

업무 지시를 A 방향으로 해놓고 결과가 나쁘면 B 방향으로 지시했다고 말 바꾸는 상사가 있다. 담당자가 보고서에 A 안과 B 안의 장단점을 다 서술하고 결론에 B 안이 좋다고 썼다. 상사는 담당자 의견이 마음에 안 들었고 A 안으로 추진하라는 구두口頭지시 했다가 결과가 안 좋으면 "저는 B 방향으로 가라고 했는데 아무개가 말을 안 들었습니다"와 같이 최고위층 앞에서 아랫사람 탓으로 돌리는 경우도 있다. 평소에 책임감이 있고 신뢰할 상사라도, 결과가 나빠서 회사 손실이 발생했고, 최고위층 앞에서 문책당하면 궁지에 몰려 순간을 빠져나가기 위해 돌변하기도 한다.

그래서, 중요한 결정 사항인 경우 보고서 결재 칸 아래에 결정권자의 의견을 자필로 써야 맞고, 전자결재라면 의견 칸에 타이핑해서 자기 의견을 밝혀야 한다. 실무자 입장에서 구두지시 받았다면 보고서에 써달라고 요청하든지 아니면 실무자(담당자)가 날짜와 결정권자 지시 사항을 보고서에 자세히 적어놔야 한다. 향후 책임질 만한 중요한 내용인데 말로만 지시하는 상사가 있다면 꿀팁을 알려 드린다. '이렇게 지시하셨는데 제가 정확히 이해한 거 맞습니까?' 하고 이메일 등의 수단으로 근거를 남기면 좋다. 혹은 회의록을 작성해서 누가 어떤 의견을 주장했는지 기록하고 참석자 전원의 서명을 받아 두시라.

문제해결 능력이 있어야 한다. 이보다 더 중요한 점은 미리 문제 예상 능력이 있어야 된다. 만약 초등학생이 비 오는 날 학교에 우산 쓰고 갔고, 교실 뒤 우산 통에 꽂아뒀는데, 하교 시간에 보니 누군가 자기 우산을 가져가 버렸고 남아있는 우산 중에 자기 우산이 없다면 누구

책임인가? 우산에 이름표를 달아 주지 않은 부모 책임이다. 이름표가 있다면 실수로 남의 우산 가져갈 일은 없다. 고의로 더 좋아 보이는 우산을 가져갈 흑심이 생기더라도 이름표 없는 우산을 선택할 가능성이 높다. 회사 업무를 하면서 이런 간단한 예상이 되는 업무들이 많다. 미리 생각하고 조치했으면 간단히 넘어갈 일들인데 항상 어렵게 처리하면서 몸이 힘들어지고 퇴근이 늦고 꾸중 듣는 사람은 꼭 있다.

관련 부문 모여서 회의하더라도 미리 상세 내용 정리해서 각 담당자 알아야 할 정보, 중요한 일정, 각자 책임져야 할 준비물들을 미리 전산망으로 통보하고, 회의 소집하자. 회의 1시간 전에 전화로 참석 여부 점검하고, 회의 시간 최소화를 위해 재치 있는 사회로 간단히 끝내는 조직도 있다. 반대로, 상세 내용 사전 통보 없이 사람들 하나, 둘 어슬렁어슬렁 모이면 그제야 안 오는 사람들에게 전화하고, 모인 자리에서 정보를 알려 주고 난상 토론하면서 시간 길어지니 피곤하고, 뭔가 깔끔하지 않은 회의가 있다. 좋게 평하면 인간적인 조직이고, 안 좋게 평하면 허술하다.

● **단순한 의견**

12개월 이상 근무하면 받게 되는 퇴직금이란 제도가 좋아 보인다. 하지만, 이 퇴직금 때문에 7~11개월 근무하면 해고되는 일자리가 있다. 이런 아픔을 방지하기 위해 퇴직금은 12로 나눠서 매월 급여에 포함한다든지 적절한 개선책이 있길 바란다.

큰 회사는 노조가 강력하다. 그럼, 노동자권익 향상에 도움 되었던 것도 사실이다. 다만 결과적으로 큰 회사 노조원일수록 열심히 일하지 않는 직원들이 많다. 강성노조는 대기업 신규 공장 건설을 막는다. 해외로 나간 많은 대기업 공장들, 그리고 따라간 협력업체 공장들 절반만 우리나라에 투자했어도 엄청난 일자리 창출, 세금, 소비 촉진, 물류, 연관 산업 시너지 효과가 이루 말로 다 못 한다. 미국에 한국기업 공장 지으면 그 지역 가정집이 앞에 팻말 내걸고 '한국기업 보내줘서 신에 감사'라고 환영하는데, 우리나라 일부 공사 방해하고 텃세 부리는 세력을 보면 일자리 걱정하는 청춘들이 불쌍해진다.

회사별 실질임금 차이가 세 배 이상 나는 경우도 있다. 단지 큰 회사라는 이유로 편하고, 복지 더 좋고, 임금 더 좋고, 작은 회사일수록 열악한 이런 구조로는 사회적 불만 요소만 커진다. 막 퍼주기 외치는 정치 후보자가 표를 얻고, 기본소득제 하자는 주장이 커지고, 불만 세력이 힘을 키운다. 스웨덴의 동일 업종에서 임금 격차 2배 이하로 만들자는 사회적 대합의大合意가 부럽다.

기축 통화국의 힘은 대단하다. 우리나라, 중국 같은 곳에서 100달러짜리 물건 제작하면 미국은 100달러 지폐 찍어서 가져가면 된다. 코로나 사태로 위기가 왔을 때 '양적완화'란 이름으로 달러 막 찍어냈어도 경제위기가 오지 않았다. 돈 풀어서 경제살리기 했고, 이게 통했다. 문제는 자연스럽게 물가 상승이 심했고 저소득층이 고통받고 있다. 여하튼 2023년 말 3억 3,600만 명 정도의 세계 3위 인구와 축복받은 땅, 자유경쟁 체제, 자본주의 끝판왕, 인재들이 기회를 찾아 몰려드는 나라 미국은 인구 5억 명까지 무난하게 돌파할 전망이다. 미래전망 편에서 거론했듯이 국내에서 적절한 기회를 찾지 못한 사람은 미국행을 검토하시라. 다양한 경로가 있는데 가능성 높은 길을 선택하셔서 큰 꿈을 펼치시라.

● 평가 기준

고과^{考課} 평가는 조직마다 다양한 제도를 운용하는데 간단히 공통점을 요약한다면 안 시켜도 하는 사람은 A, 시키면 하는 사람은 B, 시켜도 안 하는 사람은 C 정도이다. 안 시켰는데 특출나게 잘하면 S급 인재다. 일반적인 사원들은 B, 아니면 C 정도이다. 사원 시절 창의력을 발휘하거나 기대 이상의 성과 올리는 사람이 많지는 않다. 중간관리자급이면 A, B에 걸쳐야 한다. 문제는 셀프 평가를 시키면 다들 자신에게 관대하다. 특히, 근무시간 절반 이상을 논다고 소문난 사람일수록 퇴근 시각 정확하고, 회사가 위기에 빠져도 근심·걱정 없는 사람은 자신을 A로 평가하며 100점 만점에 99점까지 준다. 이런 사람은 불평불만이 또한 최고다. 스스로를 객관적으로 평가할 줄 알아야 하고, 남들 평판에도 귀 기울이자.

● 컨설팅 회사

LG전자는 전략컨설팅펌 맥킨지에 천억 원을 주고 스마트폰 시장 전망에 관한 조언을 들었다. 스마트폰이 단지 '찻잔 속 태풍'에 그칠 테니 신경 쓰지 말고 마케팅에 치중하라. 그 조언 때문에 시장진입이 늦었고 23분기 연속적자를 기록하고 폰 사업 접었다.

30위권에 들었던 한 대기업은 컨설팅에 따라 그 당시 시대 상황에 해서는 안 되는 사업들만 손댔다. 조선, 태양광, 저축은행 등. 그래서 큰 시련을 겪었다.

컨설팅 결과인지, 내부적 의사결정 결과인지 불확실하지만, 디지털 카메라가 뜨고 있는데 코닥은 필름사업부를 더 강화했다. 새한미디어는 쇠퇴하는 비디오테이프 사업을 확장했다. 시대의 흐름에 발맞춰야 한다. 삐삐, 시티폰, 핸드폰, 스마트폰으로 바뀌면 따라가야 한다. 순간의 판단미스로 회사 운명이 흔들렸다.

새로운 조류에 따라가지 않았기에 위기를 모면하는 경우도 물론 있다. 하지만 대부분의 경우 예의주시하면서 시대 변화에 조금씩 따라가야 한다. 기업뿐 아니라 개인도 변화와 흐름을 파악하자.

●   **외국 회사들**

필자가 근무했던 회사, 거래했던 회사, 그 지사들에서 실제 발생한 일들이다. 좀 지났지만 경험해 보지 못한 분들의 참고가 되길 바란다. 스페인공장 제품단가는 예를 들어 12.34불이었다. 인보이스(송장)에 12.3불로 표기되었다. 오타 있다고 지적해 줬더니 돌아온 답변이 가관이었다. 전산시스템 상에서 소수점 아래 한 자리까지만 처리된단다. 0.04불은 그냥 손해. 연간 20만 개면 연간 천만 원 정도 회사가 손해 본다. 자기 개인재산 매년 천만 원씩 손해 본다면 일 처리 그렇게 하겠나! 잔소리했더니 1주일 지나서 소수점 아래 두 자리까지 입력되도록 바꿨다.

미국공장 작업자가 생산장비 앞에서 담배 피우며 선풍기 켜놓고 제품 생산 중이었다. 라인 구경시켜 주는 관리자도 관심이 없었다. 그 관리자에게 저런 식으로 작업하면 담뱃재가 장비와 제품 쪽에 날려 들어간다고 말해 주니까 그제야 작업자에게 가서 머리 숙인 채로 조용히 지적하고 왔다.

중국사무소 직원 연봉 500만 원인데 미국 본사 출장 갈 때 왕복 500만 원의 비즈니스클래스 탑승했다. 이유는 사규에 9시간 이하는 이코노미석, 9시간 이상은 비즈니스석 이용이란다. 그건 본사 규정이고 현지에 맞게 운영해야지. 현지 규정이 본사와 동일하더라도 현실에 눈감고 산다.

미국공장에서 매월 불량품을 수십 개씩 한국으로 납품해서 선별 작업 인원들 인건비 포함하여 약 1,000만 원씩 매월 클레임 처리하는데 몇 년을 그렇게 선적해 왔다. 클레임 맞아도 아무 생각이 없었다. 결국 품질 담당자 5명이 확인하러 한국에 왔다. 왜 왔을까? 미국에서 불량품을 박스에 담지 않으면 되고 선적하지 않으면 된다. 한국에서 자기들 박스 열어보니 불량품이 잔뜩 있다는 사실만 확인하고 그냥 돌아갔다. 미국공장에서 확인하면 되는데 돈 들여가며 여기까지 왔다. 역시나 1년이 지나도 전혀 개선되지 않았고 매월 클레임 처리했다. 결국 그 미국공장 폐쇄하고 멕시코로 이전하였다.

외국에 문서만 잔뜩 프린트해서 책장에 꽂아두는 회사들이 있다. 문서는 일 안 한다. 사람이 해야 하는데 현장 확인하고 불량 개선하고 일정 맞추고 할 일이 태산인데 자리에 앉아 문서 작업하고 있다. 컨설턴트들의 시스템화에 대응하면서 문서 작업에 치중했다. 외국에 이렇게 생각 없이 하루를 보내는 임직원들이 의외로 많다. 그래서 우리나라 제조업이 경쟁력 있고 단기간에 선진국들을 따라잡았다.

고생하시는 수출 역군들에게 찬사^^.

● **복권 당첨**

복권 당첨 확률이 1/8,145,060이다. 이 확률을 10배 올리는 비결을 독자에게 특별히 알려드리겠다. 복권을 10장 사면 된다. 평소 운 좋은 분이거나 전생에 우주를 구했으면 가능하다.

누구나 평생에 한 번은 로또 당첨되는 진짜 비결을 알려 드린다. 회사 취직해서 열심히 진급하고 자기 가치를 높이거나, 개인사업/장사 열심히 해서 꾸준히 돈 벌면 된다. 연평균 4천만 원을 번다고 가정하자. 35년이면 14억 원이고, 갑근세, 주민세 등 20% 제하면 11억 2천만 원이다. 복권 당첨금 3억 원까지는 세율 22%가 부과되고 초과분에 대해서는 33%인데 평균 대략 30%라고 계산하자. 16억 원에 당첨되면 세금 제하고 11억 2천만 원이다. 여러분 노동의 가치는 로또 1등 당첨과 맞먹는다.

만약 여러분이 20대 중반일 때 신神이 "16억 원 당첨되거나 35년간 일할 기회 둘 중 하나의 선택권을 주겠으니 결정하라. 단, 당첨되면 35년간 놀아야 된다"라고 한다면 당연히 청춘들 거의 모두 복권 당첨을 선택하겠지만 필자라면 35년간 일해서 돈 벌겠다. 그 이유는 간단하다.

첫째, 당첨되면 우선 좋은 집, 외제 차, 고급 레스토랑, 해외여행이나 유학, 브랜드 의류와 핸드백 등으로 분풀이 싹 하고 얼마 남지 않았을 돈으로 35년을 버티고 나서 노후에 뭘 할지 고민한다.

둘째, 한 달에 200만 원씩 쓰면 35년간 8억 4천만 원이 필요한데, 돈 잔치, 분풀이, 돈지랄하고 난 후에 이만큼 남았으면 다행이다.

셋째, 직업이나 직장 있는 사람에게 매월 200만 원 쓰라고 하면 큰돈인데 일하는 시간 동안에 돈을 쓰지 못한다. 하지만 노는 사람은 하루 종일 움직이면 움직일 때마다 돈 들어가니 200만 원도 적은 돈이다.

넷째, 일을 하면 대인관계를 형성하고 요령을 익히고 세상을 배우면서 성장한다. 이런 경험을 바탕으로 노후에도 일을 하거나 사회생활을 한다.

다섯째, 일을 해야 성취와 보람도 있고 존재가치를 느끼며, 건강하다. 당연히 스트레스와 좌절도 가끔 따라오는데 극복하는 기술도 익힌다.

학생들이나 사회 경험이 적은 청춘들 입장에서 위의 설명이 귀에 들어가지 않겠지만 나이 들면서 조금씩 이해하실 분들도 있다고 믿는다. 열심히 살면서 본인의 가치를 높이시라. 위에서 연평균 4천만 원으로 계산했지만, 본인의 가치를 연평균 1억 원 정도로 높이면 35년간 35억 원이다. 연봉의 세후 실수령액 계산하면 대략 복권 40억 원 당첨하여 세금 공제 후 수령하는 금액에 맞먹는다. 20억 원짜리 복권 두 방 맞았다.

열심히 일하는데 고객이 화나게 하거나, 상사가 열받게 하면, 자존심 상할 필요도 없고 분노할 필요가 없다. 화난다고 분풀이로 나보다 부유한 고급 음식점, 고급 술집, 사치품 제조 유럽기업에 자선하지 말고, 마음속으로 생각하자.

'또 나에게 복권 사주시는 피플people이 있구나. 감솨 땡큐 당케쉰 메르시 그라치에 그라시아스 아리갓또 씨에씨에 긴가민가.'

팽팽한 긴장의 순간을 즐겨라. 그러면서 나이와 지위에 맞는 성숙함과 문제해결 능력이 생긴다.

14

남 탓하며 살기에 내 인생은 너무나도 소중하다

마르크스

폴 존슨의 《지식인의 두 얼굴》(을유문화사, 2020)에 소개된 마르크스는 방탕하게 살았으며 경제적으로 곤궁해서 돈을 빌려서 탕진하기를 반복했고 가족 착취하는 벌레 같은 인생을 살았다. 이런 사상 사기꾼이 빌미를 제공해 줘서 레닌, 스탈린, 모택동, 폴 포트, 카스트로 같은 독재자들이 100만~7,000만 명씩 죽였다. 가까이는 한반도에도 있다. 저 엄청난 숫자를 상상해 보시라. 많은 사람들이 굶어서, 고문으로, 옳은 소리했다고, 전쟁으로, 질병으로 죽고, 병나고, 성폭행당하고, 평생을 불구로 살았다. 지금도 여러 가지 형태로 세계 곳곳에서 혹은 우리 주변에서 이런 비극이 펼쳐진다.

혹시 모르는 분들을 위해 간단히 적는다면, 독재자의 선동에 휘둘리는 사람들을 레닌은 '쓸모 있는 바보들'이라고 불렀다. 마르크스에게 빠져서 자본주의를 폄하하는 서방세계 지식인들은 소련을 이념적 조국으로 생각했다. 소련, 중국, 베트남은 물론이고 북한도 공산화 이후 좌파 지식인, 정치인, 성직자 등 많은 사람들을 숙청했다. 당장은 공산주의를 찬양하지만, 독재체제를 무너뜨릴 수 있는 잠재적인 적들이고 권력 독점에 방해가 되니 제거했다. 이런 역사를 잊으면 안 되는데 피해의식 강한 분들이 모이면 독재자의 선동이 통한다.

●   **시샘**

2016년경 라디오를 통해 들었다. 아마 초대 손님 같았고 삼사십 대의 남자 목소리였는데 "기업을 규제하는 게 맞다고 본다. 기업이 잘된다고 나한테 돌아오는 것도 없고~" 주제가 뭐였는지 앞뒤 토론 내용 모르고 멍하니 운전하다가 얼핏 들은 내용이지만 심각하다. 우리나라 교과과정이 대입 위주라서, 세상을 살아가는 데 필요한 지식은 개인적으로 습득해야 하고, 이렇게 한 쪽 방향으로 생각이 굳어지면 힘들어서 어떻게 사나! 한번 분석해 보겠다.

첫째, 그분의 연 수입이 궁금하다. 당시 4천만 원으로 가정하자. 연봉 4천만 원 이하의 직장인, 평균 연봉 4천만 원 이하의 기업은 관심이 없다. 그냥 기업도 아니다. 평균 5천만 원 이상의 기업, 혹은 지인 중에, 친한 친구 중에 5천만 원 이상 받으며 복지혜택이 좋은 조직에 속한 사람들 보면 배가 아픈 거다.

둘째, 직장인 말고 소위 고소득 전문 직종에 종사하며 잘나간다는 사람들 보면 역시 배가 아프다. 세율 왕창 올려야 된다고 주장할 거다.

셋째, 뭘 어떻게 규제해야 한다는 건지 의견을 듣고 싶다. 공개 토론, 밤샘 토론하고 싶다. 세금 더 받으란 말인지, 기부금 많이 내란 말인지, 불법행위 없는지 철저히 조사하란 말인지.

넷째, 그분보다 수입이 적은, 예를 들어 연 수입 2~3천만 원인 분이 "당신은 뭔데 나보다 더 많이 벌어, 내놔" 혹은 "이 사람 규제해" 하면 뭐라고 대꾸하실 건가? "나보다 더 버는 사람들도 있는데 왜 나만 가지고 그래?" 하지는 마시라.

다섯째, 기업도 기업 나름이긴 하지만 매출 높고 임금 높은 대기업들 덕분에 당신에게 돌아가는 것은 많다. 법인세, 임직원들 갑근세 및 소비생활로 국가 경제가 돌아간다. 벌어들인 외화 덕분에 원유, 식량, 원자재 사 온다. 외제 햄버거, 외제 커피, 사치품도 사고 유학 가고 여행 간다. 운전하고 엘리베이터 타고 보일러와 에어컨도 사용한다.

여섯째, '기업이 잘된다고 나한테 돌아오는 것'이 없다 하더라도 잘되는 기업 보고 배 아파하지는 말자. 세상이 똑같지는 않다. 귀하보다 어려운 사람도 있고 여유로운 사람도 있다. 기업의 존재 목표는 이윤 창출이다. 돈 못 벌면 망하고 잘 벌면 직원들 급여도 올라간다. 망한 기업 살려주지도 않을 거면서 흥한 기업 시샘하지 말자.

그분의 하시는 일이 뭔지, 그분이 어떤 기업과 직간접적 연관관계가 있는지 살펴보고 싶다. 적어도 기업들이 제조한 전자제품, 가구, 주택, 자동차, 옷 등을 구매하거나 사용하고 생활하실 거다. 돈 내고 샀으니 내가 혜택받는 게 아니라 그 기업들이 내 혜택만 받고 나에게 아무것도 안 해줬다고 주장하실까? 그 기업들 덕분에 내가 비싼 외국 제품 구매하지 않아도 된다.

동양권은 우리, 공동체를 강조하는 경향이 있고 '똑같이 태어났다'는 의식이 아직 상당히 남아 있다. 남과 다를지 걱정되고, 독특하고 개성 강한 사람은 미움받는다. 아무래도 서양권은 개성이 중요하고 남은 남이고 나는 내 인생이 중요하다. 남의 인생에 간섭하지 않고 내 인생에 간섭받는 걸 싫어한다. 기업이 잘되든, 누가 부자든, 시샘하는 느낌의 발언은 하지 말자. 본인 인생에 도움 되지 않고 우리 사회에 도움되지 않는다.

내 노력으로 얻은 만큼 딱 그만큼만 즐기면 행복이다.

● 　　　　　　　　　　　　　　　　　　　　　　　　**어떤 단톡방**

어떤 정치 후보자 지지 사이버 공간 단체대화방에 올라온 글들을 봤다. 그중에 꽤 배운 사람이 쓴 수려한 문장이 있었다. 내용 중에 '우리는 당당히 요구해야 한다.' 이 글이 사실 핵심이었다. 처음부터 끝까지 쭉 보면 문장 연결이 매끄럽고 작문 실력이 좋았다. 그러나 전체 내용을 한마디로 정의하면 '남 탓'이었다. 내가 힘들고 어려운 이유는 '남 탓'이다. 세상 탓, 국가 탓, 그냥 내 잘못 아니다. 이런 생각이 광범위하게 퍼지면 나라는 어디로 갈지 종착지는 정해져 있다.

작은 제목 '잔소리'에서 지금이 어렵더라도 이겨내시라고 적었다. 어렵다고 '남 탓'이 솔깃하게 들리면 어떻게 되는지 세계 역사가 증명했다. 2016년 전 국민 기본소득 약 300만 원 지급을 투표한 결과 76% 반대로 부결된 스위스[*]는 민주주의 할 자격이 있고 자유 누릴 자격이

---

[*] 스위스 헌법개정 안 자체에는 액수가 명시되지 않았다. '정부는 기본소득을 제공해야 한다' '기본소득은 인간을 존엄하게 하고 공적 삶에 참여할 수 있게 할 것이다' '기본소득의

있다. 금액이 다르고 혜택이 다르지만, 기본소득 정책에 찬성할 거 같은 베네수엘라[**]는 전 국민 평균 체중이 10kg 줄었다. 선택은 국민 몫이다.

세상에 대한 분노

'대학을 나와도 갈 곳이 없다.' 이런 말들을 한다. 천만에. 갈 곳도 많고 할 일도 많다. 다만 내 마음에 안 든다. 마음에 들면 나를 불러주지 않는다.

'돈이 돈을 번다'는 말을 태연하게 하는 사람들이 있다. 어떻게? 쉽게 설명해 주시면 사례금 드린다. 돈은 돈을 못 번다. 은행에 넣어 두기만 해도 꼬박꼬박 이자가 나온다는 이런 유치원생 같은 말은 마시라. 큰 금액일수록 원금 보장도 안 되고 세금 우대 없고 쉽게 갈아타기 불가능하고 고민이 더 크다. 대기업도 망하고 재벌 3세도 생활고에 극단적 선택한다.

'전 국민 기본소득의 그날까지' 뭐 이런 제목의 블로그를 봤다. 아주 어려운 청춘으로 보인다. 아무리 힘들어도 이런 생각 하면 본인 손

액수와 재원 조달 방안은 법률로 정한다'는 3개 조항을 헌법에 넣을 것인지 여부를 두고 투표했다. 다만 스위스 기본소득 운동단체들이 홈페이지를 통해 성인 2,500스위스프랑(약 300만 원), 미성년자 650스위스프랑(약 78만 원)을 제시했다.

[**] 베네수엘라는 차베스 정권의 퍼주기 정책 때문에 위기가 시작됐고, 유가 하락으로 생산 원가 높은 자국산 원유의 경쟁력이 없었고, 미국의 셰일오일 생산으로 미국 수출이 막히고, 부정선거와 독재가 큰 원인이다.

해다. 설마 월 20~30만 원 정도를 바라지는 않을 테고 월 200~300만 원 정도를 나라에서 지급하길 바라는 듯한데 그런 나라는 없다. 극소수 산유국에서 거의 노동하지 않아도 기본 생활 되도록 보장하는 경우가 있는지 모르겠고, 관심도 없지만, 그런 중동의 산유국에서 평생 살고 싶은가? 태어난 순간 생존 투쟁의 운명을 가지고 태어났다. 억울하고 힘들어도 헤쳐나가자.

세상이 그대를 괴롭혀도 절대 분노하지 마시라. 단순/무식하게 말해서 세상은 원래 그렇다. 어떤 분이 굉장히 억울하고 분한 경우를 당해서 "북한이 쳐들어왔으면 좋겠다." 이런 극단적인 표현까지 하는 경우가 있다. 조선시대였다면 북한 대신 청나라, 왜군, 이런 표현이 나오겠다. 내막을 들여다보면 가슴 아프고 슬픈 사연들이 녹아있다. 그 분노한 심정은 아주 공감한다. 특히나 잘 태어나지 못한 죄 아닌 죄 때문에, 어린 시절부터 힘들게 살았고 성년이 되어서도 마땅한 돌파구가 안 보이면, 힘들고 어려운 사정을 누구나 공감한다. 슬프게도 아무도 여러분을 지켜주지 않고 도와주지 않는다면 스스로 일어서야 한다. 세상에 좋은 분들도 많지만, 열 명의 좋은 분들이 여러분에게 끼치는 영향보다는 악한 한 명이 끼치는 영향이 비교 안 될 정도로 더 크다. 그런 악인을 분별하고 피하고 대처하는 판단력을 꾸준히 키우시라. 쓴소리에 화내지 말고, 잔소리에 귀 닫지 말고, 책, 신문, 주변인 등 모든 접촉 가능한 방법에서 인생의 멘토를 찾으시길 기원한다.

사이버 공간에서 읽은 내용이다. 아마 젊은 여성이 쓴 내용이다. 월 160만 원 정도 받는데, 차비/식비 등 50만 원, 월세/공과금 40만 원, 친구 2번 정도 만나서 음주 10만 원, 부모님 10~20만 원, 기타 지출하고 남은 월 10만 원 정도 저축이 가능하고, 겨우 이 돈 저축하려고 편도 1시간 30분, 회사에서 9시간, 왕복 출퇴근 시간 포함해서 12시간을 소비한다. 날마다 진상 고객에 시달리고, 팀장 잔소리를 참고 살아도 희망이 안 보인다.

대략 이런 내용인데, 글만 읽어도 눈에 선하고, 말만 들어도 가슴 시리다. 필자도 쉽지 않은 성장 과정을 거쳤고, 살아가면서 별의별 생존 체험 다 해봤기에 이해는 한다. 그렇지만 따뜻한 위로의 말은 이분에게 도움이 되지 않는다. 수입이 월 320만 원으로 2배 된다면 만족하시겠는가? 그러면 저축이 10만 원에서 160만 원 추가된 170만 원으로 불어나겠는가? 짐작하건대, 수입 늘어나면 늘어난 만큼의 추가적인 저축보다는 더 괜찮은 오피스텔, 가끔 비싼 메뉴, 한 번씩 친구와의 호캉스(호텔+바캉스), 쇼핑 쪽에 지출이 늘어나면서 저축은 별 차이 없을 가능성이 높다. 자신의 모든 지출 내용을 합리화하면서 화내기보다는 월 150만 원씩 지출할 자유를 주는 회사에 감사하라. 화내면 내 인생만 꼬인다. 잔소리하는 팀장을 위로해 줘라. 그 사람은 위에서 치이고, 아래를 혼내고, 중간에서 제일 힘들다.

또 다른 내용의 기사를 봤다. 대기업 부장으로 진급하면서 월수입이 800만 원 정도인데, 수입 상승에 따라 아파트 평수 넓혀서 융자금 상환은 올라가고, 양가 부모님 용돈 올라가고, 아이들 학원 추가, 차량 바꾸고, 골프 시작하고, 보험료 납부하면 마이너스다. 이렇게 수입이 늘어날수록 지출도 늘어나서 적자가 심화하는 사회구조적인 문제가 있다는 내용이다. 기자님, 이게 도대체 말인지 막걸리인지! 개인 과소비 문제를 사회문제로 치환하다니 동방예의지국에 삼강오륜이 다 무너졌다.

심지어 연봉 2억에 육박하는 파일럿이 사이버공간에 분노를 표출하고 사회에 원한 맺힌 독설을 내뿜는 경우도 있다. 이렇게 많은 사람들이 소득과 관계없이 남 탓, 세상 탓하면 남는 것은 거울에 비친 본인의 슬픈 자화상이다.

대우그룹 창업주는 어린 시절 신문 배달 했고, 현대그룹 창업주는 젊은 시절 자전거로 쌀 배달 했다. 70대의 연세에 동대문에서 지게 하나로 여전히 일하시며 건물 여러 채 보유하신 분도 있다. 구두 닦고 수선하며 빌라 1동을 융자 없이 지으신 분도 있다. 이런 극한의 사례가 귀에 거슬린다면 70%, 50%, 혹은 30% 아래의 성공 사례도 넘쳐난다.

필자는 젊은 시절 운 좋게 기숙사 있는 회사에 다녀서 몇만 원 정도의 적은 숙식비를 제한 120만 원 받으면 100만 원 저축했다. 단순 계산으로 1년에 1,200만 원, 6년이면 7천만 원 이상 저축했다. 매년 조금씩 월급이 오르고 진급하면서 또 올라서, 당시 6년 만에 괜찮은 32평 아파트 가격 이상을 저축했다. 그때는 아파트가 저렴했다느니, 세상이 바뀌었다느니 그런 말씀은 마시라. 그때 수입 이상으로 유흥비 쓴 사람, 새벽까지 음주하다가 바로 회사 출근하는 사람, 사업한다고 부모님 재산 날리는 사람, 주위 친인척 돈 날리고 해외 도피한 사람,

뭘 했는지 조사는 안 했지만 1억 원의 폭탄 맞고 집안 뒤집은 사람, 2박3일 회사 출근 안 하고 잠도 안 자고 노름하는 사람 등 지금보다 열악했다.

앞에서 아파트 가격에 대한 언급은 이미 했고, 개인마다 워낙 생각 차이가 크므로 반복하지는 않겠다. 음주를 좋아하지만, 소주 한 병과 새우○ 한 봉지 합계 1,300원으로 기숙사에 앉아 즐기고 수입 80% 저축하는 스크루지 동기동창 비스무리하게, 자린고비 들배지기 신공을 구사하다 보면 시간이 조금 걸릴 뿐 결국 과소비할 여유가 생긴다. 수입 많아도 지출 많으면 무슨 소용이겠는가? 힘들게 살아가는 분께 정말 정말 엄청나게 죄송한데 재롱부리지 마시라. 하늘도 도와주지 않는다. 지금은 매월 10만 원 저축하지만, 10년 뒤에 100만 원, 20년 뒤에 1,000만 원씩 저축할 준비를 하시라. 혹은 10년 뒤에 매월 1,500만 원씩 과소비할 꿈을 꾸시라. 어려운 환경에서도 극복하고 일어서야 멋있고 단단하다. 행복한 귀하의 미래 모습을 꼭 보고 싶다. 소문내면 가서 축하해 드린다.

● 노후 빈곤율

슬프게도 우리의 노후 빈곤율은 OECD 1위다. 은근슬쩍 1위 타이틀이 많다. 왜 이럴까 나름 고민해 봤다. 과거 농업 종사자가 많고 평균 수명이 낮은 시절에는 고민하지 않던 문제다. 아래 그래프를 보면 1980년 남자 평균 수명 겨우 환갑 정도에 도달했다. 평생 농업에 종사하면서 먹고살기에 바빴고 겨우 자녀 학비 정도 벌었다. 노후에도 계속 농업을 하면 되었고 그냥 때가 되면 세상을 하직했다. 노후를 고민하지 않았고 노후까지 걱정할 여유도 없는 분들이 대부분이었다.

한국인의 연도별 평균수명 (출처: Naver Inforgraphics Search™)

그러다가 세계 최고 수준의 경제성장과 급속한 도시화, 평균수명 향상으로 가치관 또한 급속히 달라져야 했다. 도시로 이동한 사람들은 노후에 할 일이 없다. 젊은 시절 취미와 운동 등을 꾸준히 했어야 노후에도 한다. 자식 교육비에 쏟아붓고 남은 재산이 없으면 노후에 아무것도 못 한다. 핵가족화로 자녀들은 떠나고 남은 노후 시간을 보내려면 정부 차원의 지원 말고는 방법이 없다. 이러면 젊은이들과 정치인들이 원망스럽고, 또 뭔가 바라게 된다. 단기간 급속한 시대 변화의 아쉬운 부작용이다. 청춘들이여 행복하게 살기 위해서는 지독해져야 한다.

15

세계에서 가장 '진실'한 한국을 꿈꾸며

● **거짓말 관련 범죄**

역시 오래된 과거 기사에 근거한 얘기이므로 지금은 달라졌으리라 기대한다. 우리나라의 사기, 위증 등 거짓말 관련 범죄는 일본과 비교할 때 인구가 2.5배 차이라는 점을 감안하면 무려 100배라고 한다. 믿어지시는가? 지금의 거짓말 관련 범죄 발생률 조사자료가 있다면 확인하고 싶은데, 여하튼 주위에 진실성 떨어지는 분들이 의외로 있다. 유명한 공인 중에, 연예인, 정치인, 유튜버, 각계각층에 있다. 인터넷의 발달로 기사는 쏟아지고 거짓말도 쏟아진다.

1998년 69세로 돌아가신 선경그룹 최종현 회장은 화장火葬이 드물었던 시절 화장 유언을 하셨고, 가족들이 이를 실천했다. 이를 계기로 화장이 대중들에게 번졌다. 이처럼 지도자층에서 진실만을 말하는 모범을 보이고 거짓말이 큰 범죄라는 인식을 대중들에게 번지게 하고 한국 사람들은 진실하다는 평가가 전 세계에 뿌리내렸으면 한다. 부모님들 자녀 입장료나 뷔페식당 식비 아낄 목적으로 나이/학년 속이지 마시라. 어릴 때부터 자녀가 거짓말로 이득 보는 법을 배운다.

● **네덜란드 제방과 소년**

심각한 첫 번째 얘기다. 작은 제목(소제목)에서 눈치채셨겠지만, 네덜란드 제방의 구멍을 발견하고 애국 소년이 팔을 집어넣어 재난을 막았고 그 소년은 죽었다는 얘기* 다들 한 번 이상 들어 보셨을 거다. 많은 교장선생님 훈시 중에, 선생님, 신문, 만화책, 강사님들 써먹은 유명한 일화다. 왜 난 아무 생각 없이 듣고 있었을까! 어느 나라든지 건국 신화, 영웅신화, 애국심 고취하는 일화 등 지어낸 얘기는 많지만, 적당히 해야지. 물리학 법칙을 새로 정립해야 하겠다.

● **사자는 새끼를 절벽에서**

수많은 사람들이, 책, 만화, 신문에서 써먹은, 그리고 아무 생각 없이 속은 얘기다. 사자는 새끼들을 절벽에서 떨어뜨린 후 살아서 올라오는 넘만 키운다. 누가 이런 터무니 없는... 사자가 사는 초원에는 절벽도 없고, 절벽 지역에 사는 사자도 없다. 절벽에서 떨어지면 저승 간다. 차라리 필자 집에 금송아지 백 마리 있다는 게 더 그럴싸하다. 돈

---

* 그 이야기는 미국 동화작가 Mary M Dodge의 소설《한스 브링커의 은빛 스케이트(Hans Brinker or the Silver Skate)》(1895)에 나오는 우화였다. 신복룡 전 건국대 석좌교수, '주먹으로 제방 막은 네덜란드 소년', 중앙일보, 2023. 5. 11.

만 쓰면 손가락만 한 크기로 제작 가능하다. 실물 크기란 말은 안 했다. 속이 금으로 꽉 찼다는 말도 안 했다.

사자는 15~20마리 정도 프라이드^{pride}(사자 무리)를 이루고 경쟁에서 이긴 수컷 성체 한 마리만 우두머리가 되며, 나머지 수컷들은 쫓겨난다. 우두머리도 6개월~3년 이내에 젊은 수컷에게 밀려나면 힘겹게 살다가 갈비뼈 앙상하게 굶어 죽는다. 태어나서부터 죽을 때까지 하는 권력 싸움 때문에 2살 미만의 수사자들 약 20% 정도만 살아남는다고 한다.

사자로 태어나지 않아 행복하다. 다음 생에도 사람으로 태어나길.

● **바이러스는 숙주를 죽이지 않는다**

진실같이 들려서 필자도 속았다. 숙주가 죽으면 침투한 바이러스도 멸종하기 때문에 숙주가 죽을 만큼 번지지는 않는다는 이론이다. 지혜가 있는 인간도 양쯔강 민물 돌고래가, 독도 강치가, 신생대 매머드가, 멸종할지 안 할지 계산을 못 하는데, 수억 마리 바이러스가 산아제한 회의할 일도 없고. 만약 숙주를 죽이지 않는다면 우리가 지카, 사스, 메르스, 에볼라, 에이즈, 코로나 바이러스를 많이 겁낼 필요가 없지 않을까! 생물 시간에 배우셨겠지만, 바이러스는 세포 소기관이 없어서 숙주 세포 내로 침투해 숙주의 세포 소기관들을 이용한다. 100~200마리 정도 복제한 후 숙주 세포를 터뜨리고 나와야 여기저기 번식한다. 터뜨리고 나온다는 말은 대장균 같은 단세포 숙주는 즉사하며, 식물/동물/인간은 다세포라서 즉사는 아니지만 여기저기 감염되면 결국 사망이다. 생물 참고서가 아니므로 잠복기간인 용원주기, 뚫고 나오는 용균주기는 설명을 생략하겠다.

헤르페스 바이러스 등 재발 방지할 방법은 아직 없고, 즉 완치가 안 되고 몸컨디션 안 좋을 때 재발한다고 하니 우리 모두 위생에 주의하자.

바이러스와는 달리 포식자-피식자 관계에서 초식이나 기생하는 포식자의 경우는 보통 피식자를 죽이지는 않는다.

● **친절한 일본 주부**

과거 들은 얘기다. 일본 주부들은 친절해서 아파트에서 엘리베이터를 타고 올라가면 뒷사람을 위해서 1층 버튼을 눌러서 빈 엘리베이터가 다시 1층으로 가도록 해준다. 아, 항상 거짓말 생성한다고 고생하는 분들이 있다. 말도 안 되는 논리다. 입주민들이 1층에서 엘리베이터 탈 확률이 얼마나 되는가 하면 정확히 50%다. 자기 집 앞에서 탈 확률이 나머지 50%, 각각 절반씩인데 그 50%의 확률 때문에 무조건 1층으로 내려보내면, 위에서 내려가려는 사람 입장에서 또 빈 엘리베이터를 위로 불러야 한다. 괜한 시간 낭비, 에너지 낭비다.

● **전후**^{戰後} **독일의 성냥개비**

무지하게 오래된 얘기지만 생각해 보면 터무니없다. 2차 세계대전 이후 독일에서 담배 피울 사람 3명 이상 모여야 성냥 1개비를 그었다는 말은 진실 여부를 떠나 웃긴다. 담배 살 여유는 있었나 보다. 소줏값 아끼려고 양주 마셨다는 말처럼 들린다. 비싼 핸드백은 통 크게 백화점 쇼핑했지만, 재래시장에서 콩나물값 100원 깎았다고 자랑하는 모양새다.

전기자동차는 친환경일까

전기차는 친환경이라고 번호판도 하늘색이다. 하지만 동영상 및 각종 자료를 보면 오염원汚染源을 자동차에서 발전소로 옮겼을 뿐 전혀 친환경이 아니란 주장이 설득력 있다. 배터리는 희토류 소재를 쓰는데, 광물 채굴 과정은 환경을 파괴하고 심각한 대기오염물질이 배출된다. 폐기 배터리는 처리 곤란한 환경폐기물이다. 결국 전기차 연관된 모든 산업 종사자와 법규 제정한 기관 및 공무원들이 다른 목적을 가지고 줄기차게 친환경이라고 주장하시는지 궁금하다. 과거 디젤이 가솔린보다 더 환경에 좋은 듯이 '클린디젤'이란 명칭을 많이 쓰다가 사기로 밝혀졌다. 한쪽 주장만 들으면 진실이 묻힐 가능성도 있다.

회사 면접에서 거짓말

실제 발생한 에피소드다. 어떤 회사 취직 면접 자리에서 면접관 중 한 분(A)이 면접자(B)에게 질문하고 답을 듣는 과정이다.

A: 지방 근무 가능한가?

B: 서울 본사에 근무하고 싶습니다.

A: 왜?

B: 부모님을 모시고 살아야 합니다.

A: 가족관계 보니까 형님이 있네.

B: 형님이 따로 살기 때문에 제가 모시고 살아야 합니다.

A: 외국 근무는 가능한가?

B: 가능합니다.

A: 부모님 모시고 살아야 한다면서.

B: 누나가 미국에 살고 계시는데요, 그래서, ‑ 중략 ‑

면접관은 '미국 근무'를 묻지 않았다. 그냥 외국이라고 말했는데 갑자기 부모님 모실 생각이 없어졌다. 누나가 넓은 미국 땅 어디에 사는지 모르지만 그런데 어쩌라고. 남들을 우습게 생각하면 안 된다. 내 머리 꼭대기를 내려다보고 있는 사람들이 많다. 어설픈 거짓말하면 웃고 넘어가는 사람도 있고, 정확하게 콕 집어서 지적해 주는 사람들도 있고, 웃길 뿐이다.

●   **학력고사 답안지 공개**

많은 중요 시험이 점수나 결과만 공개하고 본인 답안지 돌려주지 않는다. 과거 대입 학력고사 시절에 공개된 점수가 지나치게 많이 차이 난다고 이상하다는 학생들이 전국적으로 꽤 있었다. 그냥 3점 정도면 그럴 수도 있겠다 싶지만, 수십 점이 낮게 나왔다고 학생들이 우기니까 학부모들이 난리가 났다. 관리위원회는 공개 불가란 최초 정책을 꺾고 결국 확인했는데 학생들의 착각(?)으로 밝혀져 학생과 학부모들은 망신

당했다. 거짓말은 평생 멀리하자.

● 부자 아빠, 가난한 아빠

한때 선풍적인 인기를 끌었던 로버트 기요사키의 시리즈 제목이다. 유명해서 구입했는데 읽으면서 자꾸 화가 났다. 10페이지 정도 채울 만한 내용을 계속 반복하여 책 1권을 채웠다. 표현이 장황하고 내용들도 앞뒤가 안 맞았다. 돈 잘 벌었다면서 어느 순간 부부지간에 차 안에서 먹고 자면서 거지 생활하는 묘사가 나왔다. 그 책은 좋게 말하면 소설이고 나쁘게 말하면 거짓이다. 독서하면서 화낸 기억이 별로 없는데 실망스러웠다.

　이 책에 반박하는 《세이노의 부자 아빠 만들기》(이진 저, 미래의 창, 2003)란 책이 필자의 갈증을 해소해 주었다. 기요사키의 믿기 어려운 부분을 세심하게 분석하여 주시니 분명해졌다. '돈에 대해 솔직하라' '부자가 되려면 삶의 자세부터 바로 세워라'등 더 좋은 내용으로 '한국에서 부자아빠 되기'를 저술하셨다. 기요사키가 잘한 일은 명칼럼니스트 '세이노'를 알게 해줬단 점이다.

● 화성 착륙 동영상

지인이 보내온 동영상이 '인류 최초 화성 착륙' 뭐 그런 제목이었다. 클릭하니 "감동적입니다" 하면서 지구기지를 떠나 발사되고, 대기권 쪽으로 날아가는 로켓을 위에서 촬영하고, 우주공간 곳곳에 카메라가 대기하고 있다가 지나가는 우주선을 촬영하고, 화성에 착륙하는 장면을 촬영하고, 그럼 촬영 카메라를 미리 보냈다는 얘기인가 어떻게 촬영했을까? 지인에게 바로 문자 보냈다. '거짓말입니다'. 그냥 컴퓨터 그래픽이다. 양글(영어)로 표현하면 CG.

　세상에는 재미로 거짓말을, 나쁜 목적으로 사기를 치는 사람들이 많다. 특히 경제적인 목적이 있을 때 그러니 여러분 항상 조심하시라. 아직도 보이스 피싱에 당하는 분들이 있어 참으로 안타깝다.

● **아폴로 11호**

헬륨-3은 가볍고 안정한 헬륨의 동위 원소 중의 하나로, 두 개의 양성자와 한 개의 중성자를 갖고 있다. 헬륨-3은 양성자-양성자 연쇄 반응을 일으킬 때 생성된다. 또한 삼중수소가 베타 붕괴를 일으킬 때도 딸 핵종으로 생성된다. 헬륨-3를 바닷물에 풍부한 중수소와 핵융합을 시키면 엄청난 에너지가 생산되기 때문에 달의 자원 중 가장 인류의 주목을 받는 물질이다. 달에는 이렇듯 1t당 50억 달러의 가치를 가진 헬륨-3가 100만t 넘게 매장돼 있다. 돈으로 환산하면 5,000조 달러(약 560경 원)로 전 세계 국내총생산^{GDP}의 57배 수준이다.[*]

　자, 논란이 많은 아폴로 11호 달 착륙에 관해 서술하겠다. 많은 의혹 제기를 보면 그 항목 하나하나가 다 상식적이고 합리적인 근거를 내세운다. 반대로, 사이버 공간에서 나사^{NASA} 측 대변인 역할을 아주 성

---

[*]　출처: 달에 풍부한 '헬륨-3', 지구로 가져온다면… Science

실히 하는 사이버 전사들이 있다. '지금은 달에 더 이상 갈 필요가 없어서 안 가고 있다' '지금은 막대한 자금을 달 착륙 프로젝트에만 사용할 수 없어서 못 간다' 이런 나사 방어군 역할을 자청하시는 이유가 뭔지 궁금하다. 나사 가서 점심이라도 드셨는지.

누구나 인터넷 자료, 동영상 살펴보시면 매우 많은 의혹 관련 내용을 찾는다. 그냥 간단히 우주인 3명의 표정을 보시라. 그야말로 비장하다. 만약 우리나라 어린이, 당연히 영어를 모르는 어린이들에게 우주인 3명이 기자회견, 토크쇼 출연한 장면 사진이나 아주 짧은 동영상을 보여주고 질문해 보자. "자, 저기 아저씨들이 어떤 아저씨들일까 맞춰봐. 1번은 위대한 임무를 마치고 돌아온 영웅들. 2번은 불안·초조 긴장에 떨고 있는 죄인들." 초등학생도 맞춘다.

아래 사진의 저 비장한 표정을 보라. 불쌍하다. 우주인들에게 대기가 전혀 없는 우주에서 별이 보이냐고 질문하니까 금방 답도 못 하고 고개 이리저리 돌리면서 손가락 꼼지락거리다가 별이 전혀 안 보였다고 거짓말했다는 말이 있던데 필자가 직접 듣지는 못했다. 별이 안보였으면 지구와 달은 보였을까? 깜깜한데 어떻게 길을 찾았을까? 허블 우주망원경, 제임스 웹 우주망원경으로 찍은 사진에는 별이 찍혔는데 인간의 망막과 시력보다 망원경 렌즈는 배율이 높아서 그런 모양이다.

(출처: bisent.tistory.com/97)

당시 우주복은 등에 지퍼와 벨크로(좌상)가 있고 앞에 소변용 지퍼(우상)가 있다. 밀폐 불가능한 옷이다. 나사가 2020년 공개한 우주복(좌하)과 비교해 보시라. 또한, 월면차를 실어 가서 마네킹이 앉아 있다. 저걸 가져갔을까?

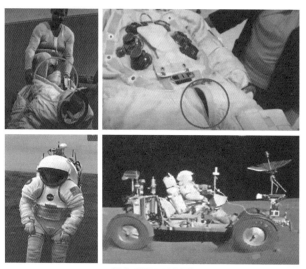

(출처: 유튜브 스카이문)

착륙 속도 줄이기 위한 역추진 로켓도 안 보이고 이륙용 발사 로켓도 안 보이는 착륙선도 신기하다.

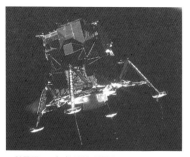

아폴로 11호 착륙선 이글 (출처: 위키미디어)

15년간 미공개 서약서 작성하고 인터뷰한 스탠리 큐브릭 감독의 영상에 자신이 달착륙 촬영했다고 밝혔다. 고인의 아내와 딸은 영상 속의 사람이 비슷하게 생겼으나 다른 사람이라고 한다. 요즘도 발사하다가 실패하고 고장 나고 하는 데 무려 1969년에 성공했다고? 그게 사실이라면 56년이 지난 지금 일론 머스크는 스페이스 엑스에 전기차 테슬라 실어서 화성 착륙하고 월면차처럼 운전해야 한다.

의혹은 제기했다가 틀리면 그뿐인데, 나사 측 대변인 역할 했다가 틀리면 창피하다. 달에 갔다 왔으면 어떻고 안 갔다 왔으면 어떤가? 싸운다고 당장 해명되지 않을 문제다. 문제가 뭔가 하면 접근방식이다. 세상에 거짓말이 넘치고 많은 의혹이 있고, 그러면 확인하면 된다. 많은 사람들이 수십 가지의 합리적인 의혹을 제기했을 때는 좀 지켜보자. 달착륙 순간과 달에서 이륙 순간까지 영상을 공개했는데 자세히 보시라. 요즘 SF영화도 그보다는 더 실감 나게 찍는다. 필자는 말로만 큰소리치지 않겠고 오래된 개인 승용차 걸었다. 이왕이면 새 차 가지신 분과 내기를.

지금 기술 수준으로는 무인우주선 착륙만 가능하다. 유인우주선은 그냥 소설이고 SF영화다.

달에 토끼가 있는지 없는지 달 토끼는 관심 없고 아래와 같은 유머 토끼가 재미있다. 숲에서 호랑이 만난 토끼가 '뭘 봐 인마', 다음에 만나서 '나야 인마', 그다음 만났을 때 호랑이는 뒤집어졌다. '소문 다 났어 새꺄.'

우주인들 불쌍하다고 소문 다 났다. 뭘 잘못했다고 그렇게 괴롭히나!

거짓말은 아니지만 사소한 의견 차이라고 넘기거나 단순한 실수라고 평가하고 싶지만 신문, TV 방송 등에서 황당한 발언하는 경우가 엄청나게 많다. 필자 생각만 맞고 기자들이 잘못 생각한다고 우기는 듯하여 조심스럽고 한 가지 예를 든다.

아주 오래전에 저녁 뉴스 방송 마치기 직전 앵커가 말했다.

"작년 우리나라 이쑤시개 수입액이 50억 원입니다. 이쑤시개까지 수입해야 되겠습니까? 이상 9시 뉴스를 마칩니다."

수입 줄이고 수출 늘리자는 발언에 아무도 반대하지 않는다. 안타깝지만 우리나라는 이쑤시개 만들지 못한다. 가격경쟁력이 없어 망했다. 그런 제품은 후진국, 저임금 국가들이 담당하도록 내버려두자.

우리는 이쑤시개 수입하고 전봇대 수출하자.

● **공룡 백만 년**

과거 '공룡 백만 년'과 유사한 제목의 공상과학영화를 보면 오스트랄로피테쿠스 비스무리한 고대 인류들이 공룡과 싸우고 도망가고 한다. 이는 황당한 시추에이션이다. 공룡은 중생대에 번성해서 중생대 말에 멸종했고 인류는 신생대에 출현했다. 매머드는 신생대에 인간과 공존했다. 인류가 매머드 다 잡아먹어서 멸종했을 가능성이 있다는 주장이 설득력 있다.

16

정답은 없다; 민감하지만 필요한 이야기

● **절묘한 합의를 위한 노력 과정**

괜히 건드렸다가 집중포화 맞을 예민한 주제 중에 하나다. 그렇다고 항상 비껴가면 안 되고 누군가 나서서 조금씩 합리적으로 더 좋은 제도와 세상을 만들어 나가야 한다.

남자들은 웬만하면 데이트 비용 부담하자. 여자들은 머리하고 화장하고 옷 입고 하느라 돈 들고 정성이 들어간다. 대체로 남자들 수입이 더 많으니 비용 부담 더 하면 좋다. 다만, 용돈 타서 쓰는 학생인 경우는 적절하게 분담해야 하겠지만. 여자 수입이 더 많은 경우는 헷갈린다. 자다가 일어난 모습으로 나온 경우는 반반씩 하자.

생물학적 우위에 있는 남자들이 힘들고 어렵고 위험한 쪽을 담당하고, 쉽고 편하고 안전한 쪽은 여자들이 담당하면 좋다. 차별은 없고 평등해야 하지만 차이는 인정하면서 서로 만족할 적정선을 합리적으로 만들자.

여자들에게 바라는 점은 유리할 때는 평등을 주장하다가 불리하다 싶은 때는 '여자라서' 이런 이중잣대는 없으면 좋겠다. 회사의 어떤 팀에서 일어난 사연을 보니, 여자 팀원들이 "왜 우리만 커피 타나요?" 하고 이의를 제기했다. 팀장이 말했다. "그동안 남자 팀원들이 창고 정리, 정수기 생수통 교환하기, 총무팀 가서 복사용지 가져오기 등을 했는데 남자라는 이유로 차별하면 안 된다. 이제부터 이런 일들과 커피 타는 일 전부 양성평등 하게 나누자." 그랬더니 여자 팀원들이 말했다. "우리가 커피 탈게요."

2008년 25개 대학이 로스쿨 인가대학으로 선정됐다. 총정원은 2,000명인데 이화여대는 100명을 배정받았다. 남성이 '직업선택의 자유와 평등권을 침해했다'며 낸 헌법소원 심판에서 헌법재판소는 2013년 남성이 받는 불이익 자체는 인정하면서도 재판관 전원일치 의견으로 '기본권을 침해하지 않는다'고 결정했다.

서울/경기 지역 약국에 가면 여성 약사들이 많다고 느끼기는 했다. 그 이유는 전국 약학대학 정원 1,693명 중 320명(18.9%)이 이화여대, 숙명여대, 덕성여대, 동덕여대에 배정됐고, 서울 소재 여자대학교들이다. '직업선택의 자유와 평등권을 침해했다'며 낸 헌법소원 심판에서 재판관 전원일치 의견으로 합헌 결정을 내렸다.

서울 지역만 놓고 보면 남녀공학 대학교 서울, 중앙, 삼육, 경희 약대 253명 정원에 남학생, 여학생 절반씩 126명씩 입학한다고 가정하자. 여학생은 추가로 여대에 배정받은 320명 더 입학하면, 남학생 126명, 여학생 446명이다. 비율이 22대78 정도다. 이과에서 의·치·한·약·수 전공은 민감한 쪽이다. 그리고 문과 로스쿨 또한 민감하다. 이런 불평등에 눈감고 여성계에서 이왕 챙긴 이익은 계속 가져가고 추가로 챙길 건수를 찾으면 합리성, 타당성이 낮아진다. '남성이 받는 불이익 자체는 인정하면서도~' 기본권을 침해하지 않는다는 결정은 상쾌하지는 않다.

여자가 더 좋은 직업 가져야 한다고 주장하셨던 여성 대표님의 변호사 사무실 직원 단체 사진을 보면 남자 6명, 여자 2명이었다. 변호사 사무실은 좋은 직장으로 판단한다. 변호사로 근무하든 사무직으로 근무하든.

쉽지 않고 정답 없는 문제에 도전했다가 낭패 볼 마음은 없고, 합리적인 토론 하고 사회적 합의에 접근하자는 의도일 뿐 다른 사심은 없다. 필자가 여자라면 편하게 다룰 주제도 아니지만. 역사적이고 현실적으로 여성들의 불이익을 보상하기 위해 지금은 남성들 불이익 받아라 이렇게 주장한다면 공감은 하지만 요즘 태어난 남성들이 억울하다.

현실 세계에서 양성평등 영역, 차별 영역, 및 차이를 인정하는 영역이 있다. 필자가 감히 여성들에게 조언한다면 머리를 써야 한다. 세상 수컷들을 어떻게 다룰지, 먼저 수를 쓰고, 한 수준 위에서 검토하고, 능숙하게 요리해서 배후 조종하는 기술을 연마하시라. 1대1로 맞서지 말고, 교묘하게 컨트롤하면, 괴롭고 힘든 일은 수컷들에게 시키고, 몸과 마음이 편하다.

●   **민감한 내용 1**

과거 일본의 기업 총수가 지방 종교 행사에 참석했다가 돌아가는 교통편 안에서 깊은 고민을 했다. 기업은 30년을 가기 힘든데 실체도 없는 종교가 몇천 년을 가는 비결이 뭘까? 정신세계를 지배하는 종교의 힘은 대단하다. 우리나라의 경우 국교가 없고 믿음의 자유가 있어 참 좋다. 우리는 유연한 나라다. 종교도 그렇고, 경제도 단기간에 세상이 천지개벽했고, 도량형도 전부 국제 규격으로 바꿨다. 관습적으로 사용하던 면적 단위 '평' 정도는 아직 사용하지만, 동네 단위 주소도 도로명주소로 화끈하게 바꿨다.

한마디로 표현하면 '멋지다.'

동의하지 않는 분도 있겠지만 우리나라 전 국민의 정신세계를 좌우하는 것은 유교다. 제사를 지내고 유교적 윤리를 바탕으로 하여 일상생활을 한다. 조선 태조 이성계는 무학대사와 친했고 불교와 가까웠는데 정치 지도 이념으로 가져온 유교는 우리나라 백성들에게 스며들었다. 그 사실을 백성들이 아는지 모르는지 오늘날까지도 유교적 성향이 강하다. 그리고, 종교보다 더 강하게 정신세계를 좌우하는 것은 정치 성향인 듯하다.

인류역사상 모든 인류는 종교로 갈등을 겪고 행복감을 느끼고 소속감도 느끼고 남을 박해했고 종교의 이름으로 용감하게 범죄를 저지르기도 했다. 과학의 시대로 넘어오면서 종교의 영향력이 계속 줄어들고 있지만, 아직도 개인적으로 혹은 국가적으로 종교가 아주 큰 영향력을 가진 경우들이 있다. 제삼자의 입장에서 볼 때 혹시나 종교적 신념으로 인해 상식이 무시되는 경우가 있을까 염려스럽다.

1995년 14명이 숨지고 6,000명 이상이 다친 옴 진리교의 도쿄지하철 사린 가스 테러 사건이 있었다. 주동자들은 많이 배운 엘리트들이었다. 이들이 왜 이런 끔찍한 테러를 했냐 하면 종교조직 안에서 자기들의 지위가 있었고, 종교의 힘이 개인적 윤리의식을 눌렀기 때문이다.

필자는 굉장히 독실한 신앙심에는 우려하는 입장이다. 종교나 사상이나 깊이 빠져서 잘못된 길을 가는 사례가 있다. 만국 공통어인 과학, 의학이 우선 되어야 하고, 종교는 마음의 안식을 얻고 참된 삶을 위한 정신세계의 영역으로 유지하면 좋다. 믿음이 과하다 보면 지도자가 불법적이거나 비윤리적인 명령을 해도 그에 따르는 경우가 있으니 경계하자.

필자는 종교보다 인생 윤회설을 믿는다. 태어난 순간 엄청나게 다른, 불평등한 인생을 시작하고 뭔가 정해진 운명을 살아가는데, 도대체 까닭이 무엇일까 하는 고민 끝에 전생의 업보를 안고 태어난다고 생각한다.

힌두교, 불교 등 많은 종교와 기독교 역사에서 약 400년간 윤회는 정식으로 인정되던 교회 신학의 일부였다. 이슬람의 코란에도 윤회와 환생의 개념은 이렇게 기록되어 있다. '신이 생명을 창조했고, 생명은 거듭거듭 태어난다. 신에게 돌아올 때까지'. 에드거 케이시를 비롯한 전생 예언자, 혹은 심령술사도 많다. 좋은 환경에서 잘 태어난 사람, 건강하고 똑똑하게 태어난 사람, 키 크고 잘 생기게 태어난 사람들은 노력과 관계없이 정해진 운명이다. 태어난 순간에 안 봐도 그 일생이 뻔한 어려운 환경에서 고생할 사람은 전생에 쌓은 좋지 않은 업보를 현생에 풀어야 하는 윤회 청산의 빚 갚는 인생을 사는 것이 아닐까 싶다.

어렴풋이 기억나는 듯한데 필자는 전생에 나라까지는 아니고 동네를 팔아먹은 듯한 가물가물한 기억이. 그래서 현생에 좋은 일을 많이 하고 빚을 다 갚고 다음 생은 - 물론 멋지게 태어나지 않아 좋은 점도 있다고 작은 제목 '패러다임의 전환'에서 밝혔음 - 그러니까 아이돌 스타 비슷하게 한번 태어나 보고 싶다.

남은 생 힘을 내자 좋은 일.

종교 믿어서 천당 가도 좋고, 윤회설 믿고 잘 태어나도 그 새 인생이 바로 천국이라 믿는다. 윤회설이 틀렸고 다시 못 태어난다면 그냥 살면서 좋은 일 많이 한 보람으로 만족하고.

특정 종교에 신앙심이 강해도 종교가 다른 남들로부터 인정과 존경을 받는 분들은 많다. 참되고 베풀고 성품 좋은 분들이야 종교가 무슨 상관일까! 주의할 점은 다른 종교를 비방하지만 않는다면, 서로 공격하지 않고 공존의 지혜를 간직하면 좋다. 종교분쟁이 없는 우리나라가 좋다.

소위 천당과 지옥이 있을까 궁금하긴 하다. 만약 필자가 죽어서 천사 2명을 만났는데, 다시 잘 태어나야 하는 이 속마음을 몰라 주고 천사들이 "넌 종교 믿음은 없었지만 착하게 살았기에 천당으로 데리고 가겠다"라며 양팔을 잡고 천당으로 끌고 가면 딱 한 마디만 하겠다.

"놔라!"

● **민감한 내용 2**

우리나라에서 종교보다 더 우위에 있는 것이 바로 정치 이념이다. 많은 나라들이 인종 문제, 종교 문제로 분쟁이 많은데 다행히 우리나라는 이런 문제들이 표면적으로 거의 없는 평화로운 나라이지만 대신에 북핵 위험과 정치 성향으로 편갈리는 분쟁이 있다. 부모, 자식, 남매,

부부, 친한 친구, 직장동료 사이라도 정치 성향이 다르면 영원히 갈라서는 철천지원수가 되기도 한다. 근본적인 원인이 무엇일지, 정치인들이 그렇게 유도했는지, 가슴 아픈 현실이고 민감해서 건드렸다가 한순간 나락에 떨어진다.

종교는 서로 상대 영역 침범하지만 않으면 일상생활 부딪힐 상황이 없고 그냥 그러려니 하면 된다. 그러나, 정치는 어떤 정치인이 어떤 정책을 펼치느냐에 따라서 내 인생이, 내 가족이, 우리 후손이 아주 다른 환경에 살거나, 운명이 확 바뀌기도 하니까 누구나 신경이 곤두선다. 경영하는 사업체가, 업소가, 학원이 한방에 쓰러질 수도 있고, 대학 진학에 운명이 바뀔 수도 있고, 보유한 부동산 가격 급등락으로 울고 웃을 수도 있다. 아예 무관심하고 무감각한 어쩌면 그래서 마음 편하게 사는 분들이 장수할 가능성도 있고, 반대로, 정치에 큰 관심 가진 사람들이 많아져서 좋은 나라 만드는 시간을 앞당길 수도 있다.

민감한 주제 어설프게 건드렸다가 위험할 소지는 있지만, 안전, 돈, 자기관리, 공부, 가치관, 법, 회사 생활, 거짓말보다 더, 종교보다 더 개인의 인생을 좌지우지할 경우들이 있기에, 조심스럽게 접근해 보고자 한다.

먼저 필자의 성향을 밝힌다면 지지 정당은 없고 좋아하는 정치인들은 있으나 그분들의 공통점은 대체로 과묵하셔서 활동이 잘 안 보이고 그래서 정치 안 하시길 바란다. 앞에 나서는 분 중에는 전과자, 거짓말이 일상화된 분, 본 책에서 밝힌 여러 내용과 다른 길을 가시는 분들이 가끔 보여서, 애국자는 아니라고 생각되고 좋아하지 않는 분들도 있다.

미국에 오바마 전 대통령, 트럼프 전/현 대통령이 있는데 필자는 인간성이 더 좋아 보이고, 말을 더 멋지게 잘하는 오바마를 더 좋아하지만, 서민 삶은 트럼프 시대가 더 나았다는 기사를 봤다. 서민을 위하겠다는 오바마와 소득이 적은 국민, 흑인, 이민 들어온 사람들을 위하겠다고 말하지 않았지만, 자국 우선주의로 기업활동을 살렸던 트럼프는 상당히 반대였다. 트럼프 시대는 결과적으로 기업이 잘되고 수입이 늘어나고 낙수효과^{落水效果}로 인해 서민과 저소득층의 수입이 늘어났다. 각 대통령 재임 기간 4년이 지나서 국민들을 대상으로 4년 전과 비교해서 본인들의 경제 상황이 어떻게 변했는지 설문조사를 했다. 저소득층을 위하겠다는 말을 많이 한 오바마 재임 기간보다 트럼프 때가 더 향상되었단 답변이 많았고, 경제지표 상으로도 그렇게 나왔다.

케네디는 "국가가 당신에게 무엇을 해줄 수 있나 묻지 말고, 당신이 국가를 위해서 무엇을 할 것인지 자문해 보라"고 말했다. 영국 대처 전 총리는 "여러분 노후를 책임질 그런 국가란 존재는 없다"고 말했다. 즉, 국가에 충성하고 당신들 인생 직접 책임지고 공짜 바라지 말란 뜻이다. 처칠 전 총리의 말은 엄청 화낼 분들이 적지 않을 듯하여 생략하겠다.

나라가 어렵고, 개인적 삶이 힘들 때 바라게 된다. 공짜, 무상, 반값, 기본소득, 이런 단어들이 달콤하게 들리고 약발이 먹히면 나라 망치는 후보자들이 당선된다. 막말로 이런 소리가 있다. 나라가 후진국이 되면 부와 권력을 가진 사람들은 좋아한다. 자기들의 부와 권력이 더 빛나기 때문이다. 무서운 얘기다. 부/권력에서 거리가 멀다고 생각하는 청춘들이여 깨어나라.

강남 집값 잡겠다는 정치인을 경계하라. 왜 잡으려고 하는가? 적정 가격은 얼마인가? 가격은 시장에서 결정된다. 과거 고급 라면을 표방하며 가격 올린 라면이 출시되었을 때 필자는 좋았다. 맛이 마음에 들었고 선택권이 하나 늘어났기 때문에 좋았다. 그러나 라면은 저렴해야 한다는 고정관념 때문인지, 서민물가 걱정한 훌륭한 공무원 때문인지 과장광고라며 한 대 때렸고, 비실거리다가 요즘 자취를 감추었다. 고급 라면도 필요하다. 저렴한 다이아몬드도 필요하다. 동일한 재질로 만든 티셔츠가 거의 동일한 디자인이라도 손톱만 한 작은 상표 하나 붙었다고 가격이 열 배 차이 나기도 한다. 특정 지역 집값이 바로 옆 지역에 비해 10배 비싸더라도 무슨 문제인가? 강원도 산골에 지은 주택이 강남에 있는 동일 평형 주택보다 더 고가에 매물로 나오면 불법인가? 부탁인데 높은 분이 시장 질서를 교란하지 마시라. 정말 강남 잡겠다면 강원도에도 강남 같은 도시를 만들면 된다. 지방마다 강남 같은 도시가 생기면 강남 사람들 눈물짓는다.

　교직에 오래 몸담으셨던 분들이 정계 진출하면 일단 살펴보시라. 이런 기사를 봤다. 대학교수는 고정 과녁을 맞추는 전문가이고 세상은 이동 과녁이다. 동의한다. 과거 직접 하시는 강연을 듣고 좋은 분이란 생각을 가졌던 고 김동길 교수님이 있다. 사후 시신 기증도 하신 훌륭한 분이다. 단, 정계에 뛰어드실 때 친한 사이라면 극구 말리고 싶었다. 결국 정계에서 성공하지 못하셨다. 김영삼 정권 때 교수 출신 많이 등용한 결과를 좋지 않게 평하는 기사도 봤다. 말이 마차를 끌지 않고 마차가 말을 끄는 이론을 현실 정치에서 실현하려다가 결과가 좋지 않았고 마지막 떠날 때도 잘못을 인정하지 않으셨던 분도 교수다. 가르치는 이론 전문가는 현실 정치에 맞지 않는 경우가 많아 보인다. 이론에 강한 기업 컨설턴트가 있다. 그분들은 '전문 조언가'다. 이론의 영역에서 상담과 조언을 하는 전문가이지, 만약 실무를 맡긴다면 다양한 상황 발생에 항상 적절하게 대처하기는 어렵다.

몇 년 전 코로나 사태로 경기가 좋지 않을 때, '하위 70% 지원'이란 희귀한 용어가 있었다. 누가 무슨 기준으로 하위 70%를 결정하는가? 작년 12월 31일 기준인가, 연 소득 기준인가, 재산 기준인가, 아니면 전체 합산인가? 작년 말일 기준 월 소득 300만 원 이하인가? 그럼, 작년 평균 월 소득 301만 원이었으나 부양가족 5명에, 올해 1월 폐업, 부도 등으로 망한 사람은, 게다가 빚이 5억 원 있는 사람은? 월 소득 299만 원이라서 혜택받았지만, 번 돈을 전부 혼자 쓰며, 고급 주택에 살거나, 물려받을 유산이 10억 원 있는 사람은 어떻게 되나?

분류 자체가 불가능한데 불가능한 일을 가능하다고 말하는 마술사 같은 분들이 있다. 나눠 주려면 그냥 모두에게 다 나눠 주시라. 상위 30%는 세금을 더 많이 냈을 거다. 납세 공로를 인정해서 나눠 주면, 소고기 사 먹고 지역경제에 도움 된다. 이러면 꼭 부자에게 왜 나눠 주나 가난한 사람들에 더 줘야지 하는 분들이 있다. 그럼, 부자와 안 부자를 어떻게 정확히 나눌지 멋진 대답을 하셔야 한다. 무상급식 주장하며 아이들에게 따뜻한 밥 한 그릇 주는 것도 안 되냐 식의 감성에 호소하는 분을 경계하시라. 좋은 일 하자는데 반대하면 나쁜 사람 되니까 입 다물고 조용히 하라는 협박 같다.

첫째, 아이들이 없는 집은 혜택을 못 본다. 자녀가 졸업했어도 마찬가지.

둘째, 무상복지에 맛 들이면 나라 경제 어려울 때 되돌리지 못한다.

셋째, 재벌 손주에게는 무상급식 안 된다는 주장은 좋지 않다. 분류 자체가 불가능하다고 위에 썼고, 재벌 손주 몇 명이나 된다고, 적절한 사례는 아니다. 재벌 2세, 3세도 생활고로 극단적 선택하는 경우가 있다.

비슷한 이유로 기업들이나 어떤 조직에서 직원들 자녀의 대학 등록금 지원은 다시 생각해 보자. 대학 갈 생각이 없고 공부에 뜻이 없는데 돈 준다니까 억지로 가는 경우도 있고, 자녀가 없는 직원, 독신주의 직원에게 공정하지 못하다. 또한 등록금 혜택이 없는 조직이 보면 불평불만 쌓인다.

국민연금 관리 책임자는 과거 20년 정도 일정 금액 이상의 큰돈을 관리하면서 잘 운용한 실적을 평가하고, 또한 정치적 중립을 지키며, 외부 입김에서 자유로울 가능성이 아주 큰 후보자 중에서 선출해야 한다. 현실은 아마 외국에서 공부하고 학위 받은 사람들과 정치인들이 좋아하는 그런 사람들, 그리고 경제 전문가는 아닌 그런 사람들이 선출되거나, 자금 운용에 정치인 입김이 작용하는 경우가 있는 듯하다. 내가 낸 연금을 어떤 방식으로 안전하게 운용할지 확실한 방향을 제시하는 정치 후보자에 관심 가지자.

특정 개인, 단체, 정당, 그 어떤 편을 들거나, 다른 편을 미워할 목적은 아니고 객관성과 합리성을 따져 평한다. 도롱뇽을 측은하게 여겨서 고속철도공사 반대하신 분이 태양광 사업으로 사라진 숲에 살았던 거미, 송충이, 참새는 어디로 사라졌는지 조사하셨을까! 홍수/가뭄 피해 1/20로 줄어든 효과 및 많은 장점이 밝혀졌고, 농민들도 인정하는

4대강 사업은 환경피해 준다고 철거를 외치면서, 여의도 면적 7배 이상 숲을 없애버렸단 기사를 봤는데 태양광 사업은 환경피해로 반대하는 분이 거의 안 보인다. 한쪽으로 강한 주장을 하면서 반대쪽의 합리적 의견은 무시하는 접근법에 목소리 작은 분들이 무시당해도 안 된다. 화난다고 해서 역사를 왜곡하는 후보도 곤란하다.

돈 풀어서 나라를, 경제를 살리겠다는 후보자를 경계하시라. 자기 개인 돈 풀겠다면 반대하지 않는다. 국민 세금 낭비하겠단 말로 들린다. 돈 많이 쓰면 부자 되지 않는다. 그냥 부자 코스프레하다가 가난해진다.

내 자식을 재벌 2세로 만드는 게 소원이 되어야 한다. 재벌까지는 아니더라도 부잣집 자녀는 가능하다. 그런데 이게 자신이 없고 현실이 어려우면 어떻게 되는가? "여러분을 재벌 2세로 다시 태어나게 해드리겠습니다"와 같은 선동이 먹혀들어 간다.

다 같이 잘 사는 사회를 건설하자는 후보자를 경계하시라. 불가능을 어떻게 가능하게 할지를 구체적으로 말하자. 결론적으로 그런 사회는 불가하고 하향평준화는 가능하다. 어려운 사람 돕기 위해 돈 많은 사람들 괴롭히겠단 말로 들린다. 세상이 발전하고 미국이 번성하는 이유는 돈이 되니까 모여들고 돈이 되니까 노력한다. 벌어다 놓으면 관리가 빼앗아 가고 세금으로 추징당하고 그러면 열심히 일할 사람 없다. 스마트폰 앱이 다양해지고 유튜브가 계속 발전하는 이유도 간단하다. 돈이 되니까 유능한 사람들이 몰려든다. 이런 세상에 살아야지 모두 공평하게 하향 평준화된 꿈과 희망이 없는 세상에 살고 싶지 않다.

규제를 규제規制하자

세상은 갈수록 복잡해지고 규제는 끊임없이 증가한다. 우리나라의 규제는 2015년 1만 5,000개 수준이었지만 지금은(2024년 2월 기준) 8만 6,000개로 5배 이상 증가했다. 규제를 수시로 확인하고 여차하면 사업 방향을 수정해야 하는 기업에는 상당한 부담이 된다. 글로벌 기업의 40%는 규제 리스크 관리에 매년 평균 325억 원을 지출한다.[*]

새로운 규제를 자꾸 만들어내면 그 많은 내용을 누가 다 공부하겠는가? 사업하지 말고, 기업설립 하지 말란 말이다. 처음 규제를 만들 때 의도가 순수하고 좋았다고 할지라도 불합리한 결과들이 예상되면 다양한 분야의 의견을 들어야 한다. 영향 평가, 유효성 평가를 통해 전문가들의 깐깐한 검토 결과 부적절한 규제라고 결론이 나면 당연히 폐기해야 한다. 규제가 난립하지 않도록 규제하자.

정말 조심해야 할 기관은 언론과 입법기관이다. 정확하지 않은 추측성 보도로 인해 – 예를 들어, 불량식품이다, 인체에 유해하다 등 – 한 개인의 사업체가 파산하고, 직원들 실직하고, 창업주는 중병에 걸리고, 명命대로 못살고 돌아가셨는데, 뒤늦게 오보誤報임이 밝혀지고, 법원은 언론의 자유 때문에 무죄선고하고, 이러면 억울한 분에 대한 책임과 보상은 누가 하는가? 오랫동안 수출/수입 잘하고 있던 품목을 갑자기 수출/수입금지품목으로 지정해서 무역업체 도산이라든지, 각종 신설된 규제로 부도난 사업체는 누가 책임지는가? '국민이 원해서'란 핑계도

---

[*] 출처: 학원강사하다 느닷없는 고시 합격, 26년 지나 사표내고 한 뜻밖의 도전, 작성자 뉴스타터

조심하자. 신설 규제를 원하는 목소리 큰 소수와 원하지 않지만, 조용한 다수 중에서 어느 쪽을 더 중요시할 건지 선택의 문제다. 변해야 한다, 개혁해야 한다, 하면서 변화를 주장하는 사람들도 남이 변하기를 바라지, 자기가 먼저 변하지는 않는다. 자기합리화를 위해서만 '국민' 핑계를 들이대지는 않는지 살펴보자.

●   **지도자 양성**

다수는 아니지만 다른 정치인을 화끈하게 공격하는 정치인들이 있다. 그분들은 아마도 하늘을 우러러 한 점 부끄럼이 없고 자신 있거나, 또는 공격할 자격이 없는데 함부로 공격하는 양심이 없는 분들이다. 살아가면서 개인적 이익을 위해 위장 편입, 탈세, 전과기록, 자녀 병역기피 등 법을 어기기도 하고, 재산 모으고 어느 정도 높이 올라갔다. 그러다 보니 더 높은 자리에 욕심이 생기고 해서, 운을 타고났거나, 교묘한 언변으로 지도자급의 자리에 오르기도 한다. 이미 살아온 흔적을 지우지도 못하는 마당에, 자신에 대한 의혹 제기나 공격이 들어오면, 방어해야 하고 난처한 경우 거짓말도 하는 그 딱한 사정은 이해한다. 이런 상황은 본인만 난처하지 않고, 그런 지도자를 뽑은 국민도 난처하다. 이런 비극을 미연에 방지코자 지도자 양성 사관학교 같은 청춘들 교육기관 설립을 희망한다.

어떤 기업에서는 사원/대리급에서 장래가 촉망되는 직원은 따로 불러 넌지시 귀띔을 준다고 한다. 당신은 장차 큰 책임을 져야 할 위치에 올라갈 테니 평소 언행을 조심하라고. 나라의 지도자 또한 마찬가지다. 중장년층이 될 때까지 실컷 때 묻히고 살았다가 후회 말고, 젊은 시절부터 반듯하게 스스로 관리하면 최선이다. 지도자 길을 희망하는 청춘들이 대학교 방학 기간 2개월씩 8번, 대략 12~16개월 정도의 지도자 덕목과 정치하려면 알아야 할 기본 내용을 배우는 그런 과정이 좋겠다. 혹은 경영학 석사과정^{MBA}과 유사한 형식으로 지도자 과정을 만들어도 좋겠다. 평범한 자영업 하다가, 사업하다가, 연예인 하다가, 운동하다가, 유명세 하나로 정계 진출을 꿈꾸면, 유명세나 퍼주기 시리즈로 당선되기도 한다. 문제는 당선되고 나서부터 정치, 법, 제도, 조직관리를 배우기 시작하며 보좌관이나 극성 지지자들의 주장에 무리가 있어도 인기 관리를 위해 그냥 수용하기도 한다. 마치 처음으로 총 잡아 본 사람이 전쟁터 나가서 쏘는 법 배워가며 전쟁 치르는 모양새다.

법에는 형평성이 있어야 한다. 입법기관에 계신 지도자들이 이런 내용을 모르면 작은 과실에 더 큰 처벌하는 법도 만든다. 새 법안은 영향 평가를 해야 한다. 많은 사람들이 – 혹은 전문가들이 – 불합리하다고 반대하는 법안을 지도자들이 밀어붙이다가 역시나 잘못된 방향으로 나라를 이끌기도 한다. 법에 대해 모르면 목소리 큰 사람에게 밀리고 뒷자리에 조용히 앉아 있는다.

인생 그냥 대충 살다가 좀 높이 올라가니, 나중에 더 높은 곳의 지도자 역할을 욕심내기보다, 청춘들이 20대부터 지도자로서 필요한 덕목과 지식을 배우고 준비하는 그런 지도자 양성기관 설립을 제안한다. 이런 양성기관의 교육비는 국가가 부담하고 정해진 기준에 따라 인원 선발하고, 이런 청춘들이 각계각층에서 모범을 보이며 실적을 올리면,

결국 국민 신뢰도가 올라가고, 어떤 중요한 책임을 맡는 자리에 출마했을 때, 숨겨야 할 과오는 거의 없고, 많은 지지를 받게 되는 상상의 나래를 펼쳐본다.

● 희망찬 마무리

대한민국은 적어도 개인의 노력과 열정으로 운명 개척이 가능한 나라다. 이게 불가능한 나라가 정말 많다. 중산층 삶이 실질적으로 세계에서 최상위급이다. 청춘들이여 힘을 내시라. 여러 번 반복했지만, 선진국과 비교해도 우리나라 엄청 좋은 나라다. 경제력은 세계 13위이고 소비지출은 7위다. 출생의 운명을 못 바꾸는 나라, 그런 시대, 내전으로 황폐해진 나라 – 우리도 그런 시대가 있었지만 – 에 비하면 이 시대 우리나라 정말 좋다.

거짓을 단호히 거절하고 본 책에 나열된 문제들을 포함하여 각종 사회문제 개선을 위한 법안을 공약하는 정치 후보자들을 선출한다면 단기간에 더 좋은 세상이 오겠다.

인생 윤회가 맞는다면, 그래서 21세기에 서민층의 자녀로 다시 태어나는데 나라 선택권이 주어진다면, 필자는 주저 없이 한국을 택하겠다.

등산을 싫어하면서 전국 10대 명산을 소개한다든지, 공부 열심히 안 했으면서 열공법을 강의한다든지, 경제적으로 어려운데 부자 되기 등 돈에 관한 글을 쓴다든지 하면 설득력이 떨어진다. 살아온 인생이 옆으로 가는 게걸음이었으면서 독자 여러분께는 앞으로 직진을 권해도 낯이 간지러워진다. 직접 하지 않은 일이나 본인의 생각과 다르지만 단지 좋게 보이기 위해 미화시키거나 꾸민 내용, 혹은 과장된 문장으로 포장하지 않으려고 노력했다.

사이버 공간에서 안타까운 사연, 황당한 댓글들을 보면 학교 교육에서 어느 정도 가르치고 사회교육에서 추가로 가르쳐서 많은 청춘들이 세월과 더불어 정신적으로 성숙하며 멋진 사회, 좋은 나라 건설에 앞장서길 바라는 마음이 간절했다. 그래서, 살아온 다양한 인생 경험을 바탕으로 하면서 학생들, 청춘들의 멘토 역할을 할 참고서 같은 서적 저술에 욕심을 내었다. 2년 정도 내용 구상을 했고 수없이 수정하며 결점을 보완했고 집필 목적에 충실했는지 고민했으나 걱정이 앞선다.

국립대학 졸업하고, 수만 명이 근무하는 대기업, 중견기업, 중소기업, 외국계 기업에 근무하며 장기간 인생경험 했다. 여러 지방 출장 다니고, 미국 생활 경험하고, 해외 약 20개국을 다니면서 많은 사람과 겪었던 일들에서 얻은 교훈과 신문, 잡지, 사이버 공간에서 얻은 지식을 공유하며 멘토 역할에 도전한다.

거짓말, 종교, 정치 같은 민감한 주제, 그리고 양성평등, 로스쿨 제도, 군필자 혜택 등을 포함한 논쟁을 불러일으킬 주제를 거론할 때 생각도 많이 했다. 다양하고 다른 의견들도 말할 자유가 있고 토론의 과정이라 생각한다. 생각이 다른 사람들의 말과 글을 접하면서 나의 가치관을 정립하며, 실수를 줄이고 후회 없는 인생을 설계하기에 도움될 여러 멘토를 찾는 과정에서 필자 같은 의견도 있다는 정도로 보시면 좋겠다.

필자는 사고방식을 고정하지 않고 계속 다양한 의견과 정보를 접하고 공부하며 더 성숙해지도록 노력하겠다. 집필 완료와 함께 본 책의 평가를 겸허히 기다리며, 이제 인생 2막을 준비하고, 다른 인생살이에서 또 성취하고, 봉사하겠다.

멘토의 시선

초판 1쇄 인쇄 2025년 04월 07일
초판 1쇄 발행 2025년 04월 16일
지은이 좋은수

펴낸이 김양수
책임편집 이정은
교정교열 연유나

펴낸곳 도서출판 맑은샘
출판등록 제2012-000035
주소 경기도 고양시 일산서구 중앙로 1456 서현프라자 604호
전화 031) 906-5006
팩스 031) 906-5079
홈페이지 www.booksam.kr
블로그 http://blog.naver.com/okbook1234
페이스북 facebook.com/booksam.kr
이메일 okbook1234@naver.com

ISBN 979-11-5778-696-1 (03190)

맑은샘, 휴앤스토리 브랜드와 함께하는 출판사입니다.